REINHARD NEUDECKER

# Die vielen Gesichter des einen Gottes

CHRISTLICH-JÜDISCHER DIALOG:
eine Anfrage an Exegese, Theologie und Spiritualität

*für K.,*
*Partner des Gesprächs*
*und des Weges*

Layout: Markus Kluck, D-56203 Höhr-Grenzhausen

Umschlag: Serena Aureli Graphic Designer - Rom

Alle Rechte vorbehalten.
© 2010 by GBPress, I-00187 Rom und Patris Verlag, D-56179 Vallendar-Schönstatt

ISBN: 978-88-7653-**646**-5

# Inhaltsverzeichnis

| | |
|---|---|
| *Inhalt* | V |
| *Vorwort* | IX |
| *Einleitung* | 1 |

## Erster Teil

## Etappen des Dialogs im Spiegel vatikanischer Dokumente

I.    Sehen, was Christen und Juden gemeinsam ist:    7
*Die Konzilserklärung Nostra aetate (Nr. 4)*

   1. Die Vorgeschichte der Konzilserklärung    8
   2. Der Inhalt der Konzilserklärung    11
   3. Bemerkungen und Fragen zur Konzilserklärung    13
   4. Eine jüdische Antwort auf die Konzilserklärung    18
   5. Die Konzilserklärung: Anfang eines verheißungsvollen Weges    21

II.    Sehen, was den Juden nach ihrem eigenen Verständnis wesentlich ist: *Richtlinien und Hinweise für die Durchführung der Konzilserklärung Nostra aetate (Nr. 4)*    22

   1. Ein Vier-Punkte-Programm    23
   2. Kritische Würdigung der „Richtlinien"    26

III.    Vermittlung an die Basis: *Hinweise für eine richtige Darstellung von Juden und Judentum in der Predigt und in der Katechese der katholischen Kirche*    29

| | | |
|---|---|---|
| 1. | Religionsunterricht und Judentum | 30 |
| 2. | Beziehungen zwischen dem Alten und Neuen Testament | 32 |
| 2.1. | „Einheit der biblischen Offenbarung" | 32 |
| 2.2. | Die typologische Interpretation des Alten Testaments | 33 |
| 2.3. | Zwei Dokumente der Päpstlichen Bibelkommission | 36 |
| 2.4. | Ganz persönliche und jedem Volk angemessene Verstehenshorizonte | 40 |
| 3. | Jüdische Wurzeln des Christentums | 42 |
| 3.1. | Jesus war Jude und ist immer Jude geblieben | 45 |
| 3.2. | Das Verhältnis Jesu zum biblischen Gesetz und seinen Interpretationen | 48 |
| 3.2.1. | Die Antithesen | 48 |
| 3.2.2. | Jesus und der Sabbat | 49 |
| 3.3. | Jesus und die jüdischen Feste | 51 |
| 3.4. | Die Homilie in Nazaret | 54 |
| 3.5. | Wer waren die Pharisäer? | 56 |
| 3.6. | Auferstehung der Toten | 58 |
| 3.7. | Gott als Vater | 59 |
| 3.8. | Interpretation der Schrift nach Mt 13,52 | 60 |
| 3.9. | Jüngerausbildung | 63 |
| 3.10. | Die Pharisäer im Neuen Testament | 66 |
| 4. | Die Juden im Neuen Testament | 69 |
| 5. | Die Liturgie | 72 |
| 6. | Judentum und Christentum in der Geschichte | 73 |
| 6.1. | Land und Staat Israel | 74 |
| 6.2. | Geschichte der Juden seit der Zerstörung des Tempels (70 n. Chr.) | 76 |
| 6.3. | Zum Holocaust | 81 |
| 7. | Schlussbemerkungen | 84 |

EXKURS: Der Stellenwert des theologischen Gesprächs    84

## Zweiter Teil
Initiativen Johannes Pauls II. und Benedikts XVI.

I. „Wenn Brüder miteinander in Eintracht wohnen": 94
Der Besuch Johannes Pauls II. in der
Großen Synagoge von Rom

    1. Stimmen für und wider den Papstbesuch in der Synagoge    94
    2. Themen und Atmosphäre bei der Begegnung in der Synagoge    96
    3. Bleibende Verbundenheit des Papstes mit der römischen Synagoge    99

II. Aufnahme diplomatischer Beziehungen zu Israel    102

    1. Der Gundlagenvertrag    102
    2. Die Begegnung Johannes Pauls II. mit dem ersten Botschafter Israels    104

III. Das Große Jubiläum im Hinblick auf die christlich-jüdischen Beziehungen    106

    1. Vorbereitungen des Jubiläums    106
    1.1. Wir erinnern: eine Reflexion über die Schoa    108
    2. Schuldbekenntnis und Bitte um Vergebung    115
    3. Der Besuch Johannes Pauls II. im Heiligen Land    116

IV. Würdigung der Verdienste Johannes Pauls II. von jüdischer Seite    120

V. Gebet Johannes Pauls II. für das jüdische Volk    122

VI. „Den vorgezeichneten Weg zu bestätigen und zu festigen": Der Besuch Benedikts XVI. in der Großen Synagoge von Rom    123

| | | |
|---|---|---|
| 1. | Die jüdischen Ansprachen | 124 |
| 2. | Die Ansprache von Papst Benedikt XVI. | 128 |

AUSBLICK 136

## DRITTER TEIL
### DIE VIELEN GESICHTER DES EINEN GOTTES: ZUM GOTTESVERSTÄNDNIS IM RABBINISCHEN JUDENTUM

| | | |
|---|---|---|
| I. | Texte, gesättigt mit Erfahrung | 142 |
| II. | Gott ist einer, der die Menschen liebt | 146 |
| III. | Gott ist einer, der mit den Menschen leidet | 153 |
| IV. | Gott ist einer, der die Menschen braucht | 160 |
| V. | Gott ist einer, der sich in vielen Gesichtern offenbart | 166 |

NACHWORT 179

## ANHANG: DOKUMENTE

| | | |
|---|---|---|
| – | Die Konzilserklärung *Nostra aetate* (Nr. 4) | 185 |
| – | Richtlinien und Hinweise für die Durchführung der Konzilserklärung *Nostra aetate* (Nr. 4) | 189 |
| – | Hinweise für eine richtige Darstellung von Juden und Judentum in der Predigt und in der Katechese der katholischen Kirche | 199 |
| – | Wir erinnern: eine Reflexion über die Schoa | 219 |

*Abkürzungsverzeichnis*   *235*
*Personen- und Sachregister (in Auswahl)*   *239*

# VORWORT

„Ich bin Josef, euer Bruder!" Mit diesen Worten begrüßte Papst Johannes XXIII. im Jahre 1960 jüdische Besucher im Vatikan. Er spielte damit auf seinen Taufnamen an, rief aber vor allem jene biblische Erzählung ins Gedächtnis, in der einst dieselben Worte eine bittere Feindschaft und Entfremdung zwischen Brüdern beendeten. Was der Papst bei dieser Begegnung zum Ausdruck brachte, erhielt später auf dem von ihm einberufenen Konzil weltweites Echo. Die Konzilserklärung über das Verhältnis der katholischen Kirche zu den nichtchristlichen Religionen *Nostra aetate* ist eine Einladung an alle Menschen, miteinander zu reden und sich gegenseitig als Brüder und Schwestern zu verstehen.

Mich persönlich hat seit meiner Jugend das Schicksal des jüdischen Volkes bewegt und erschüttert. In Deutschland unmittelbar vor dem Krieg geboren, trage ich die Schuld und Sühne für das Unsagbare mit, das in den Jahren meiner Kindheit geschehen ist. Ein lange gehegter Wunsch, die „jüdische Welt" kennen zu lernen, erfüllte sich nach Abschluss meiner philosophisch-theologischen Studien. Ich verbrachte fast sieben Jahre am Hebrew Union College – Jewish Institute of Religion in Cincinnati. Dass ich zusammen mit zukünftigen Rabbinern studieren, mit ihnen im Rabbinerseminar wohnen und am synagogalen Gottesdienst teilnehmen durfte, zeugt von außerordentlicher Weite und Hochherzigkeit auf Seiten dieser berühmten Institution. Viele Juden sind mir Brüder, Schwestern und Freunde geworden, nicht nur in Cincinnati und den Vereinigten Staaten, sondern auch in Israel und Europa. Ihnen gilt mein aufrichtiger Dank.

Was mir seit Jahren ein persönliches und wissenschaftliches Anliegen ist und was auch die Gesamtkirche in den letzten Jahrzehnten beschäftigt hat, findet im vorliegenden Buch seinen Niederschlag. Eine erste Fassung dieser Studie, welche die Zeit vom Zweiten Vatikanischen Konzil bis zum Besuch Johannes Pauls II. in der römischen Synagoge (1986) umfasste, erschien 1989 unter dem Titel „Die vielen Gesichter des einen Gottes: Christen und Juden im Gespräch" (Chr. Kaiser Verlag München) und ist seit langer Zeit vergriffen.

Den Anstoß für die vorliegende Neubearbeitung und Erweiterung gab Pater Rudolf Ammann (Patris Verlag). Ohne sein Interesse und Wohlwollen wäre dieses Buch nicht zustande gekommen. Ihm danke ich sehr herzlich. Dank schulde ich auch meinem Kollegen Prof. Karl Plötz SJ für die kritische Durchsicht des Manuskripts und für manche stilistische Verbesserungen.

Erweitert habe ich das Buch in zweifacher Hinsicht. Zum einen berichte ich über hervorragende Ereignisse nach dem Synagogenbesuch Johannes Pauls II. bis zum Ende seines Pontifikats. Zum anderen habe ich – angesichts der Tatsache, dass die Anliegen des christlich-jüdischen Dialogs nur wenig in die christliche Theologie und Exegese Eingang fanden – mich bemüht, die theologischen und exegetischen Anregungen und Fragen, zu denen der Dialog bisher geführt hat, stärker hervorzuheben. Es waren ja die Theologen und Exegeten, deren Teilnahme am Dialog sich das Konzil vorrangig erhoffte.

Im Sinne dessen, was mit Dialog gemeint ist, habe ich versucht, die wichtigsten Gesichtspunkte des jüdischen Gesprächspartners, wenn auch in der gebotenen Kürze, adäquat darzustellen. Auch habe ich viele Juden zu Wort kommen lassen, unter ihnen drei meiner ehemaligen Lehrer: Alexander Guttmann, Jakob J. Petuchowski und Samuel Sandmel.

Es schien mir angebracht, die Zeit unter dem jetzigen Papst Benedikt XVI., der sich unmissverständlich zum Zweiten Vatikanischen Konzil und zur Lehre seiner Vorgänger bekennt, nicht in breiterer Ausführlichkeit zu behandeln. Einige der Schwierigkeiten und Probleme (wie z. B. die Aufhebung der Exkommunikation der Bischöfe aus der von Erzbischof Lefebvre gegründeten Piusbruderschaft, einschließlich des Holocaustleugners Richard Williamson, und die geplante Seligsprechung des Papstes Pius XII.) werden erst aus größerem Abstand angemessen beurteilt werden können. Allerdings werden wir auf den Besuch, den Benedikt XVI. am 17. Januar 2010 – unmittelbar vor der Drucklegung dieses Buches – der jüdischen Gemeinde in Rom abgestattet hat, näher eingehen.

Rom, Januar 2010                                Reinhard Neudecker

# EINLEITUNG

Kein Zweifel: Die Erklärung *Nostra aetate* des Zweiten Vatikanischen Konzils stellt einen Meilenstein in der wechsel- und oft leidvollen Geschichte der christlich-jüdischen Beziehungen dar. Es versteht sich von daher, dass wir bei diesem wegweisenden Konzilstext ansetzen, um dann die wichtigsten Etappen des Dialogs mit den Juden bis zum Ende des Pontifikats Johannes Pauls II. aus katholischer Sicht zu verfolgen.

Im Mittelpunkt des ersten Teils unserer Darstellung stehen neben der Konzilserklärung zwei bedeutende Dokumente, welche die für die katholisch-jüdischen Beziehungen zuständige vatikanische Kommission veröffentlicht hat. In meinem Kommentar zu diesen drei an die gesamte katholische Kirche gerichteten Äußerungen – sie sind im Anhang abgedruckt – bemühe ich mich, die Leserinnen und Leser in die vielfältigen und oft schwierigen Themen und Probleme der christlich-jüdischen Beziehungen einzuführen. Dabei soll nicht nur die neuere Entwicklung behandelt, sondern auf ältere und oft älteste Geschichte zurückgegriffen werden, wo sich dies durch die Dokumente nahe legt. Besonders in diesem ersten Teil wird sichtbar werden, dass die Beziehungen mit den Juden für die Christen „besondere theologische und moralische Dimensionen haben[1], weil die Kirche,

---

[1] Im Untertitel dieses Buches nenne ich die Exegese, Theologie und Spiritualität, von denen sich, wie gesagt, das Konzil bedeutende Impulse für den christlich-jüdischen Dialog erhoffte. Auch in anderen Disziplinen dürfte sich die christlich-jüdische Begegnung als fruchtbar erweisen. Man denke etwa an einen Dialog zwischen christlichen Spezialisten des Kirchenrechts und jüdischen Autoritäten der Halacha, zwischen christlichen Lehrern der Homiletik und jüdischen Meistern des Midrasch, zwischen christlichen Patrologen und jüdischen Sachkundigen der rabbinischen Literatur, zwischen christlichen und jüdischen Experten der Liturgie und zwischen christlichen und jüdischen Historikern.

wie es in *Nostra aetate* heißt, überzeugt ist, 'dass sie durch jenes Volk... die Offenbarung des Alten Testaments empfing und genährt wird von der Wurzel des guten Ölbaums, in den die Heiden als wilde Schösslinge eingepfropft sind'." (vgl. Röm 11,17-24)[2]

Der zweite Teil unserer Darstellung widmet sich bedeutenden Initiativen Johannes Pauls II., die das bezeugen, was er einmal von der Kirche sagte, nämlich ihre Bereitschaft, „alles in ihren Haltungen und Ausdrucksweisen zu revidieren und zu erneuern, von dem sich herausstellt, dass es zu wenig ihrer Identität entspricht..."[3]

Das zweite der genannten Dokumente fordert uns auf, die jüdische Wirklichkeit so begreifen zu lernen, wie die Juden selbst sie sehen und erfahren. Diesem Grundsatz folgend zeichnen wir im dritten Teil anhand beeindruckender Zeugnisse aus der rabbinischen Tradition ein Bild der jüdischen Gotteserfahrung. Solche Zeugnisse, auf die auch das heutige Judentum vermehrt zurückgreift, bezeugen den *einen* Gott in vielen Gesichtern und vermögen Juden wie Christen, ja alle religiös suchenden Menschen anzusprechen und zu bewegen.

Die zum Teil umfangreichen Anmerkungen erleichtern es den Leserinnen und Lesern, das Thema je nach ihrem Interesse da und dort zu vertiefen. Wer in dem verhältnismäßig komplexen Stoff eine Orientierungshilfe braucht, kann sich des Personen-

---

[2] So Johannes Paul II. in einer Ansprache an die Teilnehmer eines Kolloquiums zum 20. Jahrestag von *Nostra aetate* (19. April 1985) (Rendtorff – Henrix [siehe S. 9, Anm. 1], 92). Papst Benedikt XVI. kam in seiner Abschiedsrede auf dem Flughafen von Tel Aviv (15. Mai 2009) auf das Bild vom Ölbaum zu sprechen. In seiner Interpretation der Paulus-Stelle setzte er einen etwas verschiedenen Akzent: Juden und Christen sind „Zweige desselben Ölbaums [und werden genährt] von denselben Wurzeln" (*L'Osservatore Romano*, deutsche Ausgabe, 22. Mai 2009, 15).
[3] Rendtorff – Henrix, 104.

und Sachregisters bedienen. Wegen der großen Verschiedenheit der behandelten Themen habe ich von einem Literaturverzeichnis abgesehen. Einige Autoren sind im Register erwähnt oder können mit Hilfe der Stichworte ermittelt werden.[4]

---

4 Die Angaben zu meinen eigenen in dieser Studie erwähnten Publikationen finden sich in den Anmerkungen auf den Seiten 37, 41, 42, 49, 55, 63, 85, 112, 134.

# Erster Teil

## Etappen des Dialogs im Spiegel vatikanischer Dokumente

Wir zeichnen in diesem ersten Teil die Etappen des christlich-jüdischen Dialogs nach, vor allem wie er uns aus der Konzilserklärung und aus zwei offiziellen römischen Dokumenten entgegentritt. Wenn dabei ziemlich ausführlich auf diese Dokumente eingegangen wird, so deshalb, weil die Erfahrung zeigt, dass kirchliche Verlautbarungen, besonders wenn sie aus Rom kommen, oft wenig Beachtung finden. Tatsächlich hat man aufgrund von Umfragen festgestellt, dass die genannten Verlautbarungen selbst in Kreisen, die sie von Berufs wegen kennen müssten, kaum bekannt sind. Wer aber mit Juden ins Gespräch kommen will oder wem überhaupt das Verhältnis des Christentums zum jüdischen Volk ein Anliegen ist, der wird aus der Beschäftigung mit diesen Texten, auch wenn sie bisweilen mühsam ist, großen Gewinn schöpfen.

## I. Sehen, was Christen und Juden gemeinsam ist

### Die Konzilserklärung *Nostra aetate* (Nr. 4)

Einheit und Liebe unter den Menschen und damit auch unter den Völkern zu fördern und vor allem das ins Auge zu fassen, was den Menschen gemeinsam ist und sie zur Gemeinschaft führt: Zu diesem Programm bekennen sich, wenn auch nach langem Ringen, Mitte der sechziger Jahre die zum Konzil in Rom versammelten Bischöfe aus aller Welt. Das Bekenntnis – man kann es nicht anders bezeichnen – findet sich im Vorwort der Erklärung über das Verhältnis der Kirche zu den nicht-christlichen Religionen. Diese Erklärung beginnt nicht zufällig mit den Worten, nach denen sie auch benannt ist: In unserer Zeit (*Nostra aetate*). Die Weltökumene ist ein Gebot dieser unserer Zeit, in der immer mehr Menschen die Welt als eine Einheit empfinden und jede Verständigung zwischen Völkern und Religionen begrüßen.

Unserem Thema, der Begegnung der katholischen Kirche mit dem jüdischen Volk, ist der vierte Abschnitt der Erklärung gewidmet. Wie kam die „Judenerklärung" zustande, was beinhaltet sie, wie ist sie zu werten und was hat sie ausgelöst?

1. Die Vorgeschichte der Konzilserklärung

Nach dem Schock, den die Ermordung von sechs Millionen Juden ausgelöst hatte, erhoben Juden und Christen ihre Stimme und drängten die christlichen Kirchen, den Antisemitismus entschieden zu bekämpfen und endlich ein positives Verhältnis zum jüdischen Volk zu schaffen. Von besonderer Bedeutung und weitgehendem Einfluss auch auf die Konzilserklärung und andere katholische Dokumente über christlich-jüdische Beziehungen waren die im Jahre 1947 von einer internationalen christlich-jüdischen Konferenz an alle Kirchen gerichteten *Zehn Punkte von Seelisberg*. Als wichtigste Erklärungen folgten das Dokument der ersten Vollversammlung des Ökumenischen Rates der Kirchen zum christlichen Verhalten gegenüber den Juden (Amsterdam 1948), die von katholischen und protestantischen Theologen verfassten *Thesen von Bad Schwalbach* (1950), die Entschließung der dritten Vollversammung des Ökumenischen Rates der Kirchen zum Antisemitismus (Neu-Delhi 1961) und die Erklärung der Abteilung Weltmission des Lutherischen Weltbundes zum Thema Kirche und Antisemitismus (Løgumkloster 1964).[1]

---

[1] Die wichtigsten vor- und nachkonziliaren Dokumente finden sich in folgenden Sammelwerken: H. Croner (Hg.), *Stepping Stones to Further Jewish-Christian Relations: An Unabridged Collection of Christian Documents* (London-New York 1977); H. Croner (Hg.), *More Stepping Stones to Jewish-Christian Relations: An*

Der entscheidende Anstoß zu einer Konzilserklärung ging aus von dem Initiator und Promotor des Konzils, Papst Johannes XXIII., den gerade auch Juden „Johannes den Guten" genannt haben.[2] Als Apostolischer Delegat in Bulgarien und der Türkei hatte er während des Naziterrors Tausende von Juden vor der Deportation gerettet. Als Papst hatte er die Worte *perfidus* (ungläubig = nicht an Christus gläubig[3]) und *perfidia judaica* aus der Karfreitagsfürbitte für die Juden sowie einen negativ klingenden Abschnitt aus dem Weihegebet an das Herz Jesu streichen lassen. Im Juni 1960 empfing er den jüdischen Historiker Jules Isaac, der bei der Abfassung der *Zehn Punkte von Seelisberg* entscheidend beteiligt war. Im Oktober desselben Jahres begrüßte er eine Gruppe amerikanischer Juden mit den biblischen Worten: „Ich

---

*Unabridged Collection of Christian Documents* 1975-1983 (New York 1985); M.-T. Hoch et B. Dupuy (Hg.), *Les Églises devant le Judaïsme: Documents officiels 1948-1978* (Paris 1980); G. Cereti e L. Sestieri (Hg.), *Le Chiese cristiane e l'ebraismo*, 1947-1982 (Casale Monferrato 1983). In deutscher Sprache liegen drei Sammelbände vor: K. Richter (Hg.), *Die katholische Kirche und das Judentum: Dokumente von 1945 – 1982* (Freiburg-Basel-Wien 1982); R. Rendtorff – H. H. Henrix (Hg.), *Die Kirchen und das Judentum I: Dokumente von 1945 bis 1985* (Paderborn-München 1988); H. H. Henrix – W. Kraus (Hg.), *Die Kirchen und das Judentum II: Dokumente von 1986 bis 2000* (Paderborn-Gütersloh 2001). – Bei den Stellenangaben verweise ich auf diese bedeutenden Quellensammlungen, weiche aber auf Grund der Originaltexte bisweilen von einigen ihrer Übersetzungen ab. Es mag auch ein Vorteil sein, zwei voneinander unabhängige Übersetzungen zu konsultieren.
Was die unmittelbare Vorgeschichte der Konzilserklärung betrifft, so sind vor allem die folgenden drei Eingaben an das Konzil zu erwähnen: das Votum des Päpstlichen Bibelinstituts vom 24. April 1960, die Bittschrift des Instituts für Jüdisch-Christliche Studien an der Seton-Hall-Universität vom 24. Juni 1960 und die inhaltsreiche, immer noch Beachtung verdienende Denkschrift der Arbeitsgemeinschaft Apeldoorn vom 28.-31. August 1960; vgl. J. Oesterreicher, „Kommentierende Einleitung" (zu der Erklärung über das Verhältnis der Kirche zu den nicht-christlichen Religionen), *Lexikon für Theologie und Kirche, Das Zweite Vatikanische Konzil II (Freiburg-Basel-Wien 1967)* 409-414.

2 Oesterreicher, „Kommentierende Einleitung", 406-409.

3 Vgl. H. de Lubac, *Exégèse médiévale: Les quatre sens de l'Écriture* II, 1 (Paris 1961) 153-181; J. Isaac, *Jesus und Israel* (Wien-Zürich 1968) 287. Zum Text der Fürbitte im Missale Romanum von 1570 und den verschiedenen Texten seit Beginn der Reform (1948 bzw. 1955); vgl. Rendtorff – Henrix, 56-60.

bin Josef, euer Bruder!" Vorher schon, am 18. September 1960, hatte er den Präsidenten des Sekretariats für christliche Einheit, den deutschen Kardinal Augustin Bea, beauftragt, den Entwurf einer Erklärung über die innere Beziehung zwischen der Kirche und dem jüdischen Volk vorzubereiten. Den Erfolg dieser Initiative konnte der Papst nicht mehr erleben; er starb am 3. Juni 1963.

Auf dem Konzil selbst hatte die „Judenerklärung" eine äußerst bewegte Entwicklungsgeschichte[4], die in manchem an die tragische zweitausendjährige Geschichte der Beziehungen zwischen Christen und Juden erinnert. Indiskretionen, Intrigen, Missverständnisse und Angst vor negativen Folgen für die Christen in arabischen Ländern infolge verbesserter Beziehungen zwischen Kirche und Judentum spielten eine Rolle. Dazu kam, was man „christliche Hartnäckigkeit" nennen könnte, nämlich ein gewisses Nicht-verstehen-Können von Seiten mancher Konzilsteilnehmer. Sie waren innerlich auf die Erklärung nicht vorbereitet, waren allzu sehr noch Kinder einer Zeit, in der die Beziehung zwischen Kirche und Synagoge „das Stiefkind der Theologie" (J. Oesterreicher) gewesen war. Das alles hatte zur Folge, dass der Text immer wieder abgewandelt wurde und immer wieder nicht in den vorgesehenen Rahmen passte. Der im Juni 1962 der Zentralkommission vorgelegte Erstentwurf „Decretum de Iudaeis" erschien im November 1963 als Kapitel IV des Schemas über den Ökumenismus; im Frühjahr 1964 geriet die Erklärung gar in den Anhang dieses Schemas; auf Betreiben oppositioneller Kräfte sollte sie später stark reduziert und wieder einem anderen Schema, nämlich dem der Kirche, eingegliedert werden. Wenn die Erklärung zur „Judenfrage" schließlich zum Kernstück einer neuen Konzilserklärung über das Verhältnis der Kirche zu den nichtchristlichen Religionen wurde, so ist dies vor

---

4 Oesterreicher, a. a. O., 414-478.

allem Kardinal Bea, der sich in diesen stürmischen Zeiten als der „eigentliche Pate der Judenerklärung" (Oesterreicher) erwiesen hat, zu verdanken, sowie der Vision Papst Pauls VI. von der Menschenfamilie als Brüder und Schwestern und als Kinder des einen Gottes.

Die Schlussabstimmung erfolgte am 28. Oktober 1965 und ergab 2221 Ja- und 88 Nein-Stimmen; drei waren ungültig. Die außerordentliche Bedeutung, die Paul VI. gerade dieser Erklärung beimaß, spiegelte sich in seinen Worten bei der Promulgation am selben Tag wider: „Die Kirche lebt! Wohlan denn, hier ist der Beweis, hier der Atem, die Stimme, das Lied..." Der Papst sprach von den Anhängern anderer Religionen und nannte dann ganz besonders die Juden, die nie Gegenstand unserer Missbilligung und unseres Misstrauens werden dürften, sondern Gegenstand unserer Achtung, Liebe und Hoffnung sein müssten.[5]

2. Der Inhalt der Konzilserklärung

Die soeben nur kurz angedeutete bewegte Geschichte der Erklärung, die zugleich einen ersten wichtigen Kommentar zu ihr darstellt, hat in dem Dokument seine Spuren hinterlassen. Beim Vergleich etwa mit dem Erstentwurf[6] fällt sofort auf, dass einige klangvolle Wendungen – „Dankbaren Herzens erkennt die Kirche, die Braut Christi, an..."; „Sie freut sich..."; „Die Kirche liebt dieses Volk"; „Wer dieses Volk verachtet oder verfolgt, der fügt der katholischen Kirche Leid zu" – entfallen sind. Die Endfassung präsentiert sich in einer nüchternen, bisweilen geradezu abgeklärten Weise. Infolge des Reifungsprozesses, den das Dokument durchgemacht hat, ist es jedoch aufs Ganze gesehen dem Erstentwurf vorzuziehen. Auch steht die Verlautbarung jetzt

---

5 Ebd., 474.
6 Ebd., 426.

begrüßenswerterweise in dem größeren Rahmen der Erklärung über die Weltreligionen, eine Tatsache, auf die wir bereits hingewiesen haben und die bei der Interpretation selbstverständlich berücksichtigt werden muss.

Was die Aussagen von *Nostra aetate* (Nr. 4) betrifft, so lassen sie sich etwa folgendermaßen gliedern:

– *Ein besonderes Band verbindet die Kirche mit dem jüdischen Volk.* Die Kirche erkennt an, dass die Anfänge ihres Glaubens und ihrer Erwählung sich schon bei den Patriarchen, bei Mose und den Propheten finden; dass im Auszug Israels aus Ägypten das Heil der Kirche geheimnisvoll vorgebildet ist; dass sie vom jüdischen Volk das Alte Testament empfangen hat... Die Kirche anerkennt auch: Gott hat die Juden an Sohnes statt angenommen; ihnen gehören der Bund und das Gesetz, der Gottesdienst und die Verheißungen; aus dem jüdischen Volk stammen nicht nur die Apostel und die meisten der ersten Jünger, sondern auch Maria und durch sie Jesus Christus, der Juden und Heiden durch das Kreuz versöhnt und beide in sich vereinigt hat.

– *Die Juden, von Gott geliebt um der Väter willen.* Trotz Ablehnung des Evangeliums seitens eines großen Teils der Juden sind sie immer noch von Gott geliebt um der Väter willen.

– *Hoffnung auf endzeitliche Vereinigung aller Völker.* Mit den Propheten und mit dem Apostel Paulus erwartet die Kirche den Tag, „an dem alle Völker mit *einer* Stimme den Herrn anrufen und ihm „Schulter an Schulter dienen" (Zef 3,9).

– *Das gemeinsame Erbe kennen- und achten lernen.* Biblische und theologische Studien und das brüderliche Gespräch sollen diesem Ziele dienen.

– *Die Frage nach der Schuld am Tod Jesu.* Es geht nicht an,

Leiden und Tod Jesu allen damals lebenden Juden ohne Unterschied, erst recht nicht den heutigen Juden zur Last zu legen und sie als von Gott verworfen hinzustellen, „obgleich die jüdischen Obrigkeiten mit ihren Anhängern auf den Tod Christi gedrungen haben".

— *Verurteilung des Antisemitismus.* Die Kirche, die alle Verfolgungen gegen irgendwelche Menschen verwirft, beklagt alle Hassausbrüche, Verfolgungen und Manifestationen des Antisemitismus, die sich, zu welcher Zeit auch immer und von wem auch immer, gegen die Juden gerichtet haben.

3. Bemerkungen und Fragen zur Konzilserklärung

Die Erklärung ist als ein Meilenstein in der Geschichte der christlich-jüdischen Beziehungen begrüßt worden. Zum ersten Mal hat ein Konzil ausführlich und in anerkennender Weise über das jüdische Volk und über die besondere Beziehung, welche die Kirche mit ihm verbindet, gesprochen. Dass dem Dokument einige Mängel anhaften, hat auch Kardinal Bea gewusst, wenn er schreibt: „Wir meinen wirklich nicht, dass es sich hier um ein in jeder Hinsicht optimales Dokument – im übrigen ein für menschliches Vermögen vergebliches Unterfangen – handelt, das um jeden Preis und in jeder Hinsicht verteidigt werden soll."[7] In diesem Sinn möchten wir zu den einzelnen Punkten Folgendes anmerken:

— Was das besondere Band betrifft, das die Kirche mit dem jüdischen Volk verbindet, so hat die Kirche vom jüdischen Volk das von den Christen so genannte Alte Testament – genauer müsste es heißen: das Alte und das Neue Testament[8] – empfangen. Hat

---

7 A. Bea, *Die Kirche und das jüdische Volk* (Freiburg-Basel-Wien 1966) 11.
8 So in der Erklärung der Abteilung Weltmission des Lutherischen Weltbundes in Løgumkloster (*Lutherische Rundschau* 14 [1964] 342; Rendtorff – Henrix, 344).

sie zusammen mit der Schrift nicht auch irgendwie die Methoden ihrer Auslegung mit empfangen? Auf alle Fälle ist der Kirche in ihren Anfängen das Alte Testament in *der* Gestalt zuteil geworden, wie es die Juden der damaligen Zeit gelebt und verstanden haben. Und wenn Jesus den „Exegeten", d. h. denjenigen, der mit der Bibel richtig umzugehen weiß, mit einem Hausherrn vergleicht, der aus seinem reichen Vorrat Neues und Altes hervorholt (Mt 13,52), macht er sich im Grunde die pharisäisch-rabbinische Art der Schriftauslegung zu eigen, die darauf bedacht ist, im Dialog mit dem biblischen Text alte und immer neue Offenbarung zu empfangen.[9] Bei einer stärkeren Berücksichtigung des jüdischen Schriftverständnisses könnte sich besonders als wahr erweisen, dass die Kirche nach Röm 11,17-24 auch heute noch von der Wurzel des guten Ölbaums genährt wird.

– An dem Ausdruck „um der Väter willen" ist jüdischerseits zum Teil Anstoß genommen worden. In der Tat kann eine einseitige Betonung dieses auch in der jüdischen Literatur verbreiteten Begriffs dazu verleiten, das Motiv der göttlichen Liebe nur in der fernen Vergangenheit zu suchen, ohne die bis zum Martyrium reichende Treue so vieler Juden bis in unsere Tage zu sehen. Noch in der Hölle von Auschwitz haben Juden Gottes Namen genannt und angerufen. Auch wegen dieser und anderer zeitgenössischer Juden, und nicht nur um der Väter willen, liebt Gott das jüdische Volk.

– Der Hoffnung, dass sich einst alle Völker unter Gottes Herrschaft zusammenschließen werden, liegt für Christen der Gedanke von Röm 11,11-32 zugrunde. Die paulinische Sicht, die im Erstentwurf noch deutlicher zur Sprache kam, darf aber nicht

---

In der Erklärung des Pastoralkonzils der Niederländischen Kirchenprovinz heißt es, es müsse „anerkannt werden, dass nicht nur das Alte Testament, sondern auch das Neue Testament zu den jüdischen Schriften gezählt werden kann" (Rendtorff – Henrix, 134).

9 Siehe S. 60-63.

so verstanden werden, dass die Kirche – wie der Entwurf sagte – „die Rückkehr dieses Volkes erwartet", ohne zu erkennen, dass Rückkehr und Umkehr auch im eigenen Lager geschehen müssen. Neben der Sicht von Röm 11, die sogar ein katholischer Exeget einmal als „etwas naiv" bezeichnet hat, kennt das Neue Testament auch andere Vorstellungen. Das Gleichnis von den beiden Söhnen (Lk 15,11-32), das schon die Kirchenväter, insbesondere Augustinus, auf Christen und Juden bezogen haben[10], würde zum Beispiel den noch unvollkommenen Zustand auch des jüngeren Bruders, des Christen, deutlicher zum Ausdruck bringen. Es gibt kein individuelles Heil: Das Freudenmahl kann erst dann seinen Höhepunkt erreichen, wenn auch der ältere Bruder, der Jude, mit am Tische sitzt; erst dann ist auch der Vater ganz zugegen, der jetzt sein Herz noch teilen muss und von dem einen zum anderen geht, um sie zu gewinnen und miteinander zu versöhnen.[11]

---

[10] Vgl. K. Thieme, „Augustinus und der 'ältere Bruder': Zur patristischen Auslegung von Lk 15,25-32", in: *Universitas: Festschrift für Bischof Dr. A. Stohr* (Hg. L. Lenhart) Bd. I (Mainz 1960) 79-85.

[11] Auf dem 75. Deutschen Katholikentag 1952 in Berlin ist das Gleichnis unter der Frage: „Wo ist dein Bruder?" so weitergeführt worden: „Auf des Vaters inständige Einladung zum Freudenmahl für den heimgekehrten verlorenen Bruder gab der ältere Sohn keine Antwort, sondern er ging hin und vermauerte die Tür zwischen den ihm vom Vater zugewiesenen Wohnräumen und den übrigen des Gehöfts, zäunte seinen Teil der Felder ab und mied inskünftig das gesamte übrige Gelände. Beide Brüder heirateten und hausten nebeneinander; aber die Fremdheit zwischen ihnen wurde immer mehr zu gehässiger Feindschaft. Und da die Sippe des einst Verlorenen weit stärker anwuchs als die des Älteren, zog sich diese stets scheuer zurück; jene aber vergaß allmählich die Verwandtschaftsverhältnis und kannte zuletzt nur noch Verachtung für die andern, die sie mit dem Stammvater völlig verfeindet wähnte. – So kam es, dass eines Tages der jüngste Sohn des Verlorengewesenen einen der kleinen Vettern, von denen er so viel Böses gehört, in einem blinden Wutanfall erschlug – wie einst Kain den Abel.
Der greise Vater erhob sich bei dieser Nachricht, trat in die Tür des Hauses und rief mit lauter Stimme: *Wo ist dein Bruder?* – Da ging ein Schauder durch die Sippe des einst Verlorenen; sie kehrte um, begann durch Liebe um die Liebe ihrer getrennten Brüder zu werben; und am Ende der Tage versöhnte sich die ganze Familie und vereinte sich zu dem vollkommenen Freudenmahl, welches kein Ende nimmt in alle Ewigkeit. Amen." (Der Text findet sich bei Thieme, a.a.O., 84-85 = *Freiburger*

Übrigens – und das sei im Blick auf die Weltökumene hier angemerkt – muss die Sicht von Lukas 15 heute ausgeweitet werden, um die Brüder und Schwestern aller anderen nichtchristlichen Religionen mit einzubeziehen.

– Was die Besinnung auf das gemeinsame Erbe betrifft, so verlangt das Dokument *Nostra aetate* an anderer Stelle (Nr. 2), dass Gespräch und Zusammenarbeit mit Klugheit und Liebe geschehen sollen, wobei das Zeugnis des christlichen Glaubens und Lebens einen besonderen Platz einzunehmen habe. Diese Betonung des christlichen Zeugnisses ruft unter Juden immer wieder den Verdacht hervor, dass es der Kirche beim christlich-jüdischen Dialog letztlich doch um die Konversion der Juden gehe. Solche Interpretation ist auszuschließen, wie auch aus vielen nachkonzilaren Dokumenten hervorgeht.[12] Als Begründung dafür dient nicht zuletzt die oben erwähnte paulinische Sicht, wonach sich in der Endzeit das jüdische Volk von selbst der Kirche anschließen werde.[13]

---

*Rundbrief* 13 [1960/61] 26.)

12 Einige Beispiele: Bei dem Dialog „ist Proselytenmacherei sorgfältig zu meiden" (Bischofskonferenz USA: Croner, *Stepping Stones,* 18; Rendtorff – Henrix, 120); „jegliche Absicht oder jegliches Vorhaben von Proselytismus muss als der Menschenwürde und christlichen Glaubensauffassungen entgegengesetzt verworfen werden" (Pastoralkonzil der Niederländischen Kirchenprovinz: Katholiek Archief [Hg.], *Pastoraal Concilie van de Nederlandse Kerkprovincie* 7 [Amersfoort 1970] 95); einen Juden auf unfaire Weise seiner Gemeinschaft abspenstig machen zu wollen, um ihn der eigenen Gemeinschaft zuzuführen, muss wegen der Achtung vor dem Nächsten, vor allem aber deshalb, weil das jüdische Volk Gegenstand eines „ewigen Bundes" ist, ausgeschlossen bleiben (Französische Bischofskonferenz: Richter, 78-79; Rendtorff – Henrix, 155); Juden und Christen ist es „verwehrt, den anderen zur Untreue gegenüber dem an ihn ergangenen Ruf Gottes bewegen zu wollen" (Gesprächskreis „Juden und Christen" beim Zentralkomiteee der deutschen Katholiken: Richter, 117; Rendtorff – Henrix, 257). Die Frage nach der Stellung der katholischen Kirche zur Judenmission ist nach der breiteren Zulassung der tridentinischen Messe durch Papst Benedikt XVI. und die Neuformulierung der Karfreitagsfürbitte („... damit sie Jesus Christus erkennen") neu aufgeworfen worden; vgl. C. M. Rutishauser, „2009 – ein bewegtes Jahr jüdisch-christlichen Gesprächs", *Stimmen der Zeit* 227 (2009) 811-814.

13 Ähnliche Vorstellungen finden sich auch in der jüdischen Literatur, z. B. in der

– Und die Schuld am Tod Jesu? Angesichts der schwierigen religionspolitischen Verhältnisse und der oft undurchsichtigen Kompetenzfragen in dem von den Römern besetzten Land und angesichts der Frage nach dem so genannten Antijudaismus im Neuen Testament[14] ist der Ausdruck „die jüdischen Obrigkeiten mit ihren Anhängern" im Zusammenhang mit dem Tod Jesu nicht unumstritten. „Historisch gesehen, sind für den Tod Jesu verantwortlich: 'eine kleine Gruppe Juden, ein Römer[15] und eine Handvoll Syrer, die zur 10., in Palästina stationierten Kohorte gehörten' (Kardinal F. König). Und all diesen hat der Herr am Kreuz vergeben."[16]

– Das Thema des Antisemitismus wird in *Nostra aetate*, Nr. 5 mit der Verwerfung jeder Diskriminierung und jedes Gewaltaktes nochmals aufgegriffen und zugleich entscheidend begründet: Der Antisemit, ja bereits derjenige, der irgendeinem Menschen die brüderliche Haltung verweigert, kann Gott, den Vater aller, nicht anrufen; er hat von Gott nichts begriffen, denn „wer nicht liebt, kennt Gott nicht" (1 Joh 4,8).

Bei einer großen Konzilsdebatte am 28. und 29. September 1964 hatten sich einzelne Bischöfe für ein Schuldbekenntnis der Kirche dem jüdischen Volk gegenüber ausgesprochen. So erklärte Bischof Elchinger, Straßburg: „Warum können wir nicht aus dem Evangelium jene Großherzigkeit schöpfen, um im Namen so vieler Christen für so viele und so große Ungerechtigkeiten

---

rabbinischen Schrift *Tanhuma* B., Bemidbar 3: „Wenn in der zukünftigen Welt die Völker der Welt sehen werden, wie der Heilige, gepriesen sei er, mit [dem Volk] Israel ist, werden sie kommen, um sich ihm anzuschließen."

14 Siehe S. 69-72.

15 Gemeint ist Pilatus, der die Autorität besaß, die Kreuzigung anzuordnen (vgl. Joh 18,31).

16 K. Rahner – H. Vorgrimler (Hg.), Kleines Konzilskompendium (Freiburg-Basel-Wien 1966) 352.

um Verzeihung zu bitten?"[17] Auch Kardinal Bea sprach in einem am 15. Januar 1964 in Rom gehaltenen Vortrag dieses Thema an. Er erinnerte daran, dass Papst Paul VI. die nichtkatholischen Christen um Vergebung gebeten hatte für alle Schuld an den schmerzlichen Spaltungen, welche die katholischen Christen auf sich geladen hatten. Im Blick auf die Juden stellte er dann fest: „Hier müssten wir vielleicht viele Vergehen auch der Kirche selbst bekennen."[18] Ein solches von der offiziellen Kirche ausgesprochenes Schuldbekenntnis mit der damit verbundenen Bitte um Vergebung ließ lange auf sich warten.[19] Es erfolgte während des Großen Jubiläums im Jahre 2000 und verwirklichte ein Anliegen, das dem Papst Johannes Paul II. seit Beginn seines Pontifikats am Herzen lag.

4. Eine jüdische Antwort auf die Konzilserklärung

Wir haben bisher die Konzilserklärung in ihrem Entstehen und ihrem Inhalt hauptsächlich von christlicher Seite her bedacht. Wie aber, so wollen wir jetzt ausdrücklich fragen, kam die Erklärung auf der anderen Seite, der jüdischen, an? Als Antwort auf diese Frage möchte ich einen meiner ehemaligen Lehrer, Rabbi Samuel Sandmel, ausführlich zu Wort kommen lassen. Ich bin überzeugt, was er im Folgenden über die Beziehung zwischen der Synagoge und dem christlichen Volk sagt, könnte von vielen anderen Juden mit unterschrieben werden.

---

17 Oesterreicher, a. a. O., 445.
18 Cereti – Sestieri, 54.
19 Vorher waren Schuldbekenntnisse und Bitten um Vergebung bereits auf regionaler Ebene ausgesprochen worden. So heißt es in einer Erklärung der deutschen Bischöfe vom 28. April 1980: „In Deutschland haben wir besonderen Anlass, Gott und unsere jüdischen Brüder um Verzeihung zu bitten" (Richter, 147; Rendtorff – Henrix, 278). Verzeihung solch immenser Schuld kann aber nur Gott gewähren; kein Mensch und keine menschliche Institution ist dazu befähigt, auch nicht der Staatspräsident einer Nation.

„Die Synagoge betrachtet das christliche Volk als zu ihrer Nachkommenschaft gehörig. Sie erkennt an, dass Christen auf lobenswerte Weise die Botschaft der Synagoge unter Menschen verbreitet und in Weltgegenden getragen haben, wohin die Synagoge nicht gekommen war. Das christliche Volk hat diese Botschaft seinem eigenen Charakter und seinen eigenen Denk- und Redeweisen angepasst und hat vieles bewahrt, was der Synagoge vertraut ist, und auch vieles geschaffen, was der Synagoge unbekannt ist.

Der Mensch in seiner Schwäche war nicht fähig, ungebrochene Einheit zu bewahren. Weder die Synagoge noch die Kirche waren in sich frei von Spaltung, und ein Nebenprodukt solcher Spaltung waren unfrommer Hass, bitterere Vorwürfe und Verfolgungen sowohl nach innen wie nach außen. Da Hass, Vorwurf und Verfolgung zutiefst gegen das Wesen der Religion verstoßen, beklagt die Synagoge alle derartigen Manifestationen in ihrer Vergangenheit; hinsichtlich der Gegenwart und Zukunft verwirft sie diese als etwas, was dem authentischen Geist des Judentums fremd ist. Die Synagoge ist der Meinung, dass ihre Botschaft nicht durch Macht oder Gewalt verbreitet werden darf, sondern durch den Geist Gottes und die Liebe zur Menschheit.

Die Synagoge ist sich bewusst, dass christliche Versammlungen ihrerseits sich in jüngster Zeit in gleicher Weise geäußert haben und in wegweisenden Verlautbarungen die Verfolgung von Juden durch Christen beklagen und verwerfen. Die Synagoge begrüßt diese bahnbrechenden Äußerungen.

Alle Menschen pflegen sich an erlittenes Unrecht zu erinnern, woraus Haltungen von Rachsucht entstehen; daher erinnert die Synagoge ihre eigenen Söhne an die eindringliche biblische Mahnung: 'Sei nicht rachsüchtig, und trage den Kindern deines Volkes nichts nach, sondern liebe deinen Nächsten wie dich selbst' (Lev 19,18). Die Synagoge kann nicht – und tut es nicht – unschuldige Christen unserer Tage für die Verfolgungen der Vergangenheit zur Verantwortung ziehen, ebenso wenig kann sie alle Christen für die Übeltaten, die in der Gegenwart oder in der Zukunft von einzelnen kommen mögen, verantwortlich machen.

Die Synagoge sieht weiterhin mit Erwartung dem Tag entgegen, an dem alle Menschen aller Länder, Hautfarben und Glaubensüberzeugungen geistig vereint sein werden. Da universale Einheit nur durch Vielfalt erreicht wird, ist die Synagoge verpflichtet, gegen alle Formen der Auflösung anzukämpfen und ihr Fortbestehen zu sichern. Die 'Erwählung Israels' versteht sie in dem Sinn, dass ihr eine schwerere Verpflichtung Gott gegenüber auferlegt ist, und nicht im Sinn eines ihr im Grunde nicht gebührenden Vorzugs. Sie heißt in ihrer Mitte alle jene willkommen, die ihr freiwillig beitreten wollen. Sie strebt nicht danach, die ihr entstammenden Gemeinschaften der Christen aufzulösen, und es ist für sie weder in der Gegenwart noch für die Zukunft erstrebenswert, Christen zu bewegen, ihre Bindungen an das Christentum aufzugeben. Sie wünscht vielmehr, dass die Christen das hohe geistige Niveau, das sie oft in edler Weise zum Ausdruck gebracht haben, erreichen und erhalten.

Die Synagoge stellt sich die Einheit der Menschheit in einem erhabenen geistigen Band vor, welches die Menschen befähigt, die von ihnen heilig gehaltenen Institutionen zu bewahren und zugleich zu übersteigen."[20]

Es empfiehlt sich, diesen Text bei der weiteren Darstellung der Etappen des christlich-jüdischen Dialogs gleichsam im Hinterkopf zu behalten, um den jüdischen Gesprächspartner auf diese Weise präsent zu haben.

---

[20] S. Sandmel, *We Jews and You Christians* (Philadelphia-New York 1967) 144-146.

## 5. Die Konzilserklärung: Anfang eines verheissungsvollen Weges

Die Konzilserklärung ist nicht ein Endergebnis, über das nicht hinausgegangen werden darf. In der Presseerklärung am Tag der Promulgation sagte Kardinal Bea: „Die Deklaration über die nichtchristlichen Religionen ist in der Tat ein wichtiger, viel versprechender Anfang, doch nicht mehr als der Beginn eines langwierigen und große Ansprüche stellenden Weges zu dem schwer zu erreichenden Ziel einer Menschheit, deren Glieder sich alle wahrhaftig als Söhne desselben Vaters im Himmel fühlen und als solche handeln."[21]

Auf diesen „langwierigen und große Ansprüche stellenden Weg" hat sich die Kirche nach dem Konzil in verstärktem Maß begeben. Auf nationaler und regionaler Ebene entstanden Dialoggruppen, Sekretariate und Kommissionen, welche – oft als Frucht des begonnenen Dialogs – zahlreiche Dokumente verfassten.[22]

Gestützt auf solche Vorarbeiten, veröffentlichte die am 22. Oktober 1974 von Paul VI. errichtete „Kommission für die religiösen Beziehungen zum Judentum" drei, die neuere Geschichte der Beziehungen zwischen Christen und Juden fortschreibende Dokumente. In diesem ersten Teil unserer Studie beschäftigen wir uns mit den ersten beiden Dokumenten der Kommission.

---

21 Oesterreicher, a. a. O., 475.
22 Siehe S. 8-9, Anm. 1. Bei einigen dieser und späterer Dokumente hat man allerdings den Eindruck, dass die Verfasser noch kaum mit Juden ins Gespräch gekommen sind. Gelegentlich wird noch mit wenig Bezug zur Wirklichkeit ein Idealbild von dem entworfen, was die Juden nach christlichen Vorstellungen zu sein haben, wobei bisweilen auch der Begriff des „auserwählten Volkes" überbetont wird. Im Dialog mit anderen Religionen und Kulturen wird der traditionelle Erwählungsbegriff überdacht werden müssen. Unter den Fragen, die sich hier stellen, seien nur die folgenden genannt: Kann mehr als nur ein Volk bzw. eine Religion auserwählt sein? Kann eine religiöse Tradition, welche andere Glaubensüberzeugungen und Verhaltensweisen vertritt, ebenso dem Willen Gottes entsprechen wie die eigene? Vgl. dazu R. Firestone, *Who are the Real Chosen People? The Meaning of Chosenness in Judaism, Christianity and Islam* (Woodstock, VT 2008).

## II. Sehen, was den Juden nach ihrem eigenen Verständnis wesentlich ist

### Richtlinien und Hinweise für die Durchführung der Konzilserklärung *Nostra aetate* (Nr. 4)

Das Dokument – es wurde am 1. Dezember 1974 veröffentlicht – beginnt, die Anliegen des Konzils aufgreifend, mit einigen grundsätzlichen Überlegungen: Vor allem unter dem Eindruck der Verfolgungen und Massenhinrichtungen von Juden, die vor dem Zweiten Weltkrieg und während des Krieges geschehen sind, hat das Konzil einen entscheidenden Wendepunkt in der Geschichte der Beziehungen zwischen Katholiken und Juden herbeigeführt, einer Geschichte, die zu oft durch gegenseitige Unkenntnis und offene Feindschaft geprägt war. Es ist an der Zeit, dass Christen jede Form des Antisemitismus und der Diskriminierung als dem Geist des Christentums widerstrebend[23] überwinden und sich darum bemühen, die religiöse Tradition des Judentums besser zu verstehen und zu sehen, was den Juden nach ihrem eigenen Verständnis für die gelebte religiöse Wirklichkeit wesentlich ist.

Nach diesen einleitenden Überlegungen folgen vier programmatische Punkte, die wir hier kurz zusammenfassen.

---

23 Diesen Gedanken bringen viele Dokumente zum Ausdruck – unter ihnen zwei Zeugnisse aus anderen christlichen Kirchen: „Jesus von Nazareth wird verraten, wenn Glieder des jüdischen Volkes... als Juden missachtet werden" (Arbeitsgruppe 6 des 10. Deutschen Evangelischen Kirchentages, Berlin 1961: *Erlebter Kirchentag* [Stuttgart 1961] 214; Rendtorff – Henrix, 553). Der Antisemitismus ist „eine dämonische Auflehnung gegen den Gott Abrahams, Isaaks und Jakobs sowie eine gegen sein Volk gerichtete Verwerfung des Juden Jesus. 'Christlicher' Antisemitismus ist geistlicher Selbstmord" (Abteilung Weltmission des Lutherischen Weltbundes; *Lutherische Rundschau* 14 [1964] 341; Rendtorff – Henrix, 344).

## 1. Ein Vier-Punkte-Programm

– *Der Dialog.* Wo Beziehungen zwischen Juden und Christen überhaupt vorhanden sind, sind sie bisher kaum über das Stadium des Monologs hinausgekommen. Der gewünschte Dialog setzt voraus, dass man sich gegenseitig kennen lernen will und bereit ist, die Eigenart des anderen zu achten. So sollten Christen die Schwierigkeiten verstehen, „welche die jüdische Seele, gerade weil sie von einem sehr hohen und reinen Begriff der göttlichen Transzendenz geprägt ist, gegenüber dem Geheimnis des fleischgewordenen Wortes empfindet". Das Zeugnis für Jesus Christus, das die Kirche ihrem Wesen nach der Welt zu geben hat, soll den Juden gegenüber nicht den Anschein einer Aggression erwecken.[24] Dies ist umso nötiger, als ein weit verbreitetes Misstrauen vorherrscht. Von Seiten der Christen könnte, so sagt das Dokument, dieses Misstrauen abgebaut werden, wenn sie die Verantwortung für eine beklagenswerte Vergangenheit übernähmen.[25] Für die zu fördernden brüderlichen Gespräche und die Zusammenkünfte von Fachleuten sind „eine Öffnung und Weitung des Geistes, eine Haltung des Misstrauens gegenüber den eigenen Vorurteilen, Takt und Behutsamkeit" unentbehrlich.

---

24 Nach dem bedeutenden Bericht der Kommission Glaube und Kirchenverfassung des Ökumenischen Rates der Kirchen über die Kirche und das jüdische Volk (Bristol 1967) „mag oft der beste und zuweilen vielleicht sogar der einzige Weg" des christlichen Zeugnisses „nicht so sehr in ausdrücklichen Worten bestehen, als vielmehr im Dienst" (*Bristol 1967, Beiheft zur Ökumenischen Rundschau,* Nr. 7/8 [Stuttgart 31968] 105; Rendtorff – Henrix, 359). – „Wie könnten sie (die europäischen Christen) 'Jesus, den Gekreuzigten', dem armseligen Häuflein überlebender Verwandter von sechs Millionen gemarterter Juden predigen?! Wie könnten sie das 'Evangelium der Liebe' im Namen dessen bringen, der einst sagte: 'An ihren Früchten werdet ihr sie erkennen'?!" (J. J. Petuchowski, „The Christian-Jewish Dialogue", in: J. J. Petuchowski, *Heirs of the Pharisees* [New York-London 1970] 154; der Aufsatz ist zuerst in *Lutheran World* 10 [1963] 373-384 erschienen).

25 Diese Aufforderung richtet sich zweifellos in erster Linie an höchste kirchliche Autoritäten, die im Namen regionaler bzw. nationaler Kirchen oder im Namen der Gesamtkirche sprechen können.

Unter bestimmten Umständen empfiehlt sich eine gemeinsame Begegnung vor Gott im Gebet und in der schweigenden Meditation[26]; dadurch entstehen Demut und Öffnung des Geistes und des Herzens, wie sie für eine tiefe Erkenntnis notwendig sind.

– *Die Liturgie.* Das Thema der Liturgie ist aufgrund der gemeinsamen Elemente (Gebetstexte, Feste, Riten usw.) für das christlich-jüdische Gespräch von besonderer Bedeutung. Was die alttestamentlichen Lesungen betrifft, so soll man zu verstehen versuchen, was im Alten Testament *von eigenem und bleibendem Wert ist*, unbeschadet der späteren Interpretation im Lichte des Neuen Testaments, die, wie das Dokument sagt, dem Alten Testament seinen vollen Sinn gibt.[27] Bei den Texten, die scheinbar das jüdische Volk als solches ins schlechte Licht setzen, soll man um eine gerechte Auslegung bemüht sein. Bei der Übersetzung einzelner Ausdrücke und ganzer Abschnitte, die missverstanden werden könnten, ist besondere Aufmerksamkeit geboten (z. B. bei den Begriffen „die Juden" im Johannesevangelium und „die Pharisäer").

– *Lehre und Erziehung.* Das Dokument stellt befriedigt fest, dass in verschiedenen Punkten in den vergangenen Jahren schon ein besseres Verständnis erreicht worden ist: Man anerkennt, dass im Alten und im Neuen Testament derselbe Gott spricht; man hat gelernt, das Judentum zur Zeit des Neuen Testaments als

---

26 Wie schwierig das gemeinsame Gebet ist, zeigt etwa folgende Begebenheit: Als die von Jesuiten geleitete Xavier-Universität in Cincinnati 1976 Rabbi Samuel Sandmel das Ehrendoktorat verlieh, stieß der von Christen gemachte Vorschlag, bei der Feier das Vaterunser zu beten, auf Ablehnung. – Wie ein gemeinsamer Gottesdienst aussehen mag, zeigen etwa die vom amerikanischen National Council of Churches und der Union of American Hebrew Congregations herausgegebenen Richtlinien: „Jews and Christians in Joint Worship: Some Planning Principles and Guidelines", *Ecumenical Bulletin* 44 (1980) 36-39. Der am Anfang des zweiten Teils dargestellte Besuch Johannes Pauls II. in der römischen Synagoge wird die delikate Situation einer gemeinsamen religiösen Feier verdeutlichen.

27 Siehe S. 32-40.

eine komplexe Wirklichkeit zu sehen; man sieht das Alte Testament und die sich darauf gründende jüdische Tradition nicht als eine Religion nur der Gerechtigkeit, Furcht und Gesetzlichkeit; man nimmt wahr, dass das Judentum seit Jesus eine religiöse Tradition entwickelt hat, deren Ausgestaltung reich an religiösen Werten ist, „wenn sie auch, wie wir glauben, nach Christus eine zutiefst verschiedene Bedeutung hat."[28]

Über diese und weitere bereits im Konzilstext *Nostra aetate* behandelten Fragen soll in katechetischen Handbüchern, Geschichtswerken, Massenmedien sowie in Schulen, Seminaren und Universitäten hinreichend informiert werden. Die wissenschaftliche Erforschung der Probleme des Judentums und der jüdisch-christlichen Beziehungen soll besonders in der Exegese, Theologie, Geschichte und Soziologie gefördert werden. Nach Möglichkeit soll man Lehrstühle für das Studium des Judentums schaffen und die Zusammenarbeit mit jüdischen Gelehrten fördern.

Die Einladung, Lehrstühle zu errichten und die Zusammenarbeit mit jüdischen Gelehrten zu fördern, ist in vielen Ländern auf fruchtbaren Boden gefallen.[29] Von nicht geringer Bedeutung für den Prozess der gegenseitigen Verständigung ist die Tatsache,

---

28 Diese Ausdrucksweise besagt wohl, dass nach dem Verständnis der Verfasser dem Erwartungscharakter in der jüdischen Theologie post Christum gleichsam der Boden entzogen ist.

29 Was Deutschland betrifft, so nimmt der Gesprächskreis „Juden und Christen" beim Zentralkomitee der deutschen Katholiken eine wichtige Stelle ein. In Rom ist das Kardinal-Bea-Zentrum für jüdische Studien an der Päpstlichen Universität Gregoriana zu nennen. Es wurde offiziell im Jahr 2001 gegründet; seine Anfänge gehen in das Jahr 1978 zurück. Das Zentrum steht in engem Kontakt mit dem Zentrum für christliche Studien (Center for the Study of Christianity) an der Hebräischen Universität (Jerusalem), arbeitet aber auch mit Institutionen in den USA und anderen Ländern zusammen. Das 1970 errichtete internationale Verbindungskomitee zwischen der katholischen Kirche und dem Judentum (ILC) ist für den beidseitigen institutionalisierten und formellen Dialog zuständig. Dieses Komitee, das sich normalerweise einmal im Jahr trifft, gibt Presseberichte und Kommuniqués heraus, die jedoch bisher verhältnismäßig wenig Beachtung fanden.

dass an einigen jüdischen Universitäten Lehrstühle für jüdisch-christliche Studien errichtet wurden und dass selbst in einigen Rabbinerseminaren Neues Testament und frühchristliche Literatur unterrichtet werden.

– *Soziale und gemeinschaftliche Aktion.* Die Christen und Juden gemeinsame Überzeugung vom Wert der menschlichen Person sowie die Liebe zu demselben Gott bilden nach den „Richtlinien" die Grundlage für ein wirksames gemeinsames Handeln zum Wohl der Menschen. Wörtlich hält das Dokument fest: „Juden und Christen sollen im Geist der Propheten bereitwillig zusammenarbeiten zur Förderung von Gerechtigkeit und Frieden im örtlichen, nationalen und internationalen Bereich."

In den *Schlussbemerkungen* wird vor allem die Bedeutung der christlich-jüdischen Beziehungen für die Kirche selbst unterstrichen: Sie nähert sich ihrem eigenen Geheimnis, wenn sie dem Mysterium Israels begegnet. Damit kommt aber auch ein innerchristlicher ökumenischer Aspekt zum Tragen: „Die Rückkehr der Christen zu den Quellen und den Ursprüngen ihres Glaubens... ist ein Bestandteil der Suche nach der Einheit in Christus, dem Eckstein."[30]


2. Kritische Würdigung der „Richtlinien"

Die „Richtlinien" zeichnen sich aus durch eine spirituelle Tiefe und eine kluge Ausgewogenheit. Auch von jüdischer Seite wurde im Wesentlichen nur an zwei Punkten Kritik geübt. Ein-

---

[30] Karl Barth sagte in einer Unterredung mit Kardinal Bea Ende 1966 in Rom: „Die ökumenische Bewegung steht unter dem Drängen des Geistes Gottes. Aber man vergesse nicht, es gibt nur eine einzige wichtige und tief greifende Frage: Wie sind unsere Beziehungen zu Israel?" (*SIDIC* 1, Nr. 3 [1968] 17). Im gleichen Sinn hat sich die Kommission Glaube und Kirchenverfassung geäußert (*Bristol 1967*, 106-107; Rendtorff – Henrix, 360-361).

mal hat die Erwähnung der von Gott gegebenen Sendung, Jesus Christus der Welt zu verkünden, erneut Misstrauen hervorgerufen: Geht es der Kirche bei ihrem Dialog nicht doch letzten Endes um die Missionierung der Juden? Zum anderen vermissten jüdische Kritiker eine Äußerung über das Band zwischen dem jüdischen Volk und dem Land und Staat Israel, welches u.a. schon von dem Pastoralkonzil der Niederländischen Kirchenprovinz und dem Komitee der französischen Bischofskonferenz angesprochen worden war.[31] In der Tat hätte das Dokument diesen Punkt nicht übersehen dürfen, wenn es sich an das von ihm selbst aufgestellte Prinzip gehalten hätte, nämlich die jüdische Wirklichkeit nach dem Verständnis, das die Juden selbst von ihr haben, darzustellen. Diese Unterlassung ist umso erstaunlicher, als in einem Entwurf für eine offizielle Verlautbarung die „Landfrage" sehr klar berücksichtigt war: „Treue zum Bund war verknüpft mit dem Geschenk eines Landes, das in der Seele der Juden Gegenstand einer dauernden Sehnsucht geblieben ist, die zu verstehen die Christen sich bemühen sollten. Die Juden haben im Verlauf vieler Generationen eines schmerzlichen Exils, das allzu oft erschwert wurde durch Verfolgungen und moralische Zwänge, für welche die Christen ihre jüdischen Brüder um Verzeihung bitten, auf vielerlei Art ihrer Verbundenheit mit dem Land Ausdruck gegeben, das ihren Vorfahren seit den Tagen von Abrahams Erwählung verheißen war. Die Christen sollten, wie schwer sie das auch ankommen mag, versuchen, die religiöse Bedeutung dieses Bandes zwischen einem Volk und einem Land zu verstehen und anzuerkennen. Die Existenz des Staates Israel sollte auch unter diesem Gesichtspunkt betrachtet werden, was keineswegs ein Urteil über geschichtliche Zusammenhänge oder über Entscheidungen rein politischer Natur vorwegnimmt."[32]

---

31 Katholiek Archief (Hg.), *Pastoraal Concilie van de Nederlandse Kerkprovincie* 7 (Amersfoort 1970) 93-94; Richter, 77; Rendtorff-Henrix, 154.
32 Der Text des Arbeitspapiers ist vom Institut für jüdische Angelegenheiten (Institute

Wie kam es, dass diese im Auftrag des Sekretariats für die Einheit der Christen erarbeitete Erklärung in den „Richtlinien" nicht berücksichtigt wurde? Die Gründe lagen anscheinend in einer Indiskretion: Die *New York Times* druckte (bereits am 11. Dezember 1969) das nicht autorisierte Arbeitspapier mit dem einschlägigen Passus über Land und Staat Israel. Diese Indiskretion mag auch dafür verantwortlich gewesen sein, dass die „Richtlinien" erst verhältnismäßig spät, nämlich fast zehn Jahre nach der Konzilserklärung *Nostra aetate* erschienen sind. Wie auch immer: Das Dokument als Ganzes ist von Christen und Juden als echter Fortschritt gewertet worden.

Wie ist es aber mit jenem Dokument, das die Darstellung der „Judenfrage" in Predigt und Katechese zum Inhalt hat und also bestrebt ist, die kirchliche Basis mit unserem Thema vertraut zu machen?

---

of Jewish Affairs) in Verbindung mit dem Jüdischen Weltkongress veröffentlicht worden (*Christian Attitudes on Jews and Judaism: A Periodical Survey* 10 [1970] 8); Auszüge finden sich im *Freiburger Rundbrief* 21 (1969) 139-141.

## III. Vermittlung an die Basis

### Hinweise für eine richtige Darstellung von Juden und Judentum in der Predigt und in der Katechese der katholischen Kirche

Um es gleich von vornherein zu sagen: Dieses neue, am 24. Juni 1985 veröffentlichte Dokument ist, auch wenn es „Ergebnis einer langen und geduldigen Arbeit" war[33], in verschiedenen Punkten bei Juden und Christen auf Enttäuschung und teilweise heftige Kritik gestoßen. Man hat auch den Eindruck, es habe an den notwendigen Absprachen gefehlt und die Veröffentlichung sei in letzter Minute noch unter Zeitdruck geraten, weshalb schon bei der Presseerklärung einige Verbesserungen angebracht werden mussten. Und doch muss gesagt werden: Das Dokument hat beachtliche Fortschritte aufzuweisen, namentlich bei der Behandlung der jüdischen Wurzeln des Christentums, der Beziehung Jesu zu den Pharisäern, der Stellung der Juden im Neuen Testament und der Bedeutung des Staates Israel. Auch Johannes Paul II. hat in einer Ansprache an die Mitglieder des Internationalen Verbindungskomitees zwischen der katholischen Kirche und dem Judentum (28. Oktober 1985) die Bedeutung des Dokuments hervorgehoben. Er sagte: „Was die... *Hinweise* betrifft, die im vergangenen Juni veröffentlicht wurden, so bin ich sicher, dass sie maßgebend dazu beitragen werden, unsere Katechese und den Religionsunterricht von einer negativen oder falschen Darstellung der Juden und des Judentums im Rahmen des katholischen Glaubens zu befreien. Sie werden auch zur Förderung der

---

[33] Msgr. (heute Kardinal) J. Mejía, damaliger Sekretär der Kommission für die religiösen Beziehungen zum Judentum, bei der Presseerklärung am Tag der Veröffentlichung des Dokuments („Viva coscienza del patrimonio comune a tutti i livelli", *L'Osservatore Romano,* italienische Ausgabe, 24.-25. Juni 1985, 7). Bei der Presseerklärung wurde auch ein englischer Text verteilt; er stimmt mit der in *SIDIC* 19, Nr. 2 (1986) 5-7 abgedruckten Übersetzung des italienischen Textes nicht in allem überein.

gegenseitigen Achtung und Anerkennung, ja der Liebe zueinander beitragen, da beide im unergründlichen Plan Gottes stehen, der 'sein Volk nicht verstößt'" (vgl. Ps 94,14; Röm 11,2).[34]

Die „Hinweise" beginnen mit „Vorüberlegungen" und gliedern sich dann in sieben unterschiedlich lange und unterschiedlich hilfreiche Abschnitte. Wir werden besonders zwei davon ausführlicher kommentieren: den dritten, der von den jüdischen Wurzeln des Christentums handelt, und den sechsten, der die Beziehungen zwischen Judentum und Christentum in der Geschichte zum Thema hat.

## 1. Religionsunterricht und Judentum

Da bei der Darstellung von Juden und Judentum Ungenauigkeit und Mittelmäßigkeit außerordentlich schaden, fordert das Dokument, man müsse sich bemühen, aufrichtig, objektiv und unvoreingenommen zu sein. Man beachte daher, wie die Juden sich selbst im Licht ihrer eigenen religiösen Erfahrung darstellen.

Diese hohen Grundsätze sind jedoch, selbst im Dokument, nicht voll zum Tragen gekommen. Wenn zum Beispiel gesagt wird, die Juden seien von Gott erwählt worden, um das Kommen Christi vorzubereiten, und der endgültige Sinn der Erwählung Israels trete erst im Licht der Gesamtvollendung zutage, so sehen sich die Juden in solchen Äußerungen nach christlichen Kategorien definiert und nicht so dargestellt, wie sie sich im Licht ihrer eigenen religiösen Erfahrungen verstehen.

Hier wird in der Sicht der Juden ihre Religion nicht als ein legitimer Heilsweg angesehen, und es wird ihnen ihre Identität

---

34 Rendtorff – Henrix, 105.

abgesprochen.³⁵ Wenn nämlich die Erwählung der Juden nur darin bestehe, das Kommen Christi vorzubereiten, so sind sie vom Heil ausgeschlossen, solange sie Jesus nicht annehmen, und bleiben in einer untergeordneten Stellung.³⁶ Juden sehen hier die Rückkehr zu dem früheren kirchlichen Triumphalismus und fühlen sich an das „Außerhalb der Kirche kein Heil" erinnert, diesen nach W. Kasper höchst missverständlichen Satz, der „im Sinne eines engstirnigen Heilspartikularismus missverstanden" werden kann.³⁷

Die Auseinandersetzung beweist die Notwendigkeit des Gesprächs zwischen Christen und Juden gerade auch auf theologischer Ebene. Dies würde vermutlich unter anderem zu einer neuen theologischen Sprache führen, zu „neuem Wein in neuen Schläuchen". Solche Sprache kann man aber auch schon heute hören. Bedeutende Formulierungen hat Johannes Paul II. selbst geprägt. In seiner Ansprache an die Delegierten der Bischofskonferenzen für die Beziehungen zum Judentum vom 6. März 1982 sagte er: „Auf verschiedenen, aber letzten Endes dem gleichen Ziel zustrebenden Wegen werden wir – mit Hilfe des Herrn, der niemals aufgehört hat, sein Volk zu lieben (vgl. Röm 11,1) – zu dieser wahren Brüderlichkeit in der Versöhnung, der Achtung und vollen Verwirklichung des Planes Gottes in der Geschichte gelangen."³⁸ In seiner Ansprache an die Teilnehmer eines Colloquiums über *Nostra aetate* am 19. April 1985 sprach der Papst

---

35 Pressemitteilung des Israelischen Jüdischen Rates für den interreligiösen Dialog (The Jewish Council in Israel on Interreligious Consultations) vom 24. Juni 1985; vgl. *Christian Life in Israel* 17 (Herbst 1985) 4.

36 G. Wigoder, „Retreat by the Vatican", *The Jerusalem Post*, 25. Juni 1985 = internationale Ausgabe, 6. Juli 1985, 13.

37 W. Kasper (Hg.), *Absolutheit des Christentums* (Quaestiones Disputatae 79 [Freiburg-Basel-Wien 1977]) 7.

38 Richter, 156-157; Rendtorff – Henrix, 79.

von „unserer je eigenen Berufung als Christen und als Juden".[39] Solche theologische Sprache findet jüdische Zustimmung.

2. BEZIEHUNGEN ZWISCHEN DEM ALTEN UND NEUEN TESTAMENT

2.1. *„Einheit der biblischen Offenbarung"*

Das Dokument greift zunächst die bekannte Idee von der Einheit der Schrift auf. Diese Sicht kann für Christen, die im Alten und im Neuen Testament ihr geistliches Erbe finden, sicherlich hilfreich sein.

Der Einheit der Schrift liege der göttliche Plan zugrunde, wonach jedes einzelne historische Ereignis seinen eigentlichen Sinn erhalte, „wenn es innerhalb der gesamten Geschichte, von der Schöpfung bis zur Vollendung, betrachtet wird". Deshalb trete der endgültige Sinn der Erwählung Israels erst im Licht der eschatologischen Erfüllung zutage (Röm 9-11).

---

39 *L'Osservatore Romano,* deutsche Ausgabe, 10. Mai 1985, 4; Rendtorff – Henrix, 92. Auch auf regionaler Ebene kann man einer neuen theologischen Sprache begegnen: Erinnert wird an den „ewigen Bund", den Gott mit dem jüdischen Volk geschlossen hat (Gen 17,7; vgl. Röm 11,29); „für die Christen wurde der Bund in Jesus Christus erneuert" (Französische Bischofskonferenz: Richter, 73; Rendtorff – Henrix, 151); „in Christus hat die Kirche an der Erwählung Israels Anteil, ohne an dessen Stelle zu treten" (Israel Study Group, bestehend aus Teilnehmern verschiedener christlicher Konfessionen in den Vereinigten Staaten: Cereti – Sestieri, 188; *SIDIC* 6, Nr. 3 [1973] 33); Juden und Christen befinden sich in einer „Weggemeinschaft" zu dem „gemeinsamen Ziel der Heilsherrschaft Gottes" (Gesprächskreis „Juden und Christen" beim Zentralkomitee der deutschen Katholiken: Richter, 116; Rendtorff – Henrix, 256). – Bei seiner Begegnung mit den Vertretern der Juden in Deutschland sprach Johannes Paul II. am 17. November 1980 in Mainz von den Juden als dem „Gottesvolk des von Gott nie gekündigten (vgl. Röm 11,29) Alten Bundes", was eindeutig zeigt, dass auch der Papst vom Fortbestand des Gottesbundes ausging (Richter, 152; Rendtorff – Henrix, 75). Zum Thema des Bundes vgl. auch N. Lohfink, *Der niemals gekündigte Bund: exegetische Gedanken zum christlich-jüdischen Dialog* (Freiburg-Basel-Wien 1989).

Außerdem müsse dargestellt werden, dass die Ereignisse des Alten Testaments nicht nur die Juden betreffen, sondern auch uns persönlich. „Abraham ist wirklich der Vater unseres Glaubens (vgl. Röm 4,11-12)." Und in 1 Kor 10,1 heißt es: „Unsere Väter sind alle unter der Wolke gewesen, sie alle sind durchs Meer gezogen."[40]

## 2.2. *Die typologische Interpretation des Alten Testaments*

Aus der Einheit des göttlichen Planes ergebe sich nach dem Dokument das Problem der Beziehungen zwischen dem Alten und Neuen Testament. Es solle der christlichen Tradition gemäß vor allem mit Hilfe der Typologie gelöst werden; damit werde die grundlegende Bedeutung unterstrichen, welche das Alte Testament in christlicher Sicht haben müsse. Allerdings – so wird eingeräumt – erwecke die Typologie bei vielen „Unbehagen; das ist vielleicht ein Zeichen dafür, dass das Problem nicht gelöst

---

40 Ein im Jahre 1997 von dem Komitee der französischen Bischofskonferenz für die Beziehungen mit dem Judentum veröffentlichten Dokument („Das Alte Testament lesen: Beitrag zu einer katholischen Lektüre des Alten Testaments"; Henrix – Kraus, 266-284) wendet den Begriff der Einheit der Schrift auf die alttestamentlichen Lesungen in der christlichen Liturgie an und stellt fest: „Wir müssen diese liturgischen Texte in einen umfassenden Blick einbetten, der dem Alten Testament seine volle Bedeutung zuerkennt" (S. 283). Wie ist dies zu verstehen? Ein Kommentar, der einen alttestamentlichen Text zur Erhellung des Neuen Testaments verwendet, müsse sich auf die Einheit der Schrift gründen. „Diese zeigt auf, wie ein Zusammenhang des göttlichen Heilsplans schon im Alten Testament besteht und wie er für den Christen voll enthüllt ist in Jesus und seiner Kirche" (S. 268). Die Einheit der Schrift erlaube es, dass „jede Passage der Schrift einen eigenen Sinn (besitzt), den man weder ablehnen noch verwerfen kann. Jedes Ereignis besitzt seinen eigenen Reichtum und seinen bleibenden Wert: die Berufung Abrahams, der Exodus, der Sinaibund, die Geschehnisse des Lebens Jesu. Was neu hinzukommt, verdrängt nicht das, was schon angekommen ist, sondern erweist darin die Fähigkeit der Erneuerung und eröffnet eine Zukunft. Kein Wort entwertet das vorangegangene. Ein jedes trägt zum Verstehen des Ganzen bei" (S. 269).

ist".[41] Diese Bemerkung verdient Beachtung.[42]

Was mit Typologie gemeint ist, steht in den Absätzen 5-7, die wir hier in Auszügen wiedergeben: „Es ist auch wichtig zu unterstreichen, dass die typologische Interpretation darin besteht, das Alte Testament als Vorbereitung und in gewisser Hinsicht als Skizze und Voranzeige des Neuen zu lesen (vgl. z. B. Hebr 5,5-10 usw.). Christus ist nunmehr der Bezugspunkt und Schlüssel der Schriften... Es ist also wahr und muss auch unterstrichen werden, dass die Kirche und die Christen das Alte Testament im Lichte des Ereignisses von Tod und Auferstehung Christi lesen, und dass es in dieser Hinsicht eine christliche Art, das Alte Testament zu lesen, gibt, die nicht notwendigerweise mit der jüdischen zusammenfällt. Christliche Identität und jüdische Identität müssen deshalb in ihrer je eigenen Art der Bibellektüre sorgfältig unterschieden werden[43]... Die typologische Lektüre zeigt erst recht

---

41 Der katholische Historiker und Kulturkritiker F. Heer hat über die Typologie überspitzt geschrieben: „Dieser – von den Juden her betrachtet (und der wahre Christ, der sich selbst ernst nimmt, muss dies würdigen) – größte Raubzug der Weltgeschichte führt das Alte Testament in den Dienst der christlichen Kirche über: Was in über tausend Jahren jüdische Propheten... geschaffen haben..., wird nun, als Beutegut des 'neuen Israel', der Kirche, zum unantastbaren Erbgut der Kirche" (*Gottes erste Liebe* [München 1967] 54).

42 Der Gesprächskreis „Juden und Christen" beim Zentralkomitee der deutschen Katholiken hat auf die Ungelöstheit des Problems auch im 1992 veröffentlichten *Katechismus der Katholischen Kirche* hingewiesen. Im Diskussionspapier des Gesprächskreises vom 29. Januar 1996 „Juden und Judentum im neuen Katechismus der Katholischen Kirche: ein Zwischenruf" heißt es: „Das Verhältnis der beiden Testamente der einen christlichen Bibel erscheint in einem undeutlichen Zwielicht. Einerseits wird der eigene Offenbarungswert des 'Alten Testamentes' mehrfach bekräftigt. Andererseits wird er durchgängig relativiert. Dies liegt vor allem daran, dass das Alte Testament mit Hilfe der 'typologischen' Auslegungsmethode entgegen der Bejahung seines Eigenwertes vorherrschend als unvollkommene Vorform ('Typos') erscheint, die erst im Neuen Testament ihre Vollkommenheit findet" (Henrix – Kraus, 390).

43 S. Sandmel hat diesen Gedanken pointiert so ausgedrückt: „Das Alte Testament, das beide Traditionen besitzen, verstehen sie in ganz verschiedener Weise, fast als wäre es nicht dasselbe Buch" (*Two Living Traditions: Essays on Religion and the Bible* [Detroit 1972] 117). Die typologische Schriftauslegung hat auch, wie wir unten erwähnen werden, dazu beigetragen, dass das Alte Testament, ein so zentraler

die unergründlichen Schätze des Alten Testaments, seinen unerschöpflichen Inhalt und das Geheimnis, dessen es voll ist..."

Obwohl das Dokument die Typologie so stark betont, stellt es diese doch nicht als einzigen Weg zum Verständnis des Alten Testaments hin. Auch auf den Eigenwert des Alten Testaments als Offenbarung wird hingewiesen; und in Bezug auf die verschiedenen Arten des jüdischen Schriftverständnisses heißt es, die Christen hindere nichts daran, ihrerseits die Traditionen der jüdischen Lektüre differenziert und mit Gewinn aufzunehmen.

Zu diesem letzten Punkt hatte sich die Diözese Rom im Januar 1983 klarer und mutiger geäußert: „Zu empfehlen ist im besonderen die gemeinsame Lektüre des Alten Testaments auch im Licht der jüdischen Tradition in ihren verschiedenen Strömungen (normativ, narrativ und mystisch), um sich an einen Zugang zu dem heiligen Text zu gewöhnen, der besonders hilfreich sein kann, den unergründlichen Widerhall des Wortes Gottes zu vernehmen."[44] Dieser Äußerung kann man nur zustimmen. Hatte nicht Jesus ein ähnliches Verhältnis zu seiner Bibel, dem

---

Grundstock, den Juden und Christen gemeinsam haben, zu einem der Faktoren bei der schmerzlichen Trennung zwischen den Juden und den frühen Christen geworden ist.

Ein einheitliches Verständnis des Alten Testaments, das also weder „jüdisch" noch „christlich" ist, wird heute auch von manchen Juden angestrebt, und zwar vornehmlich mit Hilfe der historisch-kritischen Methode. Diese Methode hat das grundsätzliche Ziel, einen Text so zu interpretieren, wie er von seinen ersten Verfassern intendiert und von seiner ursprünglichen Hörerschaft verstanden wurde (bzw. verstanden werden sollte). Dieses ist ein beschränktes und angesichts einer Literatur wie der biblischen ein allzu beschränktes Ziel, das ohnehin oft nicht zu erreichen ist. Auf die Grenzen der historisch-kritischen Methode haben u. a. zwei jüdische Autoren hingewiesen: R. Alter, „A Literary Approach to the Bible", in: R. Alter, *The Art of Biblical Narrative* (New York 1981) 3-22; Meir Sternberg, „Literary Text, Literary Approach", in: Meir Sternberg, *The Poetics of Biblical Narrative: Ideological Literature and the Drama of Reading* (Bloomington, IN 1985) 1-57.

44 Nr. 142d der von der ökumenischen Diözesankommission herausgegebenen Hinweise (*Verso l'unità dei cristiani: Sussidio per una pastorale ecumenica nella diocesi di Roma* [Rom 1983] 38); Rendtorff – Henrix, 217.

Alten Testament, mit seinen unergründlichen Schätzen (vgl. Mt 13,52)? Auf jeden Fall ist das Alte Testament niemals „alt", auch nicht für die Christen. Immer neu ist seine Offenbarung.[45]

Und was sagen zu all dem die Experten der Päpstlichen Bibelkommission?

### 2.3. *Zwei Dokumente der Päpstlichen Bibelkommission*

Während des Pontifikats Johannes Pauls II. veröffentlichte die Bibelkommission zwei ausführliche Dokumente, die in unserem Kontext von Bedeutung sind. Das erste (April 1993) trägt den Titel *„Die Interpretation der Bibel in der Kirche"*[46] und enthält den Abschnitt „Zugänge über jüdische Traditionen der Interpretation", auf den wir kurz eingehen wollen.

Der Abschnitt stellt mit Anerkennung fest: „Das Judentum hat eine außergewöhnliche Summe von gelehrten Mitteln im Dienst der Erhaltung des Textes des Alten Testaments und der Sinnerklärung der biblischen Texte hervorgebracht. Zu allen Zeiten haben die besten christlichen Exegeten seit Origenes und Hieronymus versucht, die jüdische biblische Gelehrsamkeit für ein besseres Verständnis der Heiligen Schrift zu nutzen. Zahlreiche moderne Exegeten folgen diesem Beispiel."[47] Unter dem reichen und mannigfaltigen jüdischen Material wird vor allem auf die „zwischentestamentliche" Literatur, die Targumim und Midraschim hingewiesen, sowie auf jüdische Kommentatoren, Grammatiker und Lexikographen des Mittelalters und der neueren

---

45 Im Übrigen ist im 6. Abschnitt des Dokuments von der „ununterbrochenen geistigen Schöpferkraft" auch des nachbiblischen Judentums die Rede. Waren sich die Autoren bewusst, dass sie damit gerade auch der jüdischen Schriftauslegung, die aus dem Alten Testament Altes und Neues hervorholt, ein hohes Lob erteilten?

46 Deutsche Übersetzung in *Verlautbarungen des Apostolischen Stuhls* 115 (Bonn o. J.) 21-117; ein kurzer Auszug findet sich bei Henrix – Kraus, 79-80.

47 Henrix – Kraus, 79.

Zeit. Danach heißt es: „Weit mehr als früher bezieht man sich heute in der exegetischen Diskussion auf solche jüdische Werke. Der Reichtum des jüdischen Wissens von der Antike bis heute im Dienst der Bibel ist eine Hilfe ersten Ranges für die Exegese der beiden Testamente, jedoch unter der Bedingung, dass dieses Wissen sachgerecht eingesetzt wird."[48] Dieser Feststellung kann man nur zustimmen.

Sodann erwähnt das Dokument das Problem der Datierung der pharisäisch-rabbinischen Traditionen – ich sehe sie als das entscheidende Milieu an, in dem Jesus lebte und lehrte – und bemerkt, es sei wichtig, diese Traditionen „chronologisch einzuordnen, bevor man sie vergleicht."[49]

Zum Schluss verweist der Abschnitt auf ein weiteres Problem: „Vor allem ist der Gesamtrahmen der jüdischen und der christlichen Gemeinschaft grundlegend verschieden: auf jüdischer Seite geht es, wenn auch in mannigfaltigen Formen, um eine Religion, die ein Volk und eine Lebenspraxis auf der Basis einer geoffenbarten Schrift und einer mündlichen Tradition[50] bestimmt, während auf christlicher Seite der Glaube an den gestorbenen, auferstandenen und nun lebendigen Herrn Jesus, den Messias und Sohn Gottes, Fundament der Gemeinschaft ist. Diese zwei Ausgangs-

---

48 Ebd., 80.

49 Bekanntlich finden sich solche Traditionen in rabbinischen Werken, deren Endredaktion in die Zeit vom Beginn des 3. Jh. n. Chr. bis ins 6. Jh. (oder sogar noch darüber hinaus) fällt. Die späte Redaktion der rabbinischen Werke ist jedoch kein Argument gegen ein frühes Datum der in ihnen enthaltenen Traditionen. Diese gehen zum Teil auf die Zeit des Neuen Testaments oder eine noch frühere Epoche zurück. Vgl. R. Neudecker, „Rabbinic Literature and the Gospels: The Case of the Antithesis of Love for One's Enemies", *Biblical Exegesis in Progress: Old and New Testament Essays* (Hg. J. N. Aletti – J. L. Ska) (Rom 2009) 278-279.

50 Zum besseren Verständnis des Begriffs „mündliche Tradition" oder „mündliche Tora" möchte ich anmerken, dass die ursprünglich mündliche Tradition von Beginn des 3. Jahrhunderts an in der Mischna und danach auch in anderen jüdischen Werken schriftlich niedergelegt wurde. Vgl. auch M. D. Herr, „Oral Law", *Encyclopaedia Judaica* 12, 1439-1442.

punkte schaffen für die Interpretation der heiligen Schriften zwei Kontexte, die trotz vieler Kontakte und Ähnlichkeiten radikal verschieden sind."[51] Hier wird offensichtlich der Leser wiederum auf die Typologie verwiesen, die *eine*, aber bei weitem nicht die einzige Interpretationsmöglichkeit des Alten Testaments darstellt.[52] Verblüffend erscheint die Feststellung von der radikalen Verschiedenheit des jüdischen und des christlichen Kontexts. Wir empfehlen, diese Aussage mit dem zu vergleichen, was die „Hinweise" im 3. Abschnitt über Jesus als Juden und über seine Methoden der Schriftauslegung zu sagen haben.

Das zweite Dokument der Päpstlichen Bibelkommission stammt aus dem Jahr 2001 und trägt den Titel: *„Das jüdische Volk und seine Heilige Schrift in der christlichen Bibel."*[53]

Das Dokument wurde, wie die Kommission sagt, „im Geist" des Zweiten Vatikanischen Konzils verfasst, welches Christen und Juden zu „gegenseitiger Kenntnis und Achtung" aufruft. „Diese Kenntnis und diese Achtung sind nach Auffassung des Konzils 'vor allem die Frucht biblischer und theologischer Studien sowie des brüderlichen Gesprächs'."[54] Auch auf verschiedene Äußerungen Johannes Pauls II. wird Bezug genommen, so auf seine Worte bei der Begegnung mit Vertretern der Juden in Mainz (1980): „Die Begegnung zwischen dem Gottesvolk des von Gott niemals gekündigten (vgl. Röm 11,29) Alten Bundes und dem des Neuen Bundes ist zugleich ein Dialog innerhalb

---

51 Henrix – Kraus, 80.

52 In den Auseinandersetzungen der jungen christlichen Gemeinde mit den Hauptströmungen des Judentums spielte die Typologie eine größere Rolle als heute, da man die jüdischen Wurzeln des Christentums ernst nimmt. Aufs Ganze gesehen, enthält das Alte Testament meines Erachtens nur einen geringen Teil von Texten, die man typologisch auslegen kann.

53 Deutsche Veröffentlichung in Libreria Editrice Vaticana, Città del Vaticano, 2002, 231 Seiten.

54 Ebd., 222.

unserer Kirche, gleichsam zwischen dem ersten und zweiten Teil ihrer Bibel."[55]

Zu den Ergebnissen der umfangreichen Studie gehört die Überzeugung von der Zusammengehörigkeit des Alten und des Neuen Testaments: „In der Tat ist die Heilige Schrift des jüdischen Volkes ein wesentlicher Teil der christlichen Bibel, und sie ist auch im zweiten Teil dieser Bibel in vielfacher Weise gegenwärtig. Ohne das Alte Testament wäre das Neue Testament ein Buch, das nicht entschlüsselt werden kann, wie eine Pflanze ohne Wurzeln, die zum Austrocknen verurteilt ist."[56] Diesen Sätzen muss man zustimmen, vorausgesetzt, man ist sich bewusst, dass das Neue Testament das Alte Testament so versteht, wie es zur Zeit des Neuen gelebt und verstanden wurde. Das Alte Testament, wie es heute die historisch-kritische Methode auszulegen versucht, entspricht oft nicht dem Verständnis, welches das Neue Testament voraussetzt.

Bezüglich der jüdischen Exegese anerkennt auch dieses Dokument, dass die Christen viel von der „seit mehr als zweitausend Jahren" ausgeübten jüdischen Exegese lernen können und in der Tat im Lauf der Geschichte viel gelernt haben.[57] Auch für die Texte des Neuen Testaments gilt, dass für ihre genaue Auslegung „oft die Kenntnis des Judentums dieser Epoche vonnöten ist".[58] Was das Schriftverständnis der Zeitgenossen Jesu betrifft, so hält das Dokument die Handschriften vom Toten Meer für „das bes-

---

55 Ebd., 222-223; vgl. Rendtorff – Henrix, 75.
56 Ebd., 218. In diesem Zusammenhang möchte ich auch an die Worte Johannes Pauls II. erinnern, die er 1997 bei einem Kolloquium über die Wurzeln des Antijudaismus im Christentum sagte. Der Papst sprach von der „notwendigen Verbindung mit dem Alten Testament" und betonte: „ohne es ist das Neue Testament selbst seines Sinnes entleert" (Henrix – Kraus, 108).
57 Ebd., 59.
58 Ebd., 219.

te Anschauungsmaterial".[59] Angesichts dieser Behauptung, der ich nicht zustimmen kann, gewinnt man den Eindruck, dass sich unter den Verfassern kein Kenner der rabbinischen Literatur befand; die knappe und ungenaue Beschreibung der rabbinischen Methoden im Neuen Testament[60] weist in die gleiche Richtung.

Wiederum misst die Bibelkommission der typologischen Auslegung große Bedeutung zu: Die eschatologischen Verheißungen der Propheten gelten nicht einfach nur für die Zukunft[61]; ihre Erfüllung hat in Jesus von Nazaret, dem Christus, bereits begonnen. „Er ist es, von dem die Schrift des jüdischen Volkes letztlich spricht, ... und in seinem Licht muss diese Schrift gelesen werden, damit sie in ihrem vollen Sinn erfasst werden kann."[62]

### 2.4. Ganz persönliche und jedem Volk angemessene Verstehenshorizonte

Wir dürfen aber nicht übersehen, dass es auch Verstehenshorizonte des Alten (und Neuen) Testaments gibt, die einer einheitlichen Interpretation (etwa der typologischen) abgeneigt sind. Auf zwei Momente, welche die niederländische Bischofskonferenz (1999) kurz angesprochen hat[63], möchte ich etwas näher eingehen.

1. Gott richtet, wie die rabbinische Literatur oft betont, sein Wort an uns nicht entsprechend seiner Macht, sondern entsprechend den Bedürfnissen, der Situation und der Aufnahmefähigkeit ei-

---

59 Ebd., 36.
60 Ebd., 39-41.
61 Dies gilt übrigens auch im Judentum; vgl. das rabbinisch verstandene „heute"; siehe S. 54-56.
62 Zweites Dokument der Päpstlichen Bibelkommission, 39-41.
63 Henrix – Kraus, 314.

nes jeden einzelnen.⁶⁴ Diese Lehre wurde vor allem aus dem Dekalog erschlossen, bei dessen Verkündigung Gott das Volk in der Singularform anredete: „Ich bin der Herr, *dein* Gott... *Du* sollst keine fremden Götter neben mir haben... " (Ex 20,2-17; Dtn 5,6-21). Warum sprach Gott am Sinai nicht im Plural, wendete er sich doch an das ganze Volk? In einer der Erklärungen wird auf das Manna hingewiesen, das Gott den Israeliten auf ihrer Wanderung durch die Wüste zu essen gab und über dessen Geschmack die Bibel sonderbarerweise unterschiedliche Angaben macht. Dazu der folgende rabbinische Kommentar:

> Wenn nun schon das Manna für die einzelnen einen jeweils verschiedenen Geschmack hatte⁶⁵, um wie viel mehr galt dies entsprechend vom göttlichen Wort! Ein jeder hörte es nach seiner eigenen Fassungskraft. David hat gesagt: „Die Stimme des Herrn ergeht mit Macht" (Ps 29,4). Es steht nicht geschrieben: „Die Stimme des Herrn ergeht mit *seiner* (Gottes) Macht", sondern: „Die Stimme des Herrn ergeht mit Macht", das heißt, mit der Macht, wie sie jedem einzelnen angemessen ist (PesK 12,25 [I, 224]).

2. Ebenfalls von der Sinai-Offenbarung heißt es in anderen rabbinischen Texten, die Tora sei in 70 Sprachen verkündet worden, damit alle 70 Völker der Erde sie verstehen könnten.⁶⁶ Auch gab Gott die Tora in der Wüste, also an einem Ort, der, wie die Rabbinen sagen, allen Menschen frei zugänglich ist. Daraus

---

64 Vgl. R. Neudecker, „'Ich bin der Herr, dein Gott': Das erste Gebot des Dekalogs in rabbinischer Auslegung", *Judaica* 52 (1996) 183-184; ders., „Der Lehrer-Gott vom Berg Sinai: ein interreligiöser Zugang", *Biblical and Oriental Essays in Memory of William L. Moran* (Hg. A. Gianto) [Rom 2005] 81-83.

65 Für die Säuglinge war es nach Num 11,8 wie die Milch, mit der sie an der Brust ihrer Mütter gestillt werden; für die Jugendlichen wie Brot (Ez 16,19), für die Alten wie Honigkuchen (Ex 16,31); siehe S. 69.

66 Dieser Gedanke stützt sich vor allem darauf, dass Ex 20,1 keine Angabe darüber macht, an wen Gott sich wandte: „Und Gott sprach alle diese Worte (zu wem?)."

folgt: „Jeder, der die Tora annehmen will, möge kommen und sie annehmen."[67] Diese Idee scheint sich heute mehr und mehr zu verwirklichen. Viele Menschen, die sich weder zum Judentum noch zum Christentum bekennen, beschäftigen sich ernsthaft mit der Bibel, begegnen ihr mit neuen Fragen und tragen zu neuen, fruchtbaren Verstehenshorizonten bei. Wie anregend und bereichernd die Schriftlesung gerade in solchen Kreisen sein kann, habe ich des Öfteren bei Bibelseminaren, die ich in Japan leitete, erleben dürfen.

In meinen Bemerkungen zum Thema des nächsten Abschnitts der „Hinweise" möchte ich den Beziehungen zwischen dem Alten und dem Neuen Testament und der Auslegung des Alten Testaments zur Zeit des Neuen Testaments ein wenig mehr nachgehen. Einige konkrete Beispiele sollen ein Bild davon vermitteln, wie Jesus, die Evangelisten und die frühjüdischen Schriftgelehrten mit dem Alten Testament, ihrer heiligen Schrift, umgegangen sind.

### 3. Jüdische Wurzeln des Christentums

Dieser Abschnitt gehört zu den wichtigsten Teilen des Dokuments. Schon die in der Überschrift enthaltene Aussage – „jüdische", nicht: „alttestamentliche" Wurzeln – ist von Bedeutung. Im Gegensatz zu immer noch verbreiteten Vorstellungen darf man nämlich nicht die jüdische Religion mit der des Alten Testaments schlechthin gleichsetzen, als ob es nach Abschluss der alttestamentlichen Bücher im Judentum keine weitere Entwicklung gegeben hätte. Entsprechend hat das Neue Testament auch nicht, wie bereits gesagt, das Alte Testament als solches (wie es die

---

67 MekJ, Jitro (S. 205). Vgl. R. Neudecker, *The Voice of God on Mount Sinai: Rabbinic Commentaries on Exodus 20:1 in the Light of Sufi and Zen-Buddhist Texts* (Rom ³2008) 129-132.

moderne historisch-kritische Methode vorlegen will) zur Grundlage, sondern das Alte Testament, wie es die Juden zur Zeit des Neuen Testaments gelesen, gelebt und interpretiert haben.[68]

Einschränkend muss gesagt werden, dass das Dokument nur auf die Hauptströmungen des palästinischen Milieus eingeht. Zwar stellt dieses den entscheidenden Hintergrund des frühen Christentums dar, aber auch das hellenistische Judentum und Bewegungen wie die apokalyptische oder die der Qumran-Gemeinde haben im Neuen Testament Spuren hinterlassen und müssen in diesem Zusammenhang berücksichtigt werden. Trotz dieser Einschränkung gilt: Die Aussagen dieses Abschnitts gehören zum Besten des Dokuments.

Um die Bedeutung des Abschnitts stärker hervorzuheben, sollen die wesentlichen Aussagen ausführlicher zitiert werden; es empfiehlt sich jedoch, den ganzen Text im Anhang zu lesen und zu studieren. Die Punkte, auf die wir anschließend näher eingehen werden, sind im folgenden Zitat angedeutet.

> Jesus war Jude und ist immer Jude geblieben... Jesus war voll und ganz ein Mensch seiner Zeit und seines jüdisch-palästinischen Milieus des 1. Jahrhunderts, dessen Ängste und Hoffnungen er teilte [3.1.]...
>
> Das Verhältnis Jesu zum biblischen Gesetz und seinen mehr oder weniger traditionellen Interpretationen [3.2.] ist zweifelsohne komplex; er hat große Freiheit diesem gegenü-

---

68 Wie wichtig der jüdische Hintergrund des Neuen Testaments ist, beweist der *Kommentar zum Neuen Testament aus Talmud und Midrasch* von (H. L. Strack und) P. Billerbeck, der, wenn kritisch benützt, immer noch ein wichtiges Hilfsmittel zum Verständnis des Neuen Testaments darstellt; vgl. R. Neudecker, „Rabbinic Literature and the Gospels", 271-274. Jüdische Autoren, die über Jesus schreiben, legen oft stärkeren Wert auf die Darstellung des damaligen jüdischen Milieus. Nach Kardinal Daniélou trugen unter den zeitgenössischen Jesusbüchern die von Juden geschriebenen am meisten dazu bei, Jesus bekannt zu machen (*Encounter Today* 7 [1972] 108).

ber an den Tag gelegt (vgl. die 'Antithesen' der Bergpredigt Mt 5,21-48 – wobei die exegetischen Schwierigkeiten zu berücksichtigen sind – [3.2.1.], die Einstellung Jesu zu strenger Beobachtung der Sabbatgesetze... [3.2.2].). Es gibt jedoch keinen Zweifel daran, dass er sich dem Gesetz unterwerfen will... Er predigte den Respekt vor dem Gesetz (vgl. Mt 5,17-20) und forderte dazu auf, demselben zu gehorchen (vgl. Mt 8,4). Der Ablauf seines Lebens war unterteilt durch die Wallfahrten an den Festzeiten, und zwar seit seiner Kindheit (...). Man hat oft die Bedeutung des jüdischen Festzyklus im Johannes-Evangelium beachtet (...) [3.3.].

Es muss auch bemerkt werden, dass Jesus oft in den Synagogen (...) und im Tempel, den er häufig besuchte (...), gelehrt hat... Er hat die Verkündigung seiner Messianität in den Rahmen des Synagogen-Gottesdienstes einordnen wollen (vgl. Lk 4,16-21) [3.4.]...

Seine Beziehungen zu den Pharisäern [3.5.] waren nicht völlig und nicht immer polemischer Art. Es gibt zahlreiche Beispiele dafür: Es sind die Pharisäer, die Jesus vor der ihm drohenden Gefahr warnen (Lk 13,31)... Jesus isst mit Pharisäern (Lk 7,36; 14,1).

Jesus teilt mit der Mehrheit der damaligen palästinischen Juden pharisäische Glaubenslehren: Die leibliche Auferstehung [3.6.]; die Frömmigkeitsformen wie Wohltätigkeit, Gebet, Fasten (...) und die liturgische Gewohnheit, sich an Gott als Vater [3.7.] zu wenden; den Vorrang des Gebots der Gottes- und der Nächstenliebe (...) ...

Jesus verwendete Methoden, die Schrift zu lesen und zu interpretieren [3.8.] und seine Jünger zu unterweisen [3.9.], die den Pharisäern... gemeinsam waren.[69]

---

[69] Die Übersetzung bei Rendtorff – Henrix, 99 entspricht hier nicht dem französi-

Es muss auch festgehalten werden, dass die Pharisäer in den Passionsberichten nicht erwähnt werden. Gamaliel (vgl. Apg 5,34-39) macht sich in einer Sitzung des Synhedrions zum Anwalt der Apostel. Eine ausschließlich negative Darstellung der Pharisäer läuft Gefahr, unrichtig und ungerecht zu sein (...). Wenn es in den Evangelien und an anderen Stellen des Neuen Testaments allerhand abschätzige Hinweise auf die Pharisäer gibt, muss man sie vor dem Hintergrund einer komplexen und vielgestaltigen Bewegung sehen. Kritik an verschiedenen Typen von Pharisäern fehlen übrigens in den rabbinischen Quellen nicht (vgl. Babylonischer Talmud, Traktat Sotah 22b usw.) [3.10.].

### 3.1. *Jesus war Jude und ist immer Jude geblieben*

In seinem Bemühen, die Anliegen der „Hinweise" in der eigenen Gesellschaft bekannt und fruchtbar zu machen, hat sich das Sekretariat für katholisch-jüdische Beziehungen der US-Bischofskonferenz, die „Hinweise" kommentierend und auf der Ebene der katechetischen Praxis konkretisierend, zum Jude-Sein Jesu kurz und leicht verständlich in folgender Weise geäußert: „Jesus wurde als Jude geboren. Er lebte und starb als Jude seiner Zeit. Er, seine Familie und seine ersten Jünger folgten den Gesetzen, Überlieferungen und Bräuchen seines Volkes. Deshalb können die zentralen Begriffe der Lehre Jesu nicht unabhängig vom jüdischen Erbe verstanden werden. Auch nach der Auferstehung haben die Jünger Jesu das Christusereignis aus wesentlich jüdischer Sichtweise gedeutet, die sie der jüdischen Tradition und liturgischen Praxis entnahmen. Ein angemessenes Verständnis der Sendung Jesu und seiner Verkündigung und der Kirche überhaupt setzt voraus, dass man das Judentum der nachbabylo-

---

schen Originaltext.

nischen Zeit, der Epoche des Zweiten Tempels, versteht."[70]

Aus jüdischer Sicht schrieb der angesehene jüdische Gelehrte David Flusser, ehemaliger Professor für das frühe Christentum und das Judentum in der Zeit des zweiten Tempels (Hebräische Universität, Jerusalem): „Manche moderne Theologen versuchen heute im steigenden Maße, die Botschaft Jesu gegen das Judentum hart abzugrenzen. Jesus lehrte angeblich etwas ganz anderes, etwas Originelles, das für die übrigen Juden unakzeptabel war. Man hebt den starken jüdischen Widerstand gegen Jesu Predigt einseitig hervor. Die Behandlung einer solchen Auffassung gehört nicht in die neutestamentliche Wissenschaft hinein, sondern wäre ein Thema der modernen Ideologien-Erforschung. Die jüdischen Parallelen zu den Worten Jesu, und die Art, wie Jesus den übernommenen Stoff bearbeitete, widerlegen solche Annahmen ganz eindeutig. Auch wenn Jesus den jüdischen Gedanken seine eigene persönliche Richtung gab, wenn er eine Auswahl vornahm, wenn er das Übernommene läuterte und manches umdeutete, gibt es, wie ich ehrlich bekenne, kein einziges Wort Jesu, das irgendeinen gut meinenden Juden ernstlich aufgebracht hätte. Auch Jesu Kritik an den Pharisäern ist nicht prinzipiell zu beanstanden. Sie hat ja wichtige Parallelen im rabbinischen Schrifttum[71]... Jesus war doch auch in seinem Denken und in seiner Botschaft ein treuer Sohn seines Volkes und ein Repräsentant seines Glaubens und seiner Hoffnungen. Es wäre töricht und irgendwie böswillig, einen Gegensatz zu konstruieren, wo er nicht bestanden hat."[72]

Dieses Urteil, dem ich grundsätzlich zustimme, steht im Gegensatz zu J. Neusners Auffassung, die er in seinem berühmten

---

70 Henrix – Kraus, 166.
71 Siehe S. 67-68.
72 „Bemerkungen eines Juden zur christlichen Theologie des Judentums", in: C. Thoma, *Christliche Theologie des Judentums* (Aschaffenburg 1978) 27-28.

Buch: *A Rabbi Talks with Jesus*[73] zum Ausdruck bringt. Ein katholischer Leser wertete das Buch als das bei weitem bedeutendste, das im letzten Jahrzehnt zum christlich-jüdischen Dialog geschrieben worden sei. Obwohl Neusner den christlichen Lesern helfen will, bessere Christen zu werden (S. 5), erweckt das Buch auf weite Strecken Unbehagen und Unmut nicht nur bei Christen, sondern auch bei jedem, der mit der historisch-kritischen Methode vertraut ist. So behauptet Neusner etwa, der Jesus des Matthäus-Evangeliums habe die Leute angewiesen, wenigstens drei der Zehn Gebote zu übertreten (S. 23). Neusners These ist einfach: „Nach der Wahrheit der Tora ist vieles, was Jesus gesagt hat, falsch" (S. 5).[74] Was Neusners „Kontrast zwischen Mose und Jesus" betrifft, den wir in der Auslegung von „Auge für Auge, Zahn für Zahn" und in der Haltung zur Ehescheidung sehen könnten, so ist zu bedenken, dass auch die rabbinische Exegese (*derasch*) im Gegensatz zum wörtlichen Sinn einer Bibelstelle (*peschat*) stehen kann[75], ohne dass dies die Autorität des Mose schmälert oder andere Probleme mit sich bringt.[76]

Es bleibt kein Zweifel: Der historische Jesus, von dem vor allem die synoptischen Evangelien berichten, war Jude. Der auferstandene Christus, dem Paulus begegnete und dem Mystiker

---

73 Revised Edition, McGill-Queen's University Press, 2000.

74 „*My point is simple. By the truth of the Torah, much that Jesus said is wrong*" (von Neusner in Kursivschrift gesetzt). Die deutsche Übersetzung ist sehr ungenau: „Mein Anliegen ist einfach: Die Wahrheit der Thora lässt manches, was Jesus gesagt hat, falsch erscheinen" (J. Neusner, *Ein Rabbi spricht mit Jesus: ein jüdisch-christlicher Dialog* [Freiburg-Basel-Wien 2007] 9).

75 Vgl. die Baraita des R. Jischmael (2. Jh.): „An drei Stellen setzt sich das praktische Gesetz über den biblischen Text hinweg...; die Tora sagt, [der Scheidebrief soll] auf ein 'Buch' (d. h. Pergament) [geschrieben werden; Dtn 24,1)]; die Halacha dagegen sagt: auf irgendetwas [vom Boden] Getrenntes..." (jKid 1,2 [59d]). Siehe auch I. Kalimi, „Targumic and Midrashic Exegesis in Contradiction to the Peshat of Biblical Text", *Biblical Interpretation in Judaism and Christianity* (Hg. I. Kalimi – P. J. Haas) [New York-London 2006] 13-32).

76 Siehe auch S. 150-151.

bis zum heutigen Tag begegnen, kann aber in Kategorien solcher Art nicht erfasst werden (vgl. Kol 3,10-11).

### 3.2. Das Verhältnis Jesu zum biblischen Gesetz und seinen Interpretationen

Dieses Verhältnis kommt nach dem Dokument vor allem in den „Antithesen" der Bergpredigt und der Einstellung Jesu zur strengen Beobachtung der Sabbatgesetze zum Ausdruck. Dazu möchte ich Folgendes anmerken:

#### 3.2.1. Die Antithesen

Was die Antithesen betrifft, so müssen wir berücksichtigen, dass es sich bei ihnen um eine Konstruktion von Matthäus handelt. Der Evangelist stellt Worte Jesu über ein biblisches Gebot in direkten Gegensatz zu Auslegungen oder gesetzlichen Bestimmungen der „Schriftgelehrten und Pharisäer". Vielleicht mit Ausnahme der Antithese über die Worte „Auge für Auge, Zahn für Zahn" – welche Jesus ebenso wie die Pharisäer und die späteren Rabbinen[77] nicht im wörtlichen Sinn versteht, sondern als Grundsatz, der eine dem zugefügten Schaden entsprechende finanzielle Entschädigung verlangt, – widerspricht Jesus also nicht dem in der Tora ausgedrückten Willen Gottes (vgl. Mt 5:17). Das gilt auch von der Antithese über die Ehescheidung: Der Wille Gottes, den Jesus aufrechterhalten will, nämlich die Unauflöslichkeit der Ehe, ist im biblischen Schöpfungsbericht (Gen 1-2) grundgelegt; in Dtn 24,1-4 handelt es sich dagegen um ein Zugeständnis an die menschliche Hartherzigkeit, welches auf *Mose* zurückgeht (Mt 19,8).

---

77 Nach den rabbinischen Quellen setzte sich nur R. Elieser ben Hyrkanus (Ende des
1. – Beginn des 2. Jh.) für die wörtliche Bedeutung ein.

Bei den Antithesen ist zu beachten, dass – wie bei vielen antiken Texten – eine wörtliche Übersetzung oft nicht den notwendigen Verstehenshorizont vermittelt. Aus diesem Grund erweitere ich meine Übersetzungen der Antithesen durch erklärende Hinweise. Beispiel Mt 5,43: „Ihr habt gehört, dass gesagt worden ist: 'Liebe deinen Nächsten [...]' (Lev 19,18b) und [dass die Schriftgelehrten und Pharisäer daraus folgern:] hasse deinen Feind [, der ja nicht dein Nächster ist]."...[78]

### 3.2.2. Jesus und der Sabbat

Was die Einstellung Jesu zu strenger Beobachtung der Sabbatgesetze betrifft, so müssen wir zwischen den Aussagen der synoptischen Evangelien und denen des Johannesevangeliums unterscheiden. Bei den Synoptikern besteht kein Zweifel, dass Jesus den Sabbat einhielt, jedoch die „strenge Beobachtung" einiger pharisäischer Bestimmungen ablehnte. Auf Seiten der Pharisäer stand eines fest: Bei drohender Lebensgefahr waren die strengen Vorschriften außer Kraft gesetzt: „Die Rettung eines Menschenlebens verdrängt den Sabbat."[79] Eines der Argumente zur Bekräftigung dieses Grundsatzes lautete: „Euch ist der Sabbat übergeben, nicht ihr seid dem Sabbat übergeben."[80]

Jesus wandte diesen Grundsatz nicht nur bei der Rettung eines Menschenlebens an, sondern auch in Situationen, in denen sich ein Mensch in Not befand; denn „der Sabbat ist für den Menschen da, nicht der Mensch für den Sabbat" (Mk 2,27). Das Ge-

---

78 Vgl. Neudecker, „Rabbinic Literature and the Gospels", 265-297. In meiner demnächst erscheinenden Studie über die Antithesen bei Matthäus im Licht der frührabbinischen Literatur wende ich diese Übersetzungsweise auf alle Antithesen an.
79 MekJ zu Ex 31,13 (S. 340-341).
80 Ebd., 341. In den rabbinischen Quellen ist der Grundsatz zwei Autoritäten des 2. Jh. n. Chr. zugeschrieben: Rabbi Simeon ben Menasja (MekJ) und Rabbi Jonatan ben Joseph (bJom 85b).

bot der Nächstenliebe galt es zu beobachten; die menschlichen Satzungen bezüglich des Sabbats waren zweitrangig. Die Frage: „Ist es am Sabbat erlaubt zu heilen?" (Mt 12,10) beantwortete Jesus mit Gegenfragen, ohne darauf eine Antwort zu erhalten, und stellte dann fest: „Darum ist es am Sabbat erlaubt, Gutes zu tun" (Mt 12,12; vgl. Mk 3,4; Lk 6,9). Weil seine Jünger Hunger hatten und deshalb Ähren abrissen, ließ er sie trotz des Sabbats gewähren. Die Pharisäer dagegen betrachteten eine solche Tätigkeit als eine Form von Ernte, die nach der Mischna (mSchab 8,2) zu den 39 Hauptkategorien von verbotenen Arbeiten gehörte. Philo von Alexandrien (ca. 20 v. Chr. - 50 n. Chr.) bestätigt eine solche rigorose Auffassung: „nicht einen Schössling, nicht einen Zweig, ja nicht einmal ein Blatt abzuschneiden oder irgendeine Frucht zu pflücken ist erlaubt" (De vita Mosis, 2,22).

Wir müssen aber berücksichtigen, dass zur Zeit Jesu unter den Pharisäern immer noch diskutiert wurde, welche Tätigkeiten am Sabbat verboten waren.[81] Man kann durchaus annehmen, dass die Heilung durch ein bloßes Wort (Mt 12,13; Mk 3,5; Lk 6,10) oder ein mit Handauflegung verbundenes Wort (Lk 13,12-13; vgl. Lk 14,4) keinen grundsätzlichen Widerspruch hervorrief. Der Vorwurf des Synagogenvorstehers (Lk 13,14: „Sechs Tage sind zum Arbeiten da. Kommt also an diesen Tagen und lasst euch heilen, nicht am Sabbat!") ist auch nicht an Jesus gerichtet, sondern an die Leute, die, ohne dass eine Lebensgefahr bestand, nach seiner Auffassung den Sabbat nicht einhielten, indem sie etwa Kranke auf Bahren herbeibrachten oder die Grenzlinie, bis zu der man sich am Sabbat von seinem Wohnort entfernen darf, überschritten.[82]

---

81 Zu den unterschiedlichen Auffassungen der Schulen Hillels und Schammais im 1. Jh. n. Chr. vgl. z. B. MekS zu Ex 20,9 (S. 149).

82 Zu einem besseren Verständnis des Anliegens des Synagogenvorstehers die Frage: Werden nicht auch heute in vielen, auch christlichen Krankenhäusern Patienten am Sonntag nur in Notfällen aufgenommen und ärztlich behandelt?

Aus dem Johannes-Evangelium erfahren wir wenig, was für den Konflikt Jesu mit den Pharisäern bezüglich der Sabbatbeobachtung historisch relevant ist. Das Evangelium dürfte sich vornehmlich an Gemeinden aus dem griechisch-römischen Raum richten, die zu diesem Zeitpunkt wohl schon aus dem Synagogenverband ausgeschlossen waren (vgl. Joh 9,22; 12,42; 16,2) und nicht mehr den Sabbat einhielten, sondern eher den Sonntag. Die Verletzungen der Sabbatvorschriften dienen wohl literarisch dazu, einen Konflikt zwischen dem Jesus des vierten Evangeliums und den „Pharisäern" bzw. den „Juden" zu begründen. Bei der Heilung von Johannes 9,1-12, wonach Jesus mit dem Speichel einen Teig machte und ihn dem Blinden auf die Augen strich (9,6), hätte Jesus eine der in der Mischna (mSchab 8,2) verbotenen Handlungen ausgeführt; mit der Aufforderung an den ehemals Gelähmten: „Nimm deine Bahre und geh!" (5,8) hätte er gar das biblische Sabbatgebot selbst gebrochen.[83]

### 3.3. *Jesus und die jüdischen Feste*

Die jüdischen Feste, an denen Jesus teilnahm, zeichnen sich aus durch große Vielfalt und haben ihre je eigene Prägung. Sie ergreifen den ganzen Menschen in seiner leiblichen und see-

---

83 Wer einen historischen Kern erkennen will, müsste hinter dem Bericht eine ursprünglich hebräisch/aramäische Tradition vermuten, wonach Jesus zu dem Geheilten gesagt hätte: „Nimm deinen Stab (*mtth*, ausgesprochen als *matteh*) und geh!" Da Gelähmte oder einer, der lange Zeit gelähmt war, beim Gehen nicht (gleich) ohne Hilfe auskommt, war ihm die Benützung eines Stabs am Sabbat erlaubt. Bei der Übersetzung ins Griechische habe man dann aber das unvokalisierte *mtth* irrtümlicherweise als *mittah* („Bahre") gelesen, womit der Konflikt mit dem Sabbatgebot begründet sei. Nach einer zweiten Erklärungsmöglichkeit hätte Jesus den Geheilten mit den Worten *„tol we-tse"* (wörtlich: „Nimm [dich] auf und geh!") verabschiedet. Im Griechischen hätte man die Abschiedsformel nicht mehr verstanden und hätte als vermeintlich fehlendes Objekt von nehmen „Bahre" eingesetzt; vgl. E. E. Hirsch, *The Jewish Encyclopedia* X (New York-London 1907) 597. Diese etwas künstlichen Interpretationen dürften jedoch bei Johannes angesichts seines literarischen Interesses keine Rolle spielen.

lisch-geistigen Dimension; sie umfassen den Menschen als Individuum und zugleich als Glied der Gesellschaft; sie spielen sich ab im Tempel (bis zu seiner Zerstörung 70 n. Chr.) und in der Synagoge und zugleich am Familientisch oder etwa in der Laubhütte – ein Reichtum von Ausdrucksformen, welche die christlichen religiösen Feste fast ein wenig verarmt erscheinen lassen. Vieles im Leben Jesu und viele seiner Worte lassen sich auf dem Hintergrund der jüdischen Feste besser verstehen. Ein Beispiel soll dies veranschaulichen.

Joh 7,37-38 überliefert die Worte über die Ströme von lebendigem Wasser, die Jesus am letzten Tag des Laubhüttenfestes[84] ausrief, eines siebentägigen Festes, welches die Tradition mit einem Wasserfest (Dank für und Bitte um Regen) in Verbindung brachte. Auf diesen Charakter des Festes wies vor allem die tägliche Zeremonie des Wasserschöpfens mit dem anschließenden Wasseropfer hin. Bei Tagesanbruch füllten Priester Wasser aus dem Siloah in einen goldenen Krug, aus dem sie dann nach der kurzen Prozession zum Tempel eine bestimmte Menge in eine am Altar angebrachte Öffnung gossen. Die Worte: „Ihr werdet Wasser schöpfen voll Freude aus den Quellen des Heils" (Jes 12,3) inspirierten diese Zeremonien sowie das am Abend im Tempelvorhof stattfindende Fest, von dem es in der Mischna heißt: „Wer die Freude des Ortes des [Wasser-]Schöpfens nicht erlebt hat, hat nie in seinem Leben [wirkliche] Freude erlebt" (mSuk 5,1). Die freudige Stimmung bei Tanz, Gesängen und Musik (mSuk 5,4) konnte dazu beitragen, eine wahre Inspiration des heiligen Geistes zu erwecken: „Warum hieß diese Stätte 'Ort des Schöpfens'? Weil man dort den heiligen Geist schöpfte, nach [Jes 12,3:] 'Ihr werdet Wasser schöpfen voll Freude aus den

---

[84] Zu diesem Fest vgl. die rabbinischen Quellen in Billerbeck, *Kommentar zum Neuen Testament aus Talmud und Midrasch* II (München 1924) 774-812, besonders 799-807.

Quellen des Heils'." (jSuk 5,1 [55a])[85] In diesem Kontext stehen die Verse Joh 7,37-38: „Am letzten Tag des Festes, dem großen Tag, stellte sich Jesus hin und rief: 'Wer Durst hat, komme zu Mir, und es trinke, wer an Mich glaubt'; wie die Schrift sagt: 'Aus seinem Inneren werden Ströme von lebendigem Wasser fließen.'[86]"

Von Hillel (Ende des 1.Jh. v. Chr./Anfang des 1. Jh. n. Chr.) wird folgendes Ereignis berichtet: „Als Hillel der Ältere sich an der Freude des Ortes des [Wasser-]Schöpfens erfreute, sagte er: 'Wenn Ich hier bin, ist alles hier. Wenn Ich aber nicht hier bin, wer ist dann hier?' Er pflegte zu sagen: 'An den Ort, den Ich liebe, bringen Mich Meine Füße. Wenn du in Mein Haus kommst, komme Ich in dein Haus. Wenn du nicht in Mein Haus kommst, komme Ich nicht in dein Haus'; wie es heißt (Ex 20,24): 'An jedem Ort, an dem Ich Meines Namens gedenken lasse, werde Ich zu dir kommen und dich segnen'" (bSuk 53a).

Die Struktur der Berichte über Jesus und Hillel ist dieselbe: Die jeweiligen Worte sind unter der Inspiration des heiligen Geistes gesprochen; danach folgt ein Schriftzitat. Der Talmud legt die Worte Hillels nicht weiter aus; er dürfte sie als Worte Gottes verstehen. Joh 7,39 deutet die Worte Jesu im christologischen Sinn.

---

85 In diesem Sinne heißt es vom Propheten Jona, er sei zu dem Freudenfest am Ort des [Wasser-]Schöpfens gekommen. „Da ruhte der heilige Geist auf ihm. Das will dich lehren, dass der heilige Geist nur auf einem fröhlichen Herzen ruht" (ibid.).
86 Das Zitat, das durch kein genaues Schriftwort belegt ist, ruft die reiche Symbolik wach, welche die Bibel etwa in den folgenden Stellen mit „Wasser" verbindet. Ps 1,3: „Er (der Gerechte) ist wie ein Baum, der an Wasserbächen gepflanzt ist." Ps 23,2: „Er führt mich zum Ruheplatz am Wasser." Jer 17,13: „Der Herr, der Quell lebendigen Wassers."

## 3.4. Die Homilie in Nazaret

Als Beispiel für die Lehre Jesu in den Synagogen wollen wir kurz auf die Homilie in Nazaret eingehen (Lk 4,16-21). Nach den „Hinweisen" hat Jesus den der Homilie zugrunde liegenden Text von Jes 61,1-2 typologisch ausgelegt, in seiner Homilie also seine Messianität verkündet. Bei dieser Auslegung wundert man sich über die positive Reaktion der Zuhörer: „Seine Rede fand bei allen Beifall; sie staunten darüber, wie begnadet er redete..." (Lk 4,22a). Diese wohlwollende Haltung Jesus gegenüber lässt sich mit der Ablehnung kurz danach (4,22b-29) nur schwer in Verbindung bringen. Die Parallelen in Mt 13,54-58 und Mk 6, 2-6 erwähnen die Homilie über die Jesaja-Stelle nicht und kennen deshalb auch nicht den schroffen Gegensatz zwischen der Zustimmung zur Homilie und dem sich gleich anschließenden Hass „aller" Leute in der Synagoge (4,28), die Jesus sogar vom Abhang des Berges hinabstoßen wollten. Lässt sich die Homilie Jesu über Jes 61,1-2 auch anders interpretieren?

Die Zusammenfassung, also das Wesentliche der Homilie steht in Lk 4,21 und wird von der deutschen Einheitsübersetzung so wiedergegeben: „Heute hat sich das Schriftwort, das ihr eben gehört habt, erfüllt." Bei dieser Wiedergabe handelt es sich um eine Interpretation; die wörtliche Übersetzung lautet: „Heute ist dieses Schriftwort erfüllt in euren Ohren."

Das Wort „heute" nimmt in der biblischen[87] und rabbinischen Literatur eine wichtige Stelle ein. Zu den biblischen Stellen gehören Ex 19,1 und Ps 95,7.

---

[87] Vgl. F. Michaeli, *Le livre de l'Exode* (Neuchâtel-Paris 1974) 163-164; J.-P. Sonnet, „Le Sinaï dans l'événement de sa lecture", *La nouvelle revue théologique* 111 (1989) 323. Zu „an diesem Tag (heute)" vgl. den emphatischeren Ausdruck „gerade an diesem Tag", der im Zusammenhang mit biblischen Festen verwendet wird: Ex 12,17.51 (Pascha); Lev 23,21 (Wochenfest); Lev 23,28.29.30 (Versöhnungsfest); vgl. Sonnet, 323, Anm. 8.

Der Vers Ex 19,1, der die Ereignisse am Berg Sinai einleitet, enthält ein Wort, welches einen aufmerksamen Hörer aufhorchen lässt: „Im dritten Monat nach dem Auszug der Israeliten aus Ägypten – an *diesem* (d. h. dem heutigen) Tag – kamen sie in der Wüste Sinai an." Müsste es nicht „an *jenem* Tag" heißen, da das Sinai-Geschehen doch offenbar in der Vergangenheit stattfand?

Bei dem eigenartigen „heute" könnte es sich, wie es der nachstehende rabbinische Text nahe legt, um eine liturgische Einfügung handeln. Sie ginge zurück auf die Verwendung der Perikope Ex 19,1ff an einem bestimmten Festtag, also vermutlich dem Wochenfest, an dem die Sinai-Offenbarung in Erinnerung gerufen und aktualisierend wieder erlebt wird. Der rabbinische Text lautet:

> Es steht geschrieben: „... an *diesem* Tag kamen sie in der Wüste Sinai an." ... [Die Schrift] will dich lehren, dass der Mensch sich jedes Jahr [beim Wochenfest] so betrachten muss, als ob er [persönlich] am Sinai stehe. Deshalb steht in Bezug auf die Verleihung der Tora[88] geschrieben: „an *diesem* Tag".[89]

Eine andere Auslegung von Ex 19,1 wendet das „heute" auf das persönliche Studium der Tora und die Tora-Meditation an:

> „An *jenem* Tag" steht nicht geschrieben, sondern „an *diesem* Tag", als ob sie an diesem (dem heutigen) Tag in der Wüste Sinai ankämen. [Die Schrift will dich lehren:] An jedem

---

[88] Übersetzt als „Lehre", „Weisung".
[89] Pesikta Hadta: *Bet ha-Midrasch* 6,40. Zum Wochenfest/Pfingsten als Aktualisierung vgl. auch R. Neudecker, „Das ganze Volk sah die Stimmen...: haggadische Auslegung und Pfingstbericht", *Biblica* 78 (1997) 342-349; ders., ‚'Die Stimmen sehen können': Bibel und Zen", *Edith Stein Jahrbuch* 7 (2001) 65-70. Vgl. auch das *Exultet* der Osternacht mit dem Refrain: „*Dies* ist die Nacht".

Tag, da du dich mit der Tora beschäftigst, sollst du sagen: Es ist, als ob ich sie an diesem (dem heutigen) Tag vom Sinai empfange (TanB, Jitro 7).

Auf einem solchen Hintergrund ließe sich die Homilie Jesu als Aktualisierung von Jes 61,1-2 deuten: „Heute ist dieses Schriftwort erfüllt in euren Ohren" (Lk 4,21). „In euren Ohren" hätte dann die Bedeutung: in euch, wenn ihr „hört", d. h. wenn euch Einsicht in die prophetischen Worte gewährt ist.[90] Auf alle Fälle erinnert Lk 4,21 jeden, der mit der Bibel vertraut ist, an Ps 95,7. Dieser Vers lautet nach dem Urtext (anders als in vielen modernen Übersetzungen): „Denn er ist unser Gott, wir sind das Volk seiner Weide, die Herde, von seiner Hand geführt – [wann?] heute, *wenn* ihr seine Stimme hört."[91]

### 3.5. Wer waren die Pharisäer?

Antworten auf diese Frage erhalten wir vor allem aus drei Quellen: dem jüdischen Historiker Josephus Flavius (ca. 38-100 n. Chr.), dem Neuen Testament und der frührabbinischen Literatur.[92] Wir besitzen kein Dokument, das die Pharisäer selbst geschrieben haben.

---

90 Das Thema der Homilie ließe sich mit Worten Jesu vergleichen wie z. B.: „Das Reich Gottes ist in eurer Mitte" (Lk 17,21).

91 M. Buber und F. Rosenzweig übersetzen: „Denn er ist unser Gott und wir das Volk seiner Weide, die Schafherde seiner Hand, heut noch, hört auf seine Stimme ihr nur..."; ähnlich andere jüdische Übersetzungen, z. B. *The ArtScroll Tanach Series* (Brooklyn, N.Y.). Ps 95,7 erscheint im Talmud auch bei der Frage: Wann kommt der Messias? Unter den verschiedenen Antworten lässt ein tiefgründiger Text den Messias selbst antworten: „Heute!" Die Antwort wird zunächst nicht verstanden, bis sie dann der Prophet Elija erklärt: „Heute, *wenn* ihr seine Stimme hört!" (bSan 98a).

92 Vgl. J. Neusner – B. D. Chilton (Hg.), *In Quest of the Historical Pharisees* (Waco 2007).

Josephus spricht von den Pharisäern als einer politischen Partei, die vor allem unter den Hasmonäern großen Einfluss ausübte. Die neutestamentlichen Schriften, die sich in der historischen Evidenz und Zuverlässigkeit erheblich von einander unterscheiden, betrachten die Pharisäer als Autoritäten des 1. Jahrhunderts und als Zeitgenossen Jesu. Die frührabbinischen Quellen[93] enthalten Daten, die wir mit Hilfe dessen, was wir aus Josephus und dem Neuen Testament wissen, zu Recht mit den Pharisäern in Verbindung bringen, obwohl die Quellen in diesem Zusammenhang den Namen „Pharisäer" nicht erwähnen[94].

Aufgrund der genannten drei Hauptquellen verstehen wir die Pharisäer als eine Laienorganisation, die unter der Bevölkerung hohes Ansehen genoss und deren gesetzliche Lehren von der Mehrheit der Juden im Land Israel als normativ und verpflichtend angesehen wurden. Die Pharisäer waren die autoritativen Übermittler der außerbiblischen „Tradition der Väter", welche besonderen Wert auf die genaue Beobachtung der rituellen Reinheitsgebote legte, was die Meidung der Tischgemeinschaft mit gewissen jüdischen Gruppen wie den im Neuen Testament erwähnten „Zöllnern und Sündern" zur Folge hatte. Andere Schwerpunkte der pharisäischen Lehre betrafen Gelübde, das Zehntgebot und die richtige Beobachtung des Sabbats. Unter den nicht-gesetzlichen Lehren nahm der Glaube an die leibliche Auferstehung der Toten und an das Leben in der zukünftigen Welt eine zentrale Stelle ein.

---

93 Mischna, Tosefta, „tannaitische" Midraschim und Beraitot (frührabbinische Traditionen, die in der späteren rabbinischen Literatur, wie z. B. in den „amoräischen" Midraschim und den beiden Talmuden enthalten sind).

94 Dies hängt vermutlich mit der negativen Konnotation des Namens *peruschim* („Separatisten") zusammen, mit dem die Sadduzäer die Pharisäer als ihre Gegner zu disqualifizieren suchten. Zu anderen Erklärungen des Namens Pharisäer, vgl. A. Guttmann, *Rabbinic Judaism in the Making* (Detroit 1970) 161-175 = *Studies in Rabbinic Judaism* (New York 1976) 206-223; A. I. Baumgarten, „The Name of the Pharisees", *Journal of Biblical Literature* 102 (1983) 411, n.1.

Die Folgen des ersten jüdischen Krieges gegen Rom, vor allem die Zerstörung des Tempels (70 n. Chr.), machte eine Neuorganisierung des Judentums erforderlich. Um innere Spaltungen zu überwinden und Gefahren von außen (besonders von Seiten der römischen Besatzungsmacht) zu begegnen, galt es, alle Kräfte zu sammeln und eine möglichst große Koalition der wichtigsten Gruppierungen, die den Krieg überlebt hatten, ins Leben zu rufen. Mit ihrem Zustandekommen ging die klassische Periode der Pharisäer zu Ende.[95] Der Neubeginn nahm seinen Anfang in der Stadt Jabne (Jamnia), wo sich zwischen den Jahren 70 und 130 führende Pharisäer mit Schriftgelehrten, Priestern und wahrscheinlich auch einigen Sadduzäern zu gemeinsamen akademischen Beratungen und Beschlüssen einfanden. Die Periode von Jabne und – nach dem Bar-Kochba-Krieg – die Periode von Uscha (140-170) waren die wichtigsten Etappen der Neuordnung des Judentums. In ihnen wurden pharisäische und andere Traditionen gesammelt, formuliert und weiterentwickelt, bis sie dann ca. 210 n. Chr. in die Mischna und danach auch in andere frührabbinische Werke aufgenommen wurden.

### 3.6. *Auferstehung der Toten*

In seiner Beweisführung gegenüber den Sadduzäern, welche die Auferstehung der Toten[96] ablehnten (Mt 22,31-32 und Parallelen), begründete Jesus diese mit den Worten aus dem Bericht vom Brennenden Dornbusch: „Ich bin der Gott Abrahams und der Gott Isaaks und der Gott Jakobs" (Ex 3,6). Die Erklärung der Stelle: „Er ist nicht ein Gott von Toten, sondern von Lebendigen" macht den Beweis einsichtig. Es wäre nämlich sinnlos,

---

95 Vgl. S. J. D. Cohen, „The Significance of Yahveh: Pharisees, Rabbis, and the End of Jewish Sectarianism", *Hebrew Union College Annual* 55 (1984) 27-53.

96 Auf Grund des Hebräischen eigentlich: die „Wiederbelebung der Toten" (*tehiyyat ha-metim*).

würde sich der lebendige Gott nach Abraham, Isaak und Jakob als Toten benennen. Ex 3,6 besagt, dass Gott die drei Patriarchen nach ihrem leiblichen Tod wiederbelebt hat und dass die Toten also leben.[97] Auf das Problem, wann die Toten mit ihrem Leib wiedervereinigt werden oder wo sie sich aufhalten, wird nicht näher eingegangen. Zu solchen und anderen Fragen, die das menschliche Wissen übersteigen, finden sich auch in der rabbinischen Literatur keine eindeutigen Antworten.[98]

### 3.7. *Gott als Vater*

Das Dokument spricht von der liturgischen Gewohnheit, in der sich Jesus wie die Pharisäer an Gott als Vater wandte. Zu denken ist vor allem an das alte, so genannte Achtzehngebet, das in zwei Bitten Gott als „unser Vater" anredet. Wie im Neuen Testament („Vater *unser...*, vergib *uns unsere* Schuld...") war das liturgische Gebet im Plural formuliert, weil es, in der Gemeinschaft mit der betenden Gemeinde gesprochen, besondere Kraft besaß und außerdem die Sorge um die Anliegen auch der anderen zum Ausdruck brachte (vgl. bBer 29b-30a). Der Vater-Name war jedoch nicht nur auf die Liturgie beschränkt: „Unser Vater im Himmel" als Gebetsanrede in Liturgie und im persönlichen Gebet sowie als Bezeichnung Gottes in anderen Zusammenhängen ist in den frührabbinischen Quellen seit dem ersten Jahrhundert n. Chr. häufig belegt.[99] Die Gottesbezeichnung „mein Vater" (hebr.: *abi*; aram.: *abba*) begegnet uns auch in frührabbinischer Zeit;[100] als

---

97 Vgl. die Frage des Mose in Bezug auf Abraham, Isaak und Jakob und die Antwort Gottes: „'Herr der Welt, leben sie, die Toten?' Er (Gott) antwortete ihm: 'Ja!'" (ExR 44,7).
98 Vgl. *Encyclopaedia Judaica*, 1. Aufl., Bd. 14: 99-100 = 2. Aufl., Bd. 17: 242.
99 Vgl. A. Marmorstein, *The Old Rabbinic Doctrine of God I: The Names & Attributes of God* (London 1927 = New York 1968) 56-61; Billerbeck, *Kommentar zum Neuen Testament aus Talmud und Midrasch* I (München 1926) 394-396.
100 Vgl. Billerbeck, ebd., 394-395.

Anrede wurde sie aber ebenso wie die Anrufung „mein Gott" aus Ehrfurcht und dem Bewusstsein der eigenen Unzulänglichkeit möglichst gemieden. Dies geht aus der folgenden Erzählung über Rabban Gamaliel II (zweite Hälfte des 1. Jh. n. Chr.) hervor: Als Gamaliel einmal auf einem Boot mit seinen Jüngern in einen großen Sturm geriet, baten sie ihn: „Rabbi, bete für uns!" Da sprach er: „Unser Gott, erbarme dich unser!" Auf die Bemerkung, der Meister sei würdig, dass er den Namen Gottes mit sich selbst in Verbindung bringe, betete er: „Mein Gott, erbarme dich unser!"[101]

### 3.8. Interpretation der Schrift nach Mt 13,52

Zur Interpretation der Schrift steht in Mt 13,52 folgendes Wort Jesu: „Jeder Schriftgelehrte, der ein Jünger des Himmelreichs geworden ist, gleicht einem Hausherrn, der aus seinem Schatz Neues und Altes hervorholt." Diese Aussage möchte ich im Licht einiger rabbinischer Anschauungen etwas beleuchten.

Die Bezeichnung „Schriftgelehrter" bezieht sich auf die Bewahrer und Erklärer des biblischen Textes; sie standen in der Tradition Esras, „eines Schriftgelehrten (*sofer*), wohl bewandert in der Tora des Mose" (Esr 7,6).[102] Die Tora war auf Grund ihres reichen Inhalts mit einem wahren Schatz zu vergleichen: „Wende sie hin und wende sie her, denn in ihr ist alles enthalten" (mAb 5,22). Spiritueller Reichtum konnte sich hinter jedem einzelnen Wort verbergen; denn nach rabbinischer Auffassung war keines von ihnen zufällig oder gar überflüssig. Mit Hilfe hermeneu-

---

101 Mekhilta zu Dtn 26,3 (zitiert nach W. Bacher, *Die Agada der Tannaiten* [Straßburg ²1903] 94, Anm. 2).

102 Vgl. W. Bacher, *Die bibelexegetische Terminologie der Tannaiten* (Leipzig 1899 = Darmstadt 1965) 134-136; s. auch Billerbeck, *Kommentar zum Neuen Testament aus Talmud und Midrasch* I, 898.

tischer Regeln, unter Heranziehen anderer biblischer Stellen[103], im Dialog mit dem biblischen Text und seinen Schwierigkeiten[104] und in stiller Meditation erschlossen sich – oft in einem „heute"-Erlebnis – alte, aber auch neue Aspekte der sich immer weiter entfaltenden Offenbarung: „Für alles gibt es Grenzen; Himmel und Erde haben Grenzen. Nur eine Wirklichkeit hat keine Grenzen: die Tora" (GenR 10,1). Das Wort der Schrift war für die Rabbinen „wie Feuer... und wie ein Hammer, der den Felsen zerschmettert" (Jer 23,29). Wie durch den Hammerschlag auf den Felsen viele Funken sprühen, so entströmt dem Wort der Schrift eine vielfältige Botschaft (vgl. bSan 34a).[105]

---

103 „Worte der Tora sind [oft] arm in ihrem eigenen Kontext, aber reich in einem anderen" (jRhSch 3,5 [58d]). Ein Beispiel für diese „Interpretation der Bibel durch die Bibel": Eine Midrasch-Erklärung (GenR 1,1) liest das erste Wort der Bibel *be-reschit* („mit *reschit*") im Lichte von Spr 8,30 (die Weisheit als Gottes Baumeister [*amon* = *umman*] und Spr 8,22, wonach die Weisheit von sich sagt: „Der Herr machte mich *reschit* („Anfang") seines Weges, vor seinen Werken von Alters her (d. h. vor der Schöpfung der Welt)." Also hat Gott nach dieser Erklärung mit dem „Anfang", d. h. der präexistierenden Weisheit = Tora Himmel und Erde erschaffen. Auf diesem Hintergrund versteht sich der Prolog bei Johannes, der auf Gen 1,1 im Lichte von Prov 8 (Weisheit = Logos) beruht. Vgl. auch Kol 1,16: „In ihm wurde alles erschaffen im Himmel und auf Erden..."

104 Was bedeuten z. B. die Worte: „Lasst uns (oder: Sollen wir...?) den Menschen machen in unserem Bild, nach unserem Gleichnis" (Gen 1,26)? Auf die Frage, mit wem Gott sprach oder sich beriet, werden verschiedene Antworten vorgelegt (GenR 8,3-9). So befragte Gott z. B. die Geschöpfe, die er vor dem Menschen erschaffen hatte – eine Erklärung, die, „ökologisch" gesehen, sehr aktuell ist. Der Mensch kann nämlich die Schöpfung bedrohen oder gar zerstören. Unter anderen Antworten auf die Frage verdient die folgende besondere Beachtung: Gott richtete die Worte von Gen 1,26 an Adam und Eva und lud sie dazu ein, mit ihm als drittem Partner bei der Zeugung eines Kindes mitzuwirken. Adam war aus der Erde erschaffen worden und Eva aus Adam. Nachdem es nunmehr ein Elternpaar gab, erfolgt die Erschaffung des Menschen auf andere Weise als vorher: Es zeugt „weder der Mann ohne die Frau, noch die Frau ohne den Mann, noch beide ohne die Schekina (die göttliche Gegenwart)" (GenR 8,9). Vgl. auch 1 Kor 11,11-12.

105 Die rabbinische Schriftauslegung ist also ebenso wie die des „Schriftgelehrten" von Mt 13,52 etwas anderes als das, was wir heute unter (historisch-kritischer) Exegese verstehen. Dabei ist aber nicht zu übersehen, dass die rabbinische Auslegung vieles enthält, was exegetisch richtig und wertvoll ist. Siehe auch S. 144-145.

Auf diesem Hintergrund war es selbstverständlich, dass Rabbi Josua ben Hananja (1./2. Jh. n. Chr.), der aus Altersgründen nicht mehr selbst ins Lehrhaus gehen konnte, seine Jünger fragte: „Meine Söhne (Kinder)[106], was Neues gab es für euch im Lehrhaus?" Aus Ehrfurcht vor dem ehrwürdigen Meister sträubten sich die Jünger zunächst, ihm zu antworten. Sie hätten doch von ihm alles Wesentliche gelernt, und wie könnten sie ihm überhaupt etwas Neues sagen? Erst nach weiterem Nachfragen teilten sie ihm die Schriftauslegung mit, die sie gehört hatten. Da sagte der greise Meister: „Ihr hattet eine solch kostbare Perle in eurer Hand und wolltet sie mir vorenthalten!"[107] Nach einer anderen Quelle sagte er: „Ich bin nun etwa siebzig Jahre alt und hatte bis heute nicht das Glück, solches zu hören."[108]

Damit ein Schriftgelehrter neben den schon bekannten Auslegungen in einer kreativen Exegese auch neue Einsichten und Botschaften aus dem Schatz der Tora hervorholen kann, ist eines erforderlich: er muss „ein Jünger des Himmelreichs" (Mt 13,52) geworden sein, d. h. er muss aus einer möglichst tiefen religiösen Erfahrung leben und ein waches Interesse für die spirituelle Dimension der Dinge besitzen. Dieser Aspekt erweist sich als ernst zu nehmende Herausforderung an die heutige Exegese. Auch vom rabbinischen Toragelehrten gilt, dass seine Weisheit nur unter Voraussetzung eines religiös geführten Lebens Bestand hat. (mAb 3,10)[109] Wer nur theoretisches Wissen besitzt, aber kein Interesse hat für das Religiöse, ist kein wahrer Schriftausleger,

---

106 Häufige Anrede eines Meisters an seine Jünger; vgl. Joh 13,33; 21,5. Für einen Meister sind seine Jünger wie eigene Kinder (SifDtn 34). Wenn einer den Sohn seines Nächsten Tora lehrt, wird es ihm so hoch angerechnet, als hätte er ihn gezeugt (bSan 19b).
107 ARN A 18; vgl. tSot 7,9-12; bHag 3a-b.
108 MekJ, Bo 16 (S. 59).
109 Die Rabbinen benennen das, was wir heute als religiöses oder spirituelles Leben bezeichnen, mit konkreten Worten wie „Furcht vor der Sünde" oder „Gottesfurcht".

so wie ein Handwerker, der seine Geräte nicht bei sich hat, kein wahrer Handwerker ist; der Schlüssel zur Tora ist die Furcht des Herrn.[110]

## 3.9. Jüngerausbildung

Die Weise, wie Jesus seine Jünger ausbildete, ist, wie das Dokument feststellt, mit derjenigen vergleichbar, welche die frührabbinischen Meister seiner Zeit anwandten. In der Tat lassen sich einige Aussagen der Evangelien auf diesem Hintergrund besser verstehen. Ein paar knappe Bemerkungen sollen dies verdeutlichen.[111]

– Lk 14,26: „Wenn jemand zu mir kommt und nicht Vater und Mutter, Frau und Kinder, Brüder und Schwestern, ja sogar sein eigenes Leben hasst, dann kann er nicht mein Jünger sein."

Der Vers hebt hyperbolisch den Ernst der Jüngerschaft hervor. In ähnlicher Weise sagte Hillel: „Wer nicht studiert, ist des Todes schuldig" (mAb 1,13) und Rabbi Akiba: „Wer den Gelehrten nicht dient[112], hat keinen Anteil an der zukünftigen Welt" (ARN A 36). Mit Lk 14,26 inhaltlich verwandt ist der folgende Kommentar zu Ijob 38,41: „Wenn ein Mensch nicht unbarmherzig wird gegen sich selbst, gegen seine Kinder und gegen sein Haus (d. h. seine Frau), so wie der Rabe [gegen seine Jungen], erlangt er nicht die Worte der Tora" (LevR 19,1).

---

110 ExR 40,1; vgl. bSchab 31b. ExR 40,1 nimmt Bezug auf Jes 33,6, wonach die Furcht des Herrn das Schatzhaus ist, in dem Weisheit und Erkenntnis aufbewahrt werden.
111 Zu einer ausführlicheren Darstellung vgl. R. Neudecker, „Meister und Jünger im rabbinischen Judentum", *Dialog der Religionen* 7 (1997) 42-53; ders., „Master-Disciple / Disciple-Master Relationship in Rabbinic Judaism and in the Gospels", *Gregorianum* 80 (1999) 245-261.
112 Siehe im Folgenden zu Joh 12,26.

– Mt 10,8: „Umsonst habt ihr empfangen, umsonst sollt ihr geben."

Der Vers spricht von der unentgeltlichen Weitergabe der Tora. Die Mischna warnt einen jeden Meister vor materiellen Überlegungen: „Mache [die Worte der Tora] nicht zu einer Krone, um dich damit groß zu machen, und nicht zu einer Harke, um damit zu graben. Und so hat bereits Hillel gesagt: 'Wer sich der Krone (Tora) bedient, schwindet dahin' (mAb 4,5)." Die unentgeltliche Ausbildung der Jünger hat man damit begründet, dass auch Gott die Tora umsonst gab und dass derjenige, der eine Bezahlung annimmt, gleichsam die ganze Weltordnung zerstört (bNed 37a; DEZ 4,3). Diese Einstellung machte es erforderlich, dass der Meister normalerweise einem eigenen Beruf nachgehen und etwa als Köhler, Gerber, Wäscher, Schuhmacher, Schneider, Schmid oder Schreiner den Lebensunterhalt für sich und seine Familie verdienen musste. Auch unabhängig von der materiellen Notwendigkeit wurde die Verbindung von Studium und Arbeit als vorteilhaft betrachtet, weil sie sich für Meister wie Jünger auf das geistliche Leben positiv auswirkte („sie lässt die Sünde in Vergessenheit geraten") und es verhinderte, dass das Torawissen zu einer lebensfremden und nichtigen Angelegenheit wurde (mAb 2,2).

– Jesus sandte seine Jünger aus, „je zwei und zwei" (Mk 6,7; Lk 10,1).

Die rabbinischen Quellen sprechen häufig von dem Ideal, sich einen Gefährten zu erwerben (z. B. mAb 1,6; vgl. mAb 2,10.12; 4,12; 6,6), „mit dem man isst, trinkt, die Heilige Schrift liest und die Mischna studiert, mit dem man logiert und dem man alle seine Geheimnisse mitteilt, die Geheimnisse der Tora und die Geheimnisse des täglichen Lebens" (ARN A 8).

– Joh 12,26: „Wenn einer mir dienen will, folge er mir nach; und dort, wo ich bin, wird auch mein Diener sein." Vgl. Mk 3,14:

„Und er bestimmte zwölf, dass sie mit ihm seien und dass er sie [dann] zum Predigen aussenden könnte..."

Einer der wichtigsten Wege der Jüngerausbildung wurde als „Bedienung der Weisen" bezeichnet (z. B. mAb 6,6). Dabei verwendete der Jünger einen Teil seiner Zeit darauf, für den Meister häusliche Arbeiten zu verrichten, auch solche, die normalerweise einem Sklaven zugedacht waren. Bei diesem Dienst lebte der Jünger in großer Nähe zum Meister, gewann dadurch Kenntnis über dessen alltägliches Verhalten und lernte auf praktische Weise, wie man das religiöse Gesetz ins tägliche Leben umsetzt. Es ist deshalb verständlich, dass dieser intensive Umgang mit dem Meister im Allgemeinen als wichtiger angesehen wurde als sein Unterricht im Schulbetrieb (bBer 7b). Selbst wenn ein Jünger die Schrift und Tradition erlernt, aber einem Meiser nicht „gedient" hatte, glich er einem, dem die innersten Geheimnisse der Tora verborgen geblieben waren (LevR 3,7).

In einer radikalen Umkehr des Dienstverhältnisses, die bei den Jüngern Bestürzung und Fassungslosigkeit auslöste, stand Jesus vom Mahl auf, „legte sein Gewand ab, nahm ein Leinentuch und umgürtete sich; dann goss er Wasser in eine Schüssel und begann, den Jüngern die Füße zu waschen und mit dem Leinentuch, mit dem er umgürtet war, abzutrocknen" (Joh 13,4-5). In diesem außergewöhnlichen Verhalten zeigte sich „die Liebe, welche die Schranken durchbricht"[113] und die normale Verhaltensweise außer Kraft setzt: „Da er die Seinen, die in der Welt waren, liebte, liebte er sie bis zum Äußersten" (Joh 13,1; vgl. auch Mt 20,26-28; Mk 10,44-45).

---

113 Diese Lehre zieht Rabbi Simeon ben Johai (2. Jh.) aus Gen 22,3, wonach Abraham aus Liebe zu Gott selbst den Esel sattelte und diese Arbeit nicht seinen Sklaven befahl, und aus Gen 46,29, wonach Joseph aus Liebe zu seinem Vater selbst den Wagen anspannte, obwohl er viele Sklaven besaß.

## 3.10. Die Pharisäer im Neuen Testament

Die neutestamentlichen Schriften weisen, was die historische Evidenz und Zuverlässigkeit ihrer Aussagen über die Pharisäer betrifft, erhebliche Unterschiede auf.

Von Paulus, einem Pharisäer (Phil 3,5) und nach Apg 22,3 einem Schüler Gamaliels, erhalten wir wenig konkrete Information über die Pharisäer und ihre Lehren. Das gleiche gilt vom Johannesevangelium, in dem die Pharisäer keine wirklichen charakteristischen Züge besitzen und oft einfach als „die Juden" bezeichnet werden. Demgegenüber enthalten die synoptischen Evangelien viele wertvolle Anhaltspunkte. Die Pharisäer des Markus sind denen des Matthäus ähnlich. Allerdings anerkennt Matthäus trotz der negativen Einstellung, die er mit Markus teilt, die grundsätzliche Lehrautorität der Pharisäer: „Auf dem Stuhl des Mose sitzen die Schriftgelehrten und Pharisäer. Tut und befolgt also alles, was sie euch sagen" (Mt 23,2-3).[114] Lukas, der ebenfalls den Pharisäern kritisch gegenübersteht, beurteilt sie etwas wohlwollender: Sie warnen Jesus vor der Gefahr, die ihm von Seiten des Herodes droht (13,31); sie laden Jesus zum Essen ein (7,36; 11,37; 14,1); sie werden im Passionsbericht nicht erwähnt. Nach Apg 5,34-39 verteidigt sie in einer Sitzung des Synhedrions „ein Pharisäer namens Gamaliel, ein beim ganzen Volk angesehener Gesetzeslehrer". Diese aufgeschlossene Haltung ändert sich mit der Steinigung des Stephanus, die den Beginn der Verfolgung der Kirche darstellt und bei der Saulus eine führende Rolle einnimmt (Apg 8,1-3). Saulus ist nicht der einzige Pharisäer, der sich der christlichen Bewegung anschließt; Apg 15,5 erwähnt „einige aus dem Kreis der Pharisäer, die gläubig geworden waren".

---

[114] Vgl. 23:23: „... dieses (Recht, Barmherzigkeit und Treue) muss man tun, *ohne jenes* (das Verzehrten von Minze, Dill und Kümmel) *zu unterlassen.*"

Die Kritik des Markus und Matthäus – sie lässt sich zum Teil daraus erklären, dass Markus und vor allem Matthäus ihren Gemeinden zu einer eigenen Identität außerhalb des Judentums verhelfen wollten[115] und scheint auch eine Antwort auf die „pharisäische" Polemik gegen die *minim* (also die judenchristliche Gemeinde) zu sein[116] – richtet sich in Mk 7,1-23 und Mt 15,1-20 gegen die pharisäische „Tradition der Väter". Bei Markus attackiert Jesus diese Tradition mit Berufung auf Jes 29,13: „Ihr gebt Gottes Gebot preis und haltet euch an die Überlieferung der Menschen" (7,8). Bei Matthäus schließt sich die Kritik Jesu an den konkreten Fall des *Korban*-Gelübdes an, die er als Missachtung des Gebotes der Elternehre bewertet: „So habt ihr Gottes Wort um eurer Überlieferung willen außer Kraft gesetzt" (15,6); es folgt das Zitat Jes 29,13. Der jüdische Autor A. E. Baumgarten ist der Ansicht, dass es sich bei dem Angriff auf die pharisäische Tradition in Mk 7 und Mt 15 um einen „anti-pharisäischen Gemeinplatz" handelt, der aus vorchristlicher Zeit stammt (Nikolaus von Damaskus und Qumran 1QH) und auf die Sadduzäer, welche die pharisäische Tradition ablehnten, zurückgehen dürfte.[117]

Ähnliche Zweifel an der Originalität der Anklage des Jesus der Evangelien dürften bei der scharfen Kritik an den Schriftgelehrten und Pharisäern in Mt 23[118] angebracht sein. Nach dem jüdischen Gelehrten M. Weinfeld sind die meisten Anklagen auf Heuchelei, die sich in dem Kapitel befinden, in der jüdischen

---

115 Vgl. U. Luz, "Anti-Judaism in the Gospel of Matthew as a Historical and Theological Problem: An Outlook", in: U. Luz, *Studies in Matthew* (Grand Rapids-Cambridge 2005) 243-261.
116 Vgl. dazu S. 70-72.
117 Vgl. A. E. Baumgarten, „The Pharisaic *Paradosis*", *Harvard Theological Review* 80 (1987) 70-72.
118 Die Parallele in Lk 11 unterscheidet in ihren Weh-Rufen zwischen solchen, die sich gegen die Pharisäer (11,42.43.44), und solchen, die sich gegen die Gesetzeslehrer (11,46.47.52) richten.

Tradition verwurzelt; sie enthalten Motive, die im Judentum zur Zeit der Evangelien geläufig waren.[119]

In diesem Sinn stellen die „Hinweise" zu Recht fest: „Kritik an verschiedenen Typen von Pharisäern fehlen übrigens in den rabbinischen Quellen nicht." Die frührabbinische Stelle, auf welche das Dokument hinweist und die auch in verschiedenen anderen rabbinischen Quellen überliefert ist, enthält einige Begriffe, deren genaue Bedeutung uns entgeht. Die *Jewish Encyclopedia* (9, 665)[120] interpretiert diese Tradition über die sieben Arten von Pharisäern wie folgt: 1. Der „Schulter-Pharisäer", der seine guten Taten sozusagen auf seiner Schulter zur Schau trägt; 2. der „Warte-ein-wenig-Pharisäer", der immer sagt: „Warte ein wenig, bis ich die gute Tat, die auf mich wartet, vollbracht habe!"; 3. der „verschürfte" Pharisäer, der, um es zu vermeiden, auf eine Frau zu schauen, gegen die Wand läuft, so dass er sich schürft und blutet; 4. der „Stößel-Pharisäer", der mit gesenktem Haupt einhergeht wie der Stößel im Mörser; 5. der ewig rechnende Pharisäer, welcher sagt: „Lass mich wissen, was ich Gutes tun kann, um meine Unterlassung aufzuwiegen!"; 6. der Gott fürchtende Pharisäer, nach der Weise Ijobs; 7. der Gott liebende Pharisäer, nach der Weise Abrahams.

Die zitierte Baraita, die aus einer Zeit stammt, als das pharisäische und rabbinische Judentum verschieden waren[121], spricht jedoch weniger von den historischen Pharisäern, als vielmehr von zeitgenössischen Frömmlern und Gerechten.

---

119 M. Weinfeld, „The Charge of Hypocrisy in Matthew 23 and in Jewish Sources", *The New Testament and Christian-Jewish Dialogue: Studies in Honor of David Flusser* (Hg. M. Lowe; *Immanuel* 24/25 [1990]) 52-58.

120 Ähnlich Guttmann, *Rabbinic Judaism in the Making,* 165-167 = *Studies in Rabbinic Judaism,* 211-213.

121 Guttmann, Rabbinic Judaism in the Making, 167 = Studies in Rabbinic Judaism, 213.

4. Die Juden im Neuen Testament

Dieser Abschnitt der „Hinweise" beschäftigt sich vor allem mit den negativen neutestamentlichen Aussagen über die Juden, also mit dem, was man Antijudaismus und sogar Antisemitismus im Neuen Testament genannt hat. Unter Hinweis auf den langen und komplizierten Redaktionsprozess des Neuen Testaments stellt das Dokument fest, im historischen Konflikt zwischen der entstehenden Kirche und der jüdischen Gemeinde seien „gewisse feindselige oder wenig schmeichelhafte" Worte im Blick auf die Juden gebraucht worden, die im Neuen Testament einen Niederschlag fanden und also die Verhältnisse widerspiegeln, wie sie erst lange nach Jesus bestanden. Die Entwicklung dieses Konflikts bis hin zur „Trennung der Wege" wird im Dokument nur kurz angedeutet: Schon zwischen Jesus und gewissen Gruppen von Juden gab es Auseinandersetzungen; die Mehrheit des jüdischen Volkes hat nicht an Jesus geglaubt; letztere Tatsache, verschärft durch die christliche Mission in der griechisch-römischen Welt, führte schließlich zum „unvermeidlichen" Bruch zwischen dem Judentum und der jungen Kirche.

Zur Geschichte dieses Konflikts, der am Anfang eine innerjüdische Auseinandersetzung darstellte, möchte ich in der gebotenen Kürze Folgendes anmerken: Als Antwort auf Leben, Tod und Auferstehung Jesu war innerhalb des Judentums eine Bewegung entstanden, die sich immer mehr von den Hauptströmungen ihrer eigenen Religion entfernte, hin zur Gruppe der so genannten Judenchristen. Eine besondere Haltung der Schrift gegenüber spielte dabei eine wichtige Rolle: Das Alte Testament wurde auf Jesus hin gedeutet, wobei seine Stellung außerdem noch durch eine Reihe von Hoheitstiteln hervorgehoben wurde.

Die Aufnahme von Nichtjuden führte sehr früh zu Konflikten innerhalb der neuen Bewegung. Was die Beziehung der nichtjüdischen Christen („Heidenchristen") zum jüdischen Volk betrifft, so verlangte das Apostelkonzil von ihnen keine Bekehrung zum Judentum. (Apg 15) Sie blieben also dem jüdischen Volk von vornherein fremd, und mit dem Anspruch, das Gottesvolk eines neuen Bundes zu sein, traten sie mit ihm sogar in eine Art Konkurrenz.

Bei diesen Entwicklungen gerieten die Judenchristen in eine schwierige Lage innerhalb ihres Volkes. Dies war besonders deshalb der Fall, weil gerade zu dieser Zeit das Judentum, das sonst für verschiedene Strömungen ziemlich offen war, hauptsächlich unter der Führung Rabban Gamaliels (II) von Jabne, eine normative Struktur anstrebte.[122] Der jüdische Krieg mit seinen Folgen, besonders der Zerstörung des Tempels (70 n. Chr.), hatte das Judentum zutiefst erschüttert. Um dieser neuen Situation zu begegnen und die Einheit des Volkes zu sichern, bemühten sich die jüdischen Gelehrten um eine verbindliche religiöse Rechtsordnung, was mit Warnungen und Maßnahmen gegenüber Randgruppen verbunden war. Rabbi Eleasar aus Modiim, ein Zeitgenosse des eben genannten Gamaliel erklärte:

> Wer die Sabbate entweiht, wer die Festzeiten verachtet, [wer seinen Nächsten öffentlich beschämt][123], wer den Bund unseres Vaters Abraham zunichte macht, wer die Tora im Widerspruch zum Religionsgesetz auslegt, der hat, selbst wenn er Kenntnis der Tora und gute Werke besitzt, keinen Anteil an der zukünftigen Welt (mAb 3,11; ARN A 26).[124]

Eine nicht unbedeutende Rolle in den Auseinandersetzungen mit den Judenchristen (*minim*) spielte die unter Gamaliel II eingeführte und ins Achtzehngebet des Gottesdienstes aufgenom-

---

122 Siehe S. 58.
123 Die in eckige Klammern gesetzten Worte fehlen in den Parallelen SifNum 112 (S. 121) und ARN A 26.
124 Nach E. E. Urbach, The Sages – Their Concepts and Beliefs (übers. von I. Abrahams) (Jerusalem 1975) 295-297 scheint sich die Stelle vor allem gegen Paulus (besonders Röm 2,28-29) zu richten.

mene „Benediktion betreffs der *minim*".[125] Diese Verwünschung, die als Angriff und zugleich als Verteidigung zu werten ist[126], lässt sich auf Grund von frühen Versionen jüdischer Gebetbücher wie folgt rekonstruieren:

> Für Abtrünnige sei keine Hoffnung, und die minim mögen unverzüglich untergehen, und möge das anmaßende Königreich[127] ausgerottet und zerschmettert werden, bald in unseren Tagen! Gelobt seist Du, Herr, der die Feinde zerbricht und die Anmaßenden demütigt![128]

Ob es Absicht der Pharisäer war, mit dieser Verwünschung die Judenchristen aus der Synagoge auszuschließen, geht aus den rabbinischen Quellen nicht deutlich hervor. Von einem Ausschluss aus der Synagoge ist im Johannesevangelium die Rede (9,22; 12,42; 16,2).[129]

---

125 Vgl. Y. Y. Teppler, *Birkat HaMinim: Jews and Christians in Conflict in the Ancient World* (übers. von S. Weingarten) (Tübingen 2007) 176-183. Das Wort *minim* (vgl. Teppler, 176-183) bezog sich während der Auseinandersetzung mit der frühchristlichen Bewegung auf die Judenchristen; im späteren rabbinischen Judentum wurde es zum Teil auf das gesamte Christentum ausgedehnt; vgl. Teppler, 365, 369-370. Im Lauf der weiteren jüdischen Geschichte richtete sich die Gebetsbitte gegen Gruppen wie Sünder, Häretiker, Verleumder, und das Wort *minim* wurde meist durch andere Wörter ersetzt, wenn nicht die Formel überhaupt ausgelassen wurde; vgl. J. J. Petuchowski, „Der Ketzersegen", *Das Vaterunser* (Hg. M. Brocke – W. Strolz – J. J. Petuchowski; Freiburg-Basel-Wien 1974) 90-101.

126 Teppler, 173; vgl. Urbach, *The Sages – Their Concepts and Beliefs,* 296.

127 Nach Teppler (148-164, 364) bezieht sich der Ausdruck in der frührabbinischen Zeit auf das „Königreich" der Evangelien; nach anderen ist das römische Reich gemeint.

128 Teppler, 18-19.

129 Dass es nicht unbedingt zu einem Ausschluss hätte kommen müssen, könnte vielleicht in einer von Abraham ben Azriel (13. Jh.) zitierten Talmud-Version zum Ausdruck gebracht sein. In seinem Werk *Arugat ha-Bosem* heißt es zu Ps 118,13: „So steht geschrieben in Berakot: 'Stets stoße man seinen Genossen mit der Linken fort und ziehe ihn heran mit der Rechten. Nicht wie Saul, der den Edomiter Doëg mit beiden Händen fortstieß, und nicht wie Rabbi Akiba, der Jeschu (Jesus) mit beiden Händen fortstieß'" (E. E. Urbach [Hg.], *Arugat ha-Bosem* III [Jerusalem 1962] 310-311). Vgl. auch bSot 47a und bSan 107b.

Auf der praktischen Ebene, die sich hauptsächlich in der Mischna widerspiegelt, erließen die rabbinischen Autoritäten Warnungen und Verbote, welche einen engen und täglichen Umgang mit den minim verhindern sollten.[130]

Nach diesem Exkurs über einige Momente in der Geschichte der christlich-jüdischen Konflikte fahren wir fort im Kommentar zum römischen Dokument. Der letzte Paragraph des Abschnitts über die Juden im Neuen Testament geht auf das schwierige Problem der Verantwortlichkeit für den Tod Jesu ein. Dabei spricht das Dokument trotz des inzwischen fortgeschrittenen christlich-jüdischen Dialogs leider wiederum nur von den „jüdischen Obrigkeiten mit ihren Anhängern". Man hätte es begrüßt, wenn folgende Aussage, die bei der Presseerklärung gemacht wurde, in das Dokument Eingang gefunden hätte: Angesichts unserer eigenen Beteiligung am Tod Christi als Sünder „wird das geschichtliche Eingreifen in die Passion Jesu von Seiten jener wenigen Juden und einiger Römer zu einer sehr sekundären Frage. Das Credo der katholischen Kirche hat im Zusammenhang mit dem Tod Christi immer Pontius Pilatus erwähnt, nicht die Juden."[131]

## 5. Die Liturgie

Das Dokument stellt zunächst fest, dass Christen wie Juden in der Bibel „die ganze Substanz ihrer Liturgie" finden. Dann zählt es die vielen Parallelen christlicher Gebets- und Liturgieformen zu jenen der jüdischen Tradition auf, um schließlich auf die Beziehung zwischen dem Pascha der Juden und dem Ostern der Christen zu sprechen zu kommen: Im Tod und in der Auferstehung Christi vollendet sich für die Christen das Pascha, „wenn auch immer in der Erwartung der endgültigen Erfüllung".

---

130 Vgl. Teppler, *Birkat HaMinim*, 365-369.
131 Siehe S. 29, Anm. 33.

Beim „Schon jetzt" des Heils gibt es also auch das christliche „Noch nicht", und mir scheint, Predigt und Katechese tun gut daran, sich auch in der Frage der endzeitlichen Erwartung von der jüdischen Liturgie und Frömmigkeit inspirieren zu lassen.

Unter den Verlautbarungen, welche das in den „Hinweisen" nur kurz behandelte Thema der Liturgie aufgreifen, verdienen die „Richtlinien für die Darstellung von Juden und Judentum in der katholischen Predigt"[132] besondere Beachtung. Dieses Dokument, das 1988 vom Komitee für die Liturgie der US-Bischofskonferenz verfasst wurde, enthält hilfreiche Überlegungen und Anregungen vor allem für die Advents- und Fastenzeit, die Karwoche und die Osterzeit. Auch zu pastoralen Aktivitäten während der Karwoche und der Osterzeit werden Vorschläge gemacht. Für die Predigten während des Jahres stellt die Verlautbarung einige allgemeine Prinzipien auf.

6. JUDENTUM UND CHRISTENTUM IN DER GESCHICHTE

Wir wollen, wie schon angekündigt, diesen Abschnitt etwas ausführlicher kommentieren in der Überzeugung, dass die Gegenwart nur versteht, wer die Geschichte kennt. In unserem Fall heißt das (und damit entsprechen wir auch der Gliederung, die das Dokument für diesen Abschnitt vornimmt): Nur wer aus der Geschichte heraus versteht, welche Bedeutung das Land Israel für die Juden hat, nur wer um das leidvolle, Jahrhunderte lange Neben- oder mehr noch: Gegeneinander von Christen und Juden weiß, und nur wer schließlich den in neuester Zeit den Juden angetanen Holocaust nicht aus dem Gedächtnis verdrängt, nur der ist fähig, heute den Dialog mit dem nötigen Takt und vor allem auch mit der unerlässlichen Geduld zu führen.

---

132 Henrix – Kraus, 189-201.

## 6.1. Land und Staat Israel

Die Sätze über das Land und den Staat Israel sind im Dokument mit besonderer Sorgfalt formuliert: Die Juden haben in einer weit verzweigten Diaspora die Erinnerung an das Land der Väter in ihrer innersten Hoffnung bewahrt (Pesach – Seder); die Christen sind dazu eingeladen, diese in der biblischen Tradition tief verwurzelte religiöse Bindung zu verstehen, ohne sich jedoch eine besondere religiöse Interpretation dieser Beziehung zu eigen zu machen; Existenz und politische Entscheidungen des Staates Israel sollten in einer an sich nicht religiösen, sondern den allgemeinen Grundsätzen des internationalen Rechts entsprechenden Perspektive gesehen werden.

Diesem Text stimmen wir zu, meinen aber, dem Dokument hätte noch ein entschiedenes Wort zugunsten des Existenzrechts des Staates Israel gut angestanden, wie es zum Beispiel von dem Komitee der französischen Bischofskonferenz für die Beziehungen zum Judentum ausgesprochen worden war: „Über die legitime Vielfalt der politischen Stellungnahmen hinweg kann das Weltgewissen dem jüdischen Volk, das im Lauf seiner Geschichte so viele Wechselfälle mitgemacht hat, nicht das Recht und die Mittel für eine politische Existenz unter den Völkern versagen."[133] Auch Johannes Paul II. hatte sich bereits in diesem Sinn geäußert. In dem Apostolischen Schreiben *Redemptionis anno* vom 20. April 1984 heißt es: „Für das jüdische Volk, das im Staat Israel lebt und in jenem Land so kostbare Zeugnisse seiner Geschichte und seines Glaubens bewahrt, müssen wir um die gewünschte Sicherheit und die gerechte Ruhe bitten, die das Vorrecht jedes Volkes und die Voraussetzung für Leben und Fortschritt jeder Gesellschaft ist."[134] Die diplomatische Anerkennung

---

133 Richter, 77; Rendtorff – Henrix, 154.
134 Rendtorff – Henrix, 85. Im Text heißt es weiter: „Das palästinensische Volk, dessen geschichtliche Wurzeln in jenem Land liegen und das seit Jahrzehnten

des Staates Israel von Seiten des Vatikans, eine logische Folge der Aussage des genannten Apostolischen Schreibens, musste allerdings noch zehn Jahre auf sich warten lassen. An Stimmen, die zur diplomatischen Anerkennung drängten, fehlte es nicht. Nach Msgr. J. Oesterreicher war es „die Pflicht auch der Christen, die Souveränität, Freiheit, ja nackte Existenz des Landes, das seinen jüdischen Bürgern eine Heimat wiedergegeben hat und das Juden allerorten zu einer Quelle gesunden Selbstbewusstseins geworden ist, zu bestätigen".[135]

Der Text über den Staat Israel ist unter Juden meist auf erhebliche Kritik gestoßen, die sich vor allem dagegen richtete, dass das Dokument dem Staat Israel keine an sich religiöse Bedeutung zuschreibt. Das Internationale Jüdische Komitee für interreligiöse Konsultationen (International Jewish Committee on Interreligious Consultations [IJCIC]) erklärte[136]: „Das moderne Israel hat für Christen überhaupt keine religiöse Bedeutung; selbst Israels tiefe religiöse Bedeutung für Juden... ist in so verhüllter Weise erwähnt, dass sie unerkennbar ist."[137] In einer Pressemitteilung des Israelischen Jüdischen Rates für interreligiösen Dialog vom 24. Juni 1985 heißt es überdies: „Angesichts der Aussage des Dokuments über die Fortdauer der Erwählung des jüdischen Volkes bedauert es der Rat, dass daraus nicht auch auf die Gültigkeit der göttlichen Landverheißung an das jüdische Volk geschlossen worden ist."[138]

---

verstreut lebt, hat aus gerechtem Grund das natürliche Recht, wieder eine Heimat zu finden und in Frieden und Ruhe mit den anderen Völkern der Region leben zu können."

135 Oesterreicher, a. a. O., 475.
136 Es tat dies im Namen seiner damaligen Mitgliedsorganisationen: Amerikanisches Jüdisches Komitee, Liga gegen die Diffamierung des Judentums von B'nai B'rith, Israelischer Jüdischer Rat für den interreligiösen Dialog, Synagogue Council of America und Jüdischer Weltkongress.
137 Presseerklärung vom 24. Juni 1985.
138 *Christian Life in Israel* 17 (Herbst 1985) 4.

Demgegenüber hat H. Siegman, der damalige geschäftsführende Direktor des Amerikanischen Jüdischen Kongresses, vor allem mit Hinweis darauf, dass es auch unter Juden keinerlei Übereinstimmung in der Frage nach der religiösen Bedeutung des Staates Israel gebe (ob nämlich der Staat Israel ein religiöses Phänomen darstellt und ob im besonderen die Wiedergeburt des Staates Israel als Beginn eines eschatologischen Prozesses anzusehen ist), die Position des römischen Dokuments verteidigt. Die Aufforderung an die Katholiken, den Staat Israel nach den allgemeinen Grundsätzen des internationalen Rechts zu betrachten, sei „genau richtig".[139]

### 6.2. Geschichte der Juden seit der Zerstörung des Tempels (70 n. Chr.)

Das Dokument äußert sich zu diesem großen Thema äußerst knapp. Anerkennend heißt es vom jüdischen Volk, es habe in einer weit verzweigten Diaspora „das oft heldenhafte Zeugnis seiner Treue zum einzigen Gott" in die ganze Welt getragen und diesen seinen Gott „im Angesicht aller Lebenden" (Tob 13,4) verherrlicht. Die Fortdauer des jüdischen Volkes sei von einer ununterbrochenen geistigen Schöpferkraft begleitet – in der rabbinischen Epoche, im Mittelalter und in der Neuzeit. Der Glaube und das religiöse Leben des jüdischen Volkes würden noch heute gelebt.

Die „negative Bilanz" der christlich-jüdischen Beziehungen während zwei Jahrtausenden wird zwar angesprochen, aber nicht näher behandelt. Unmittelbar vor der Veröffentlichung sind jedoch – wohl als Ergänzung zum Dokument – in der vom Vatikan autorisierten Zeitschrift *La Civiltà Cattolica* zum Thema

---

139 „Rome and Jerusalem: the religious meaning", *The Jerusalem Post,* 2. September 1985, 8.

des christlich-jüdischen Dialogs zwei Leitartikel erschienen[140], wobei der zweite Artikel unter anderem von der Geschichte seit 70 n. Chr. handelt.

Eine solche Geschichte – ich kann hier nur eine grobe Skizze davon entwerfen – müsste mit dem Neuen Testament und den in ihm erwähnten Auseinandersetzungen, die schon der vierte Abschnitt des Dokuments angesprochen hat, beginnen. Als die junge christliche Bewegung zu der vorwiegend „heidenchristlich" ausgerichteten Kirche wurde, verschärfte sich die negative Haltung den Juden gegenüber. Die nichtjüdischen Christen hatten sich nämlich bei ihrer Konversion nicht immer von dem in der griechisch-römischen Welt weit verbreiteten Antisemitismus getrennt, der jetzt oft in Verbindung mit pseudo-theologischen Ideen eine zusätzliche Komponente erhielt.[141] Allmählich verstand man auch die Konflikte zwischen Jesus und seinen Gegnern beziehungsweise zwischen Judenchristen und Juden nicht mehr als eine ursprünglich innerjüdische Auseinandersetzung und deutete manche neutestamentlichen Texte im Sinne eines fast unüberbrückbaren Gegensatzes zwischen Christen und Juden, ja sogar einer auf Jesus zurückgehenden Verwerfung des Judentums.[142] So wurden bisweilen Texte entstellt, missbraucht, aus dem Zusammenhang gerissen und für einen immer mehr um sich greifenden Antijudaismus mitverantwortlich gemacht.

Dem inzwischen normativ gewordenen frührabbinischen Judentum erschienen solche Texte, wenn nicht überhaupt das gesamte Neue Testament, oft als antijüdische oder antisemitische

---

140 „Chi sono gli Ebrei oggi?", *La Civiltà Cattolica 136,* Bd. 1 (März 1985) 521-533; „Problemi e prospettive del dialogo tra cristiani ed ebrei", ebd., Bd. 2 (April 1985) 3-18. Der zweite Aufsatz hat nicht in allem Zustimmung gefunden.
141 Vgl. das Dokument des Komitees der französischen Bischofskonferenz: Richter, 74; Rendtorff – Henrix, 152.
142 In diesem Sinn war ein so bekannter Theologe wie A. Schlatter der Ansicht, „einen gewaltigeren Widersacher als ihn (Jesus) hat das Judentum nie gehabt" (*Wird der Jude über uns siegen?* [Velbert 1935] 6).

Hasspropaganda einer dem Judentum entgegenstehenden, fremden Religion. Jüdischerseits fehlte es entsprechend nicht an Reaktionen, was sich auch in einigen neutestamentlichen und patristischen Texten widerspiegelt.[143] Im Vergleich mit dem christlichen Antijudaismus, besonders seitdem das Christentum zur Staatsreligion geworden war, fällt der jüdische „Antichristianismus" jedoch verhältnismäßig wenig ins Gewicht.

Man muss sich allerdings davor hüten, den Antijudaismus vergangener Zeiten nach heutigen Maßstäben zu beurteilen. Kardinal Bea sagte mit Recht: „Die Liebe zur Wahrheit verlangt unabweislich, mögliche Irrtümer einzugestehen. Dieselbe Liebe und die Gerechtigkeit fordern aber auch, Äußerungen, die aus einer anderen Zeit stammen, nicht nach den Maßstäben zu beurteilen, die erst Jahrhunderte später im Licht des Fortschritts beim Auslegen der Lehre aufgestellt worden sind – ein Fortschritt, den die Kirche erst in unseren Tagen erreicht hat."[144]

Antijudaismus darf also nicht immer einfach mit Feindschaft gegen die Juden gleichgesetzt werden. Meist geht es, wie H. Schreckenberg[145], dem ich manche Anregungen zu diesem Kapitel verdanke, betont, in erster Linie um christliche Apologetik, die den christlichen Anspruch angesichts des Judentums zu erklären und zu rechtfertigen suchte. Der Fortbestand des Judentums nach Christus und nach der Zerstörung des Tempels[146], das

---

143 Vgl. *La Civiltà Cattolica,* a.a.O., 5-6.
144 Bea, *Die Kirche und das jüdische Volk,* 15-16.
145 *Die christlichen Adversus-Judaeos-Texte und ihr literarisches und historisches Umfeld* (1.-11. Jh.) (Frankfurt-Bern 1982), besonders S. 15-40 (Einleitung) und 563-573 (Schlussbemerkungen).
146 Johannes Paul II. hat sich bei einem Kolloquium über die Wurzeln des Antijudaismus im Christentum (1997) zum jüdischen Fortbestand folgendermaßen deutlich geäußert: „Dieses Volk überlebt allen Ereignissen zum Trotz kraft der Tatsache, dass es das Bundesvolk ist und Gott trotz menschlichen Versagens seinem Bund treu bleibt" (*La Documentation Catholique* 94 [1997] 1003; Henrix – Kraus, 108).

anhaltende Warten der Juden auf die Ankunft des Messias, das ständige Fehlschlagen der Judenmission und gelegentlich auch die Anziehung, welche die jüdische Religion auf Christen ausübte: all dies bedeutete für das damalige Christentum eine dauerhafte Herausforderung und stellte den christlichen Anspruch in Frage. Denn in dem engen Schema eines Entweder-Oder-Denkens wurde argumentiert: Wenn das Judentum recht hat, muss das Christentum im Unrecht sein; „wenn der jüdische Kultus ehrwürdig und bedeutungsvoll ist, kann der unsere nur Lug und Trug sein"[147]. Mit Hilfe der allegorischen und typologischen Auslegung des Alten Testaments, mit groben Übertreibungen neutestamentlicher Positionen und dem Zurechtrücken eines ins entsprechende Konzept passenden Bildes vom Judentum wurde die christliche Religion im geschriebenen Wort und in der Kanzelrede oft triumphalistisch verteidigt und begründet.

Wenn zum Beispiel ein eifriger Prediger wie der Kirchenvater Johannes Chrysostomus mit der guten Absicht, die christliche Gemeinde im Glauben zu stärken und zu unterweisen und christliche Frauen vom Synagogenbesuch an Sabbaten und Festtagen abzuhalten, das Wort ergriff, ließ er sich gelegentlich zu Passagen wie der folgenden hinreißen: „Man mag sie (die Synagoge) ein Bordell nennen, einen Ort der Gesetzwidrigkeit, ein Quartier von bösen Geistern, ein Bollwerk des Teufels, das Verderben der Seelen... wie immer man sie bezeichnet, man wird sie immer noch nicht so benennen, wie sie es verdient."[148] Besonders gefürchtet waren die Karfreitagspredigten, die bisweilen als Aufforderung zu Synagogenverbrennungen und blutigen Ausschreitungen verstanden wurden.

An die verschiedenen Diskriminierungen und Verleumdungen der Juden wie Hostienschändung, Ritualmord, Brunnenvergif-

---

147 Johannes Chrysostomus: PG 48, 852 (Schreckenberg, 325).
148 PG 48, 915 (Schreckenberg, 326).

tung und Verbreitung der Pest, an Zwangstaufen, Einsperrung in Gettos, Verfolgungen, Vertreibungen, Massenmorde (besonders im Zusammenhang mit den Kreuzzügen und den osteuropäischen Pogromen) kann hier nur kurz erinnert werden. Es muss aber andererseits auch erwähnt werden, dass gelegentlich Päpste, Bischöfe und weltliche Machthaber Schutzmaßnahmen zugunsten der Juden getroffen haben und dass es immer auch viele Christen gegeben hat, die das Gebot der Nächstenliebe auch den Juden gegenüber geübt haben. Als man den jüdischen Dichter und Schriftsteller Edmond Fleg aufforderte, eine Geschichte der jüdischen Leiden zu schreiben, gab er zur Antwort: „Wäre ich versucht, eine solche Arbeit zu unternehmen, müsste es eher eine Geschichte der Judenfreundschaft sein. Hätten wir nicht zu allen Zeiten Freunde gehabt, die mächtiger und zahlreicher waren als unsere Feinde, dann würden wir nicht mehr existieren. Man hat uns immer geholfen und gerettet, und auch das ist ein charakteristisches Merkmal unserer Geschichte."[149]

Unter dem radikalen Sich-absondern und -abgrenzen, das sich nicht selten zu einer offenen Feindschaft entwickelte, litten nicht nur die Juden – die Christen fügten dabei sich selbst Schaden zu. Sie schnitten sich von den jüdischen Wurzeln des Christentums ab und verleugneten, dass sie im geistigen Sinn Semiten sind, wie Pius XI. einmal gesagt hat.[150]

---

149 E. Fleg, *La Conscience juive* (Paris 1963); zitiert nach J. Oesterreicher, *Die Wiederentdeckung des Judentums durch die Kirche* (Meitingen-Freising ²1971) 84. Die noch kaum erforschten positiven Aspekte der jüdisch-christlichen Beziehungen im Lauf der Geschichte, wie sie sich z. B. in einem fruchtbaren geistigen Austausch im Mittelalter zeigten, hat Paul VI. in Erinnerung gerufen (*L'Osservatore Romano,* deutsche Ausgabe, 31. Januar 1975, 4-5; Rendtorff – Henrix, 54-55).

150 *La Documentation Catholique* 39 (1938) 1460; zitiert in Bea, *Die Kirche und das jüdische Volk,* 13, Anmerkung.

Wir haben bisher unser Augenmerk mehr auf den Antijudaismus gelenkt, nämlich auf die ablehnende Haltung der Christen den Juden gegenüber aus „religiösen" Gründen. Jetzt soll noch ein Wort zum Antisemitismus gesagt werden, womit man die Feindschaft den Juden gegenüber aus rassistischen Gründen bezeichnet. Beide Begriffe und die entsprechenden Sachverhalte lassen sich natürlich nicht säuberlich voneinander scheiden, weil die Grenzen zwischen ihnen fließend sind.

Die religiöse Komponente reicht nicht aus, um die vielfältigen Phänomene der Feindschaft den Juden gegenüber zu erklären. Der religiöse Aspekt des Problems kann selbst vielleicht als eine der Ausdrucksformen einer umfassenderen Verirrung angesehen werden, die auf sozialpsychologischer Ebene zu suchen ist. Die Verirrung entzündet sich am Andersartigen und Fremden in Form von Misstrauen, Intoleranz, Ablehnung, Aggression. Den Artfremden macht man zum Sündenbock für soziale und wirtschaftliche Miseren, und wenn er überdies erfolgreicher ist, etwa auf wirtschaftlichem oder wissenschaftlichem Gebiet, begegnet man ihm mit Neid und Missgunst.

Mit dem Aufkommen der Rassenideologie seit der zweiten Hälfte des 19. Jahrhunderts erreichte die Judenfeindschaft einen letzten Höhepunkt. Ein radikaler Antisemitismus richtete sich auch gegen die Juden, die zum Christentum konvertiert waren, wie es der vom deutschen Nationalsozialismus in Angriff genommene Völkermord in erschreckender Weise bewiesen hat. Opfer waren unter vielen anderen Edith Stein und ihre Schwester Rosa.

### 6.3. *Zum Holocaust*

Was das Dokument zu diesem tragischen Thema in ein paar knappen Worten bemerkt, hat unter den Juden, aber auch unter vielen Christen Befremden und Bedauern hervorgerufen. Die Katechese solle, so heißt es, verstehen helfen, welche Bedeutung die Ausrottung der Juden von 1939 bis 1945 und die Folgen dieser Ausrottung für die Juden habe. Wie Katecheten, Prediger und Menschen, die in der Erwachsenenbildung tätig sind, dieser überaus schwierigen Aufgabe gerecht werden können, dazu gibt das Dokument keinerlei Anregung. Wer kann ohne weitere Hilfeleistung ermessen, was der Holocaust für die Juden bedeutet? Wenn man etwa bedenkt, dass selbst überzeugte und tieffromme Juden angesichts dieser Katastrophe den Glauben an einen persönlichen, guten und gerechten Gott aufgegeben haben, kann man erahnen, welche Dimensionen, über die physische Vernichtung hinaus, dieses furchtbare Geschehen erreicht hat.

Was aber an der Äußerung des Dokuments zum Holocaust noch mehr befremdet, ist die Tatsache, dass es mit keinem Wort erwähnt, dass diese Katastrophe auch und nicht in geringem Maß uns Christen etwas angeht. Bei der Presseerklärung wurde der Sachverhalt allerdings richtig gestellt. Dort heißt es im italienischen Text, es handle sich um „eine Tragödie, die natürlich auch unsere ist".[151] Dieses mutige Wort weist offensichtlich auf die christliche Mitschuld am Holocaust hin, die auf regionaler Ebene schon vorher eingestanden worden war. So erklärten die deutschen Bischöfe in ihrem Hirtenbrief vom 23. August 1945: „Viele Deutsche, auch aus unseren Reihen, ... sind bei den Verbrechen... gleichgültig geblieben; viele leisteten durch ihre Haltung den Verbrechen Vorschub, viele sind selber Verbrecher geworden. Schwere Verantwortung trifft jene, die auf Grund ihrer Stellung wissen konnten, was bei uns vorging, die durch ihren Einfluss solche Verbrechen hätten verhindern können und es nicht getan haben, ja diese Verbrechen ermöglicht und sich dadurch mit den Verbrechern solidarisch erklärt haben."[152] Auch

---

151 Siehe S. 29, Anm. 33.
152 Richter, 63; Rendtorff – Henrix, 235. Im Synodalbeschluss der Evangelischen

Johannes Paul II. hatte in seiner Ansprache vor Juden in Mainz 1980 von einer verfehlten Einstellung dem jüdischen Volk gegenüber gesprochen, „welche die Verkennungen und Verfolgungen im Lauf der Geschichte zum Teil mit verursachte".[153]

Die Frage geht uns alle an, und es ist kaum verständlich, dass es Christen gibt, die jede Mitschuld des Christentums am Holocaust zurückweisen, indem sie sagen, es habe sich um völlig gottlosen Terror gehandelt und die Verbrecher hätten mit dem Christentum nichts gemein gehabt. Dagegen ist auf jeden Fall zu sagen, dass einige Nationalsozialisten sich ausdrücklich auf das Neue Testament und die Kirchengeschichte berufen haben.[154] Als sich Julius Streicher, der Herausgeber des berüchtigten Wochenblattes „Der Stürmer" 1946 vor dem Nürnberger Gericht zu verantworten hatte, sagte er, an seiner Stelle sei eigentlich der Reformator Martin Luther angeklagt. Er selber habe nur ausgeführt, wozu Luther jeden ehrlichen und gläubigen Menschen aufgefordert habe.[155]

Indem das Christentum im Lauf von Jahrhunderten geradezu gelehrt hat, die Juden zu verachten – Jules Isaac prägte den Ausdruck „l'enseignement du mépris" – , hat es mit die Voraussetzungen geschaffen, unter denen ein so unbeschreibliches Verbrechen möglich war. Wer dies zugibt, wird sich ehrlich die

---

Kirche im Rheinland heißt es: „Wir bekennen betroffen die Mitverantwortung und Schuld der Christenheit in Deutschland am Holocaust" (Rendtorff – Henrix, 594). Auch verschiedene nichtdeutsche Kirchen haben sich zu Mitverantwortung und Schuld bekannt; so spricht z. B. die Erklärung der Schweizer Bischofskonferenz vom 12. Juli 1979 von „Mitverantwortung der Christen" am „millionenfachen Quälen und Morden von Juden in der näheren und ferneren Vergangenheit" und davon, „dass in nationalsozialistischer Zeit nicht selten Kleingläubigkeit, Feigheit, Schwäche und Schuld auch in der Schweiz offenbar wurden" (Rendtorff – Henrix, 178).

153  Richter, 152; Rendtorff – Henrix, 75.
154  Vgl. Kardinal Bea, Konzilsrede vom 19. November 1963, in: Bea, Die Kirche und das jüdische Volk, 145.
155  H. – J. Gamm, *Judentumskunde* (Frankfurt ⁴1962) 140.

Frage stellen müssen, welche Bedeutung der Holocaust für uns Christen, und das bedeutet auch: für jeden einzelnen von uns, hat.[156]

## 7. SCHLUSSBEMERKUNGEN

Abschließend nennt das Dokument noch einmal die Adressaten, nämlich Menschen, die in religiöser Unterweisung, Katechese und Predigt engagiert sind, und erinnert sie an ihre Aufgabe, sich in den behandelten Fragen um Objektivität, Gerechtigkeit und Toleranz sowie ganz allgemein um Verständnis und Dialog zu bemühen. Wörtlich heißt es: „Unsere beiden Traditionen sind miteinander so verwandt, dass sie voneinander Kenntnis nehmen müssen. Man muss gegenseitige Kenntnis auf allen Ebenen fördern."

### EXKURS: DER STELLENWERT DES THEOLOGISCHEN GESPRÄCHS

Unsere Beschäftigung mit drei an die gesamte katholische Kirche gerichteten Dokumenten (Konzilserklärung *Nostra aetate*, „Richtlinien" von 1974 und „Hinweise" von 1985) hat deutlich

---

[156] Wertvolle Anregungen bieten zwei Dokumente, die aus Anlass des 50. Jahrestages der Novemberpogrome 1938 („Reichskristallnacht") veröffentlicht worden sind. Das erste wurde von dem Gesprächskreis „Juden und Christen" beim Zentralkomitee der deutschen Katholiken erarbeitet und trägt den Titel: „Nach 50 Jahren – wie reden von Schuld, Leid und Versöhnung?" (*Herderkorrespondenz* 42 [Mai 1988] 232-237). Das zweite Dokument ist ein gemeinsamer Hirtenbrief der ost- und westdeutschen sowie der österreichischen Bischofskonferenz vom 20. Oktober 1988 mit dem Titel: „Die Last der Geschichte annehmen" (*Herderkorrespondenz* 42 [Dezember 1988] 566-571). Zur Frage der Mitverantwortung stellt der Gesprächskreis fest: „Wir können uns nicht einerseits zu einer Gemeinschaft bekennen, uns andererseits aber der Mitverantwortung für das entziehen, was im Namen der Gemeinschaft getan oder unterlassen worden ist, indem wir uns auf die eigene Unschuld berufen." Ähnlich heißt es zur selben Frage im Hirtenbrief: „Aber auch, wenn man nicht ein ganzes Volk schuldig sprechen kann und darf, bleibt doch die Mitverantwortung aller für das im Namen aller Geschehene und seine Folgen bestehen."

gemacht, dass im christlich-jüdischen Dialog bedeutende theologische Fragen angesprochen werden.[157] Angesichts dieser Fragen versteht sich das Interesse mancher Christen, in einem Gespräch mit dem jüdischen Partner auf diese Probleme einzugehen. Für ein theologisches Gespräch hat sich auch Johannes Paul II. ausgesprochen, als er am 28. Oktober 1985 zu den Mitgliedern des Internationalen Verbindungskomitees zwischen der katholischen Kirche und dem Judentum sagte: „Ich hoffe... ernsthaft, dass das Studium der und die Reflexion über die Theologie immer mehr zu einem Teil unseres Gedankenaustausches werde..."[158]

Solches Vorhaben findet aber bei Juden nur wenig Sympathie.[159] Warum? Ein Grund ist sicher noch die stark verbreitete Befürchtung, hinter solchem Dialog könnten sich letzten Endes doch kirchliche Bekehrungsversuche verbergen. Neben dieser Befürchtung, die ich, was das katholisch-jüdische Gespräch betrifft, für wenig begründet halte, werden von jüdischer Seite auch Gründe gegen das theologische Gespräch mit Christen vorgebracht, die ernst zu nehmen sind.

Die Theologie, also das Bestreben, die religiöse Welt systematisch und begrifflich zu erfassen, nimmt im Judentum eine untergeordnete Stellung ein; manche Juden behaupten sogar,

---

157 Dies war auch die Ansicht des ehemaligen Präsidenten der vatikanischen Kommission für die religiösen Beziehungen zum Judentum, Kardinal J. Willebrands. In einer Ansprache in Rom anlässlich eines Colloquiums zum 20. Jahrestag von *Nostra aetate* sagte er, die neu gewonnene Sicht des Judentums habe Fragen an viele Aspekte der katholischen Theologie gestellt, die sich von der Christologie zur Ekklesiologie, von der Liturgie zur Sakramentenlehre, von der Eschatologie zu der Beziehung zur Welt und dem Zeugnis vor der Welt erstreckten (*Face to Face* 12 [Herbst 1985] 12).

158 Rendtorff – Henrix, 105.

159 Vgl. R. Neudecker, „Sprache und Sprachlosigkeit im jüdisch-christlichen Dialog", *Dialog der Religionen* 5 (1995) 32-37. Seit dem oft zitierten Aufsatz von H. Siegman „Zehn Jahre katholisch-jüdische Beziehungen: eine Neubesinnung" (*Freiburger Rundbrief* 28 [1976] 3-11) ist die Formel üblich geworden: „Was die Christen zum Dialog drängt, ist die Theologie; was Juden dazu drängt, ist die Geschichte."

Theologie sei eine nichtjüdische Angelegenheit. Obwohl es auch im Judentum Theologen und seit dem Mittelalter Versuche einer systematischen Theologie gibt und obwohl einzelne Juden der liberalen Richtung eine Theologie für wünschenswert halten, sieht man in ihr im Großen und Ganzen kaum einen Vorteil. Orthodoxe Juden betrachten sie in der Regel sogar als Hindernis und Bedrohung für den Glauben; in der rationalen Sprache der Philosophen und Theologen könne und dürfe man nicht über das Göttliche und Religiöse reden.[160] Die Theologie arbeitet auch weitgehend mit Begriffen (z. B. Sünde, Sühne, Gnade), die von christlichen Vorstellungen geprägt und daher, wie S. Sandmel sagte, „notwendigerweise sektiererisch" sind[161]. Hier stoßen biblisch-orientalisches Denken, das sich in den rabbinischen Schriften erhalten und weiter entfaltet hat, und griechisch-römisches Denken, das in der Kirche heimisch wurde, aufeinander. Das traditionelle jüdische Reden über die göttliche Welt ist nicht theoretisch-spekulativ, sondern erzählerisch, konkret und reich an widersprüchlichen Aussagen.[162] Wir werden diese Art „narrativer Theologie" im dritten Teil dieser Studie etwas näher kennen lernen.

Viele Juden vor allem der orthodoxen Richtung haben schließlich eine Scheu oder, treffender gesagt, eine Abneigung dagegen, über ihre Glaubensüberzeugungen mit Außenstehenden zu diskutieren oder diesen das Geheimnis ihrer religiösen Erfahrung und Tradition mitzuteilen. Dieser Haltung müssen wir großen Respekt entgegenbringen. In ihr kommt die Überzeugung zum

---

160 Vgl. L. Jacobs, „Theology", *Encyclopaedia Judaica* 15, 1103.
161 „'Biblical Theology'– A Dissent", *Central Conference of American Rabbis Journal* (Januar 1959) 15-20; ders., „Reflections on the Problem of Theology for Jews", *Journal of Bible and Religion* 33 (1965) 101-112 (= *Two Living Traditions,* 53-69).
162 „Diese und diese sind Worte des lebendigen Gottes" (bEr 13b); siehe S. 145, Anm. 5. Zu diesem Thema vgl. R. Neudecker, *The Voice of God on Mount Sinai,* 99-102.

Ausdruck, dass die mündliche Tora[163] ihnen und nur ihnen von Gott zugedacht ist. In diesem Sinn heißt es in einem rabbinischen Text:

> Mose wünschte, dass auch die mündliche Tora schriftlich gegeben werde. Der Heilige, gepriesen sei er, sah aber voraus, dass die Völker der Welt dereinst die schriftliche Tora übersetzen und auf Griechisch lesen und aufgrund dessen sagen würden: „Auch wir sind [das auserwählte Volk] Israel!" Deshalb sagte der Heilige, gepriesen sei er, zu ihm: „Schriebe ich ihnen (den Juden) die ganze Fülle meiner Lehre auf, so würden sie (die Juden) den Fremden gleich geachtet" (Hos 8,12). Die mündliche Tora ist nämlich das Geheimnis des Heiligen, gepriesen sei er, und der Heilige, gepriesen sei er, gibt sein Geheimnis nur den Frommen kund; denn es heißt (Ps 25,14): „Das Geheimnis des Herrn wird denen zuteil, die ihn fürchten" (TanB, Wajjera 6).

Hinter solchen Texten steht die tiefe Einsicht, dass die Beziehung zwischen Gott und dem jüdischen Volk einen eigenen Charakter besitzt und nicht ohne weiteres auf andere Völker und Religionen ausgedehnt und übertragen werden kann. Gott offenbart sich jedem Volk auf je besondere Weise, und jedes Volk hat im Interesse seiner Identität ein Anrecht, die ihm eigene Erfahrung und Tradition Außenstehenden bis zu einem gewissen Grad vorzuenthalten.

Trotz dieser von jüdischer Seite vorgebrachten verständlichen Einwände dem theologischen Gespräch gegenüber kann man auf dieses Gespräch nicht gänzlich verzichten. Dies nicht zuletzt deshalb, weil viele der christlich-jüdischen Gesprächsthemen – man denke nur an die vielschichtigen Probleme des „Antijudaismus" – grundlegende theologische Aspekte aufweisen.

---

163 Siehe S. 37, Anm. 50.

Soll ein ernsthaftes theologisches Gespräch zwischen Christen und Juden zustande kommen, so müssen allerdings, und dies sei besonders betont, mindestens vier Voraussetzungen erfüllt sein.

*Erstens* muss jeder der beiden Gesprächspartner, der christliche wie der jüdische, sich davor hüten, das Gespräch ausschließlich oder vorwiegend zur Bewältigung seiner eigenen Probleme zu suchen. Der jeweils andere Partner im Gespräch verdient um seiner selbst willen Achtung und Hochschätzung. Andernfalls verletzt man die Grundregel eines jeden Gesprächs, nämlich hinzuhören auf das, was dem anderen wert und wichtig ist. Den Christen steht es dabei – ganz im Sinne von Röm 11,17-18, wonach der „Wildling" sich nicht über die alten Zweige erheben soll – besser an, die Juden zuerst zu Wort kommen zu lassen. Für Christen und Juden gilt: Wenn man sich der geistigen Welt des Gesprächspartners öffnet, lösen sich viele Probleme, auch ohne dass man sie direkt anspricht, oder erweisen sich als Scheinprobleme.

*Zweitens* erfordert ein theologisches Gespräch die Teilnahme von Gesprächspartnern christlicher- wie jüdischerseits, die in den zur Frage stehenden Problemen möglichst kompetent sind. Wo diese Gesprächspartner von Institutionen bestimmt, oft eher nach „diplomatischen" Gesichtspunkten ausgewählt werden und überdies von Amts wegen zu allen möglichen Fragen Stellung nehmen müssen, da kann es nicht verwundern, wenn der christlich-jüdische Dialog bei allen Teilergebnissen und gelegentlichen Fortschritten in Fachkreisen wenig Beachtung findet.[164]

---

164 Der jüdische Gelehrte D. Flusser schrieb vor 30 Jahren: „Das sollten die christlichen Teilnehmer am christlich-jüdischen Gespräch wissen: Das jüdische Wissen ist bei vielen jüdischen Teilnehmern am Gespräch verhältnismäßig gering" („Bemerkungen eines Juden zur christlichen Theologie des Judentums", in: C. Thoma, *Christliche Theologie des Judentums*, 16). Gilt das auch heute noch? Gilt es in gleichem Maß bei Juden und Christen?

*Drittens* – und darauf hat auch Johannes Paul II. hingewiesen – setzt das theologische Gespräch „auf beiden Seiten ein hohes Maß gegenseitigen Vertrauens und tiefer Achtung füreinander" voraus.[165] Diese Bedingung kann auf der Ebene von Tagungen oder Kongressen kaum erfüllt werden. In einer kleinen Runde oder im Gespräch von Mensch zu Mensch ist ein solcher Austausch jedoch eher möglich und wünschenswert.

*Viertens* – und diese Voraussetzung wird vielleicht am wenigsten beachtet – gilt es, die Grenzen des theologischen Gesprächs zu erkennen. Zum Eigentlichen einer religiösen Wahrheit kann man auf diskursivem Weg kaum gelangen. Was für einen Juden Tora und für einen Christen Jesus bedeuten kann, ist durch rationalen Austausch oder Verstehen von Begriffen[166] nicht zu erfassen.

Es gibt heute Anzeichen eines Suchens nach einem tieferen Zugang zur jüdischen beziehungsweise christlichen Welt, eines Suchens, in dem ich neben dem gemeinsamen Handeln ein besonders hoffnungsvolles Zeichen sehe.

---

165 Rendtorff – Henrix, 91.
166 Hierher gehört auch der Begriff Messias. Dieser Titel schafft im christlich-jüdischen Dialog eher Verwirrung als Klarheit. Schon Jesus scheint die Bezeichnung Messias gemieden zu haben, da sie angesichts ihrer verschiedenen Konnotationen (nicht zuletzt „politischer" Art) dazu beitragen konnte, ihn eher falsch als richtig zu verstehen.

# ZWEITER TEIL

# Initiativen Johannes Pauls II. und Benedikts XVI.

Während seiner Jugend war Johannes Paul II. in seiner polnischen Heimat Zeuge der schrecklichen Verfolgungen, denen seine jüdischen Mitbürger ausgeliefert waren; er empfand ihr Leid so, als wäre es sein eigenes.[1] Diese Erfahrung hat den Papst für sein ganzes Leben geprägt; sie war gewiss ein wesentlicher Grund, weshalb er sich so unermüdlich für ein besseres Verhältnis zwischen Christen und Juden einsetzte. Als Papst kam dieses sein Anliegen bereits bei seiner ersten Begegnung mit führenden jüdischen Persönlichkeiten am 12. März 1979 zum Ausdruck. In seiner Ansprache[2] verwies er auf das Zweite Vatikanische Konzil, das sich bewusst geworden sei, dass Juden und Christen auf der Ebene ihrer je eigenen religiösen Identität eng miteinander verbunden sind. Er stellte sich hinter die Bemühungen von Christen und Juden, die Schwierigkeiten der Vergangenheit zu überwinden. Dazu helfe ein brüderlicher Dialog und der von den „Richtlinien" unterstrichene Grundsatz, die jüdische Wirklichkeit nicht nach christlichen Vorstellungen zu beurteilen, sondern so begreifen zu wollen, wie die Juden selbst sie wahrnehmen und leben. Neben den Themen des Antisemitismus, des Friedens im Heiligen Land und der Hoffnung, dass Jerusalem harmonischer Mittelpunkt für die drei großen monotheistischen Religionen werde, hob der Papst die Bedeutung des jüdischen Besuchs im Vatikan hervor. Der Besuch zeuge von der Bereitschaft der jüdischen Gäste, das Christentum besser verstehen zu wollen, sowie von der Bereitschaft, „uns beim Nachdenken über das Judentum zu helfen".

---

1 Siehe S. 119, Anm. 40.
2 Rendtorff – Henrix, 64-66.

Im Laufe seines langen Pontifikats ist Johannes Paul II. in Rom und in vielen Teilen der Welt oftmals Juden begegnet, hat ihnen aufmerksam zugehört und ist auf ihre Anliegen eingegangen. In diesem Dialog, den der Papst selbst führte, erlangte er eine immer tiefere Kenntnis des Judentums, aber auch der Kirche, besonders was ihre jüdischen Wurzeln betrifft. Beachtenswert sind die Worte, die er sechs Jahre später (am 28. Oktober 1985) an die Mitglieder des Internationalen Verbindungskomitees zwischen der katholischen Kirche und dem Judentum richtete: „Die katholische Kirche ist immer bereit, mit Hilfe der Gnade Gottes alles in ihren Haltungen und Ausdrucksweisen zu revidieren und zu erneuern, von dem sich herausstellt, dass es zu wenig ihrer Identität entspricht..."[3]

Die Initiativen Johannes Pauls II., denen wir uns im Folgenden zuwenden, sind in der Tat solche Erneuerungen in den Haltungen und Ausrucksweisen der katholischen Kirche.

## I. „WENN BRÜDER MITEINANDER IN EINTRACHT WOHNEN."

### DER BESUCH JOHANNES PAULS II. IN DER GROSSEN SYNAGOGE VON ROM

Am 13. April 1986 besuchte der Papst den „Haupttempel" von Rom, ein Ereignis, von dem der *Osservatore Romano* ausführlich berichtet hat.[4]

1. STIMMEN FÜR UND WIDER DEN PAPSTBESUCH IN DER SYNAGOGE

Was für Jesus, Petrus und die ersten Christen selbstverständlich war, ist nach fast zweitausendjährigem Auseinanderleben

---

3 Rendtorff – Henrix, 104.
4 *L'Osservatore Romano*, italienische Ausgabe, 14.-15. April 1986; deutsche Ausgabe, 18. April 1986 (Rendtorff – Henrix, 106-111, 635-641).

von Juden und Christen weder für Christen noch für Juden gänzlich problemlos: ein Besuch der Synagoge von höchstoffizieller kirchlicher Stelle. Manche Christen, die um die gegenwärtigen christlich-jüdischen Beziehungen nicht Bescheid wussten, waren angesichts des Synagogenbesuchs des Papstes zunächst ratlos. Ein paar Anhänger des damals schon suspendierten Erzbischofs Lefebvre verteilten sogar in der Umgebung von St. Peter Flugblätter mit der Überschrift: „Papst, halte ein, mach nicht gemeinsame Sache mit Kajafas!" und warfen dem Papst vor, die christliche Religion zu verändern.

Für viele andere Christen dagegen, die seit dem Zweiten Vatikanischen Konzil im jüdischen Volk die historischen und geistigen Wurzeln der Kirche neu erkannten, war der Synagogenbesuch keine Überraschung. Der Wunsch des Papstes, die römische Synagoge zu besuchen, bedeutete für sie einen folgerichtigen Schritt in den Spuren Johannes' XXIII. und Pauls VI.

Nicht ganz so einfach verhält es sich mit dem Synagogenbesuch eines Papstes in den Augen mancher Juden, vor allem der strenggläubigen Richtung. So konnte gefragt werden, ob nicht die Anwesenheit von Christen in der Synagoge den strengen jüdischen Monotheismus in irgendeiner Weise kompromittiere. Der Papst war sich auf jeden Fall bewusst, dass er es „hochherziger Gastfreundschaft" verdankte, wenn er sich im Innern der Synagoge befand. Den Dank dafür hat er wiederholt ausgesprochen.

Etwaigen innerjüdischen Bedenken und Vorbehalten angesichts der delikaten Situation einer Gegenwart von Christen bei einer jüdischen religiösen Feier begegnete man auf verschiedene Weise:

– Als eine der Bibellesungen wurde Micha 4,1-5 gewählt, ein Text, der keinen Zweifel daran lässt, dass die Juden „für immer und ewig" ihren Weg im Namen des Herrn, ihres Gottes, gehen werden;

– für den Papst und den Oberrabbiner Elio Toaff war keine gemeinsame Lesung eines Psalms oder eines anderen biblischen Textes vorgesehen;

– abgesehen von den Psalmen war kein laut gesprochenes Gebet zu hören (es gab jedoch eine kurze Pause für stilles Gebet);

– der Chor intonierte feierlich den Glauben an die noch bevorstehende Ankunft des Messias;

– kein zum Christentum übergetretener Konvertit war eingeladen.

2. THEMEN UND ATMOSPHÄRE BEI DER BEGEGNUNG IN DER SYNAGOGE

Es versteht sich, dass in der Synagoge von jüdischer Seite Themen zur Sprache kamen, zu denen man eine Stellungnahme des Papstes erhoffte. Sowohl der Präsident der jüdischen Gemeinde von Rom wie der Oberrabbiner widmeten dem Antisemitismus und Holocaust besondere Aufmerksamkeit; auch der vom Rabbiner zitierte Psalm 124 passte in diesen Zusammenhang. In beiden jüdischen Ansprachen nahm die Sorge um die Anerkennung des Staates Israel von Seiten des Vatikans eine besondere Stelle ein; zu diesem Thema passte auch die Lesung von Genesis 15, 1-7, in der die Landverheißung erwähnt ist.

Im Unterschied zu Auffassungen in weiten Kreisen des liberalen Judentums, welche die messianische Zeit nicht mehr mit der Rückkehr nach Zion (oder der Ankunft eines persönlichen Messias) verknüpfen, sagte der Oberrabbiner: „Die Rückkehr des jüdischen Volkes in sein Land muss als Gut und Errungenschaft, auf welche die Welt nicht verzichten kann, anerkannt werden, weil sie – nach der Lehre der Propheten – jener Zeit der Verbrüderung aller Menschen, nach der wir alle streben, und jenem erlösenden Frieden, der in der Bibel mit Gewissheit verheißen ist, vorausgeht. Die Anerkennung einer solchen unersetzlichen Rolle im Plan der uns von Gott verheißenen endzeitlichen Erlösung kann Israel nicht abgesprochen werden."[5] Dieser Ansicht werden Christen kaum zustimmen können; sie wird aber, wie bereits erwähnt, auch von vielen Juden nicht geteilt.

Der Papst sprach von der „allgemeinen Anerkennung einer berechtigten Pluralität auf sozialer, politischer und religiöser Ebene". Er verwarf mit dem Konzil alle Manifestationen des Antisemitismus, die sich von wem auch immer gegen die Juden gerichtet haben; „ich wiederhole: von wem auch immer". Mit diesen Worten bezog der Papst offenbar auch einige seiner Vorgänger mit ein und antwortete auf die diskreten Anspielungen in den beiden jüdischen Ansprachen. Er brachte „tiefen Abscheu" für den während des letzten Krieges gegen das jüdische Volk verhängten Genozid zum Ausdruck. Sich persönlich einbringend, sagte er, als er 1979 Auschwitz besuchte und sich ins Gebet „für so viele Opfer verschiedener Nationen" versenkte, habe er besonders vor der Gedenktafel mit hebräischer Inschrift verweilt.

Im Wesentlichen befasste sich aber die Papstansprache mit den drei besonders wichtigen Punkten aus der Konzilserklärung *Nostra aetate:*[6]

---

5  *L'Osservatore Romano*, italienische Ausgabe, S. 5; Rendtorff – Henrix, 640.
6  Wie sehr diese Erklärung dem Papst am Herzen lag, zeigt sich in einer Ansprache, die er ein Jahr vor dem Synagogenbesuch vor der jüdischen Gemeinde in Venezuela hielt: „Aus tiefster Überzeugung möchte ich bekräftigen, dass die Lehre der Kirche, die während des Zweiten Vatikanischen Konzils in der Erklärung *Nostra aetate* verkündet wurde, für uns, für die katholische Kirche, für den Episkopat und den Papst immer eine Lehre bleibt, die man... auffassen muss als Ausdruck des Glaubens, als Eingebung des Heiligen Geistes, als Wort der göttlichen Wahrheit" (Henrix – Kraus, 206).

– *Das besondere Band,* das die Kirche mit dem jüdischen Volk verbindet: Die jüdische Religion gehört in gewisser Weise zum Inneren der christlichen Religion. „Zu ihr haben wir somit Beziehungen wie zu keiner anderen Religion. Ihr (Juden) seid unsere bevorzugten Brüder und, so könnte man in gewisser Weise sagen, unsere älteren Brüder."

– Zur *Frage der Schuld am Tod Jesu* wiederholte der Papst: Die Juden als Volk haben keine aus früherer Zeit herrührende oder kollektive Schuld wegen der Ereignisse des Leidens Jesu. „Der Herr wird jeden ´nach den eigenen Taten`richten, Juden wie Christen (vgl. Röm 2,6)."

– Zur *Stellung der Juden* vor Gott hielt der Papst fest: Die Juden sind nicht „verworfen oder verflucht". Im Gegenteil, sie sind „weiterhin von Gott geliebt"; er hat sie mit einer „unwiderruflichen Berufung" erwählt (vgl. Röm 11,28-29).

Diese zentralen Themen des Konzils zu bekräftigen und herauszustellen, das sollte, wie der Papst betonte, der entscheidende Beitrag seines Synagogenbesuchs sein.

Der Synagogenbesuch des Papstes fand ein weltweites Echo. Millionen Menschen, die von *Nostra aetate* niemals gehört hatten, lernten über die Medien die wichtigsten Überzeugungen des Konzils kennen, auf denen die katholischen Beziehungen zum jüdischen Volk beruhen. Sie hörten außerdem aus dem Munde des Papstes, dass die beiden Religionen, die jüdische sowohl wie die christliche, ein Recht darauf haben, „in der eigenen Identität anerkannt und geachtet" zu werden; sie erfuhren, dass der christlich-jüdische Dialog „in Loyalität und Freundschaft sowie in der Achtung vor den inneren Überzeugungen der einen wie der anderen" erfolgen muss; sie vernahmen, dass es in den dunklen Jahren der Rassenverfolgung auf christlicher Seite nicht nur Versagen gab und dass zum Beispiel in Rom Ordenshäuser, Kirchen und vatikanische Gebäude ihre Tore öffneten, um Juden Zuflucht und Rettung zu bieten; sie wurden vom Papst – und vom Rabbiner – zur Zusammenarbeit auf weltweiter Ebene aufgerufen „zum Wohl des Menschen... zugunsten seiner Würde, seiner Freiheit, seiner Rechte..." Vor allem aber erlebten sie, dass das Oberhaupt der katholischen Kirche ohne jeden Triumphalismus, in Bescheidenheit, in der Bereitschaft zuzuhören, und ohne Absicht, die Juden ihrer Religion abspenstig zu machen, als Bruder unter Brüdern und Schwestern auftrat. Sie erlebten die „wiedergefundene Brüderlichkeit", die sich auch in der Umarmung zwischen Papst und Rabbiner ausdrückte – einer Geste, die im Anschluss daran Christen und Juden in Freude, Dankbarkeit und zum Teil unter Tränen nachahmten. Das alles vermittelte einen Eindruck von dem Geist, den der Papst beschwor, als er mit Psalm 133 sagte: „Seht doch, wie gut und schön es ist, *wenn Brüder miteinander in Eintracht wohnen!*"

3. BLEIBENDE VERBUNDENHEIT DES PAPSTES MIT DER RÖMISCHEN SYNAGOGE

Anlässlich des zehnten Jahrestags seines historischen Besuchs in der Großen Synagoge empfing Johannes Paul II. am 15. April 1996 den Oberrabbiner Elio Toaff und Vertreter der jüdischen Gemeinde von Rom. Der Papst zeigte sich erfreut und dankbar für den jüdischen Gegenbesuch: „Heute erlauben Sie mir mit Ihrem Kommen, dieselbe Erfahrung [wie vor zehn Jahren] von neuem zu durchleben, indem Sie mir gestatten, Sie in meinem Haus zu empfangen, wie Sie mich in Ihrem empfangen haben... Ihr Besuch von heute ist ein Segen."[7]

---

7 Henrix – Kraus, 98-99.

In einer Botschaft vom 22. Mai 2004[8] kam die Verbundenheit des Papstes mit der römischen Synagoge, die er 18 Jahre vorher besucht hatte, besonders deutlich zum Ausdruck: „Dieses Ereignis bleibt in meiner Erinnerung und in meinem Herzen als Symbol jener Neuheit lebendig, die in den letzten Jahrzehnten die Beziehungen zwischen dem jüdischen Volk und der katholischen Kirche... gekennzeichnet hat... Es war eine Umarmung zwischen Brüdern, die sich nach langer Zeit, in der es an Unverständnis, Ablehnung und Leid nicht fehlte, wieder gefunden haben." Anlass für die Botschaft war der 100. Jahrestag der Errichtung der Großen Synagoge, ein Fest, dem sich der Papst „mit tiefer Freude" anschloss. Das Fest erinnere an das erste Jahrhundert „dieses majestätischen Tempels, der sich... als Zeugnis des Glaubens und zum Lobpreis des Allmächtigen erhebt."

Dann sprach der Papst von der tiefen Verbindung zwischen der Kirche und der Synagoge, die auf jenem spirituellen Erbe gründe, „das, ohne geteilt oder zurückgewiesen zu werden", an die Christen weitergegeben worden ist. In der Hoffnung, dass sich diese Verbindung noch weiter vertiefe, sagte der Papst: „Im Mittelalter haben auch einige Eurer großen Denker wie Yehuda ha-Levi und Moses Maimonides versucht herauszufinden, inwieweit es möglich wäre, den Herrn gemeinsam anzubeten und der leidenden Menschheit zu dienen, um so die Wege des Friedens zu ebnen. Der dem hl. Thomas von Aquin wohlbekannte große Philosoph und Theologe Maimonides von Cordoba (1138-1204), dessen 800. Todestag wir in diesem Jahr feiern, brachte den Wunsch zum Ausdruck, dass eine bessere Beziehung zwischen Juden und Christen 'die ganze Welt zur gemeinsamen Anbetung Gottes' führen möge, denn es heißt: 'Ich werde die Völker wandeln, eine reine Sprache [zu sprechen], dass sie alle den Namen

---

8  *L'Osservatore Romano*, deutsche Ausgabe, 4. Juni 2004, 7; italienischer Originaltext, 24./25. Mai 2004; *Insegnamenti di Giovanni Paolo II*, Bd. XXVII,1 (2004) [Libreria Editrice Vaticana 2006] 654-658.

des Herrn anrufen⁹, Schulter an Schulter ihm dienen'(*Zefanja* 3,9; *Mishneh Tora*, Hilkhot Melakhim XI,4, Jerusalem, Mossad Harav Kook).‟¹⁰

Die Botschaft des Papstes enthielt auch das Thema des Antisemitismus, den die Kirche klar und endgültig zurückgewiesen habe. Es genüge aber nicht, die Feindseligkeiten gegen das jüdische Volk zu bedauern und zu verurteilen; vielmehr müssten auch die Freundschaft, der Respekt und die brüderlichen Beziehungen zu ihm gefördert werden.

Der Gedanke an das Heilige Land erwecke in unseren Herzen Sorge und Schmerz „angesichts der Gewalttaten, von denen diese Region weiterhin gezeichnet ist, und angesichts des so vielen von unschuldigen Israelis und Palästinensern vergossenen Blutes, das einer anbrechenden Morgenröte der Gerechtigkeit und des Friedens entgegensteht".

Die Botschaft endet mit dem Psalm 117, der auf Hebräisch und Latein zitiert wird.

---

9 Im italienischen Text sind die für das Verständnis notwendigen Worte: „dass sie alle den Namen des Herrn anrufen" versehentlich weggefallen. Im Gegensatz zur deutschen Übersetzung, die dem italienischen Text folgt, hat die englische Übersetzung in derselben Weise wie ich das Versehen korrigiert.

10 Es sei darauf hingewiesen, dass hier die Maimonides-Stelle ziemlich frei interpretiert ist; vgl. die englische Übersetzung von A. M. Hershman, *The Code of Maimonides, Book Fourteen: The Book of the Judges* (Yale Judaica Series III; New Haven-London 1949 = 1963), 240.

## II. Aufnahme diplomatischer Beziehungen zu Israel

Erst 45 Jahre nach der Gründung des Staates Israel wurde am 30. Dezember 1993 der Gundlagenvertrag zwischen dem Heiligen Stuhl und dem Staat Israel unterzeichnet; der Austausch von Botschaftern erfolgte im September 1994.[11] Was die jüdisch-christlichen Beziehungen betrifft, so beseitigten diese Ereignisse eines der großen Hindernisse, das dem gegenseitigen Vertrauen bisher im Wege stand.

### 1. Der Gundlagenvertrag

Die Präambel des Grundlagenvertrags[12] beginnt mit den „sprachmächtigen und bedeutungsvollen Worten"[13]: „Der Heilige Stuhl und der Staat Israel, eingedenk des einzigartigen Charakters und der universalen Bedeutung des Heiligen Landes, im

---

11 Auf die möglichen Gründe der späten Aufnahme diplomatischer Beziehungen kann hier nicht eingegangen werden. Ich möchte aber den Lesern nicht vorenthalten, was Theodor Herzl (1860-1904), der Begründer des modernen Zionismus, in einer oft und immer wieder (z. B. *The Jerusalem Post* vom 12. Februar 2009) zitierten Notiz über seine Audienz bei Papst Pius X. (Januar 1904) berichtet. Herzl versuchte, für seine Idee von einem jüdischen Staat in Palästina von Pius X. Unterstützung zu erhalten. Der Papst habe ihm geantwortet: „Wir sind nicht in der Lage, diese Bewegung zu unterstützen. Wir können die Juden nicht daran hindern, nach Jerusalem zu gehen – aber wir können dies niemals gutheißen. Als Haupt der Kirche kann ich Ihnen nicht anders antworten. Die Juden haben unseren Herrn nicht anerkannt. Deshalb können wir das jüdische Volk nicht anerkennen, und so werden wir, wenn Sie nach Palästina kommen und Ihr Volk dort ansiedeln, mit unseren Kirchen und Priestern bereit sein, Sie alle zu taufen." Zitat nach H. H. Henrix, „Wer nicht an Wunder glaubt, ist kein Realist" (David Ben-Gurion): 60 Jahre Israel, *Chilufim: Zeitschrift für jüdische Kulturgeschichte* 5 (2008) 133. Henrix beruft sich für das Zitat auf E. Fisher, „The Holy See and the State of Israel", *Journal of Ecumenical Studies* 24 (1987) 196-197. Man muss, um dem Papst Pius X. gerecht zu werden, diese Haltung aus der Perspektive der damaligen Zeit beurteilen und nicht nach den Überzeugungen der heutigen Kirche.

12 Henrix – Kraus, 81-85.

13 So der erste Botschafter Israels in seiner Grußadresse an Johannes Paul II. anlässlich der Überreichung des Beglaubigungsschreibens; Henrix – Kraus, 952-956.

Bewusstsein der einzigartigen Natur der Beziehungen zwischen der katholischen Kirche und dem jüdischen Volk und des historischen Prozesses der Versöhnung sowie des wachsenden gegenseitigen Verständnisses und der Freundschaft zwischen Katholiken und Juden..." Was dieser großartigen Einleitung folgt, stellt ein trockenes Dokument dar, das im diplomatischen Stil von Pflichten, Rechten, aber auch Hoffnungen redet.

Beide Seiten, der Heilige Stuhl und der Staat Israel, bekennen sich – zum Teil in von einander abweichenden Formulierungen – zur Religions- und Gewissensfreiheit und verpflichten sich zu angemessener Zusammenarbeit in der Bekämpfung von Antisemitismus und Rassismus. Sie anerkennen, dass beide Seiten frei sind in der Ausübung ihrer Rechte und Vollmachten. Beide verpflichten sich, den „Status quo" in den betreffenden christlichen heiligen Stätten aufrechtzuerhalten und zu respektieren. Sie anerkennen das beidseitige Interesse an der Förderung christlicher Pilgerfahrten, sowie das Recht der katholischen Kirche, Schulen und Studieninstitute aller Grade einzurichten. Sie bekunden ein gemeinsames Interesse an einem kulturellen Austausch. Das Recht der katholischen Kirche auf Eigentum wird anerkannt, und für ungelöste Probleme wirtschaftlicher und steuerrechtlicher Natur will man eine Lösung finden.

Richtungweisend für die politische Situation im Nahen Osten ist die in Artikel 11 genannte gemeinsame Verpflichtung, eine friedliche Lösung bei Konflikten zwischen Staaten und Nationen zu fördern. Dem Heiligen Stuhl, der an dem Recht auf Ausübung seines moralischen und spirituellen Lehramtes festhält, scheint es opportun, sich feierlich zu verpflichten, gegenüber allen nur zeitlichen Konflikten ein Außenstehender zu bleiben, besonders, was umstrittene Gebiete und Grenzen betrifft.

## 2. Die Begegnung Johannes Pauls II. mit dem ersten Botschafter Israels

Das soeben besprochene nüchterne Dokument gewann an Leben, als der Papst am 29. September 1994 den ersten Botschafter Israels, Shmuel Hadas, zur Überreichung des Beglaubigungsschreibens empfing.

Die Ansprache des Botschafters befasste sich zum einen mit wesentlichen Punkten des Grundlagenvertrags, besonders dem Friedensprozess im Nahen Osten und dem kulturellen Austausch. Zum anderen würdigte der Botschafter den Einsatz des Papstes für den Staat Israel und zitierte bedeutende Äußerungen des Papstes aus den Jahren 1980, 1984 und 1987.[14] Er gab der Hoffnung Ausdruck, dass der Papst im Interesse des Friedens im gesamten Nahen Osten sich auch in Zukunft darum bemühen werde, „die Botschaft der Liebe und der Hoffnung ohne Zögern zu übermitteln". „Der Staat Israel... und alle seine Bürger sind Ihrer Heiligkeit dankbar für Ihren Beitrag tiefer Spiritualität und erhabener Menschlichkeit."[15]

In seiner Antwort drückte der Papst seine „lebhafte Genugtuung" über den Empfang des Botschafters und damit über die aufgenommenen diplomatischen Beziehungen aus. Die Ansprache[16] erwähnte verschiedene Themen des Grundlagenvertrags, und ließ erkennen, was dem Papst besonders wichtig war. Dazu gehörten die folgenden drei Punkte:

1. Die im Vertrag festgelegte und erhoffte Zusammenarbeit betreffe nicht nur den Heiligen Stuhl und den Staat Israel; „zu ihr gehört ebenfalls ein Vertrauensverhältnis zwischen den israeli-

---

14 Henrix – Kraus, 953.
15 Henrix – Kraus, 954.
16 Henrix – Kraus, 89-91.

schen Autoritäten und den verschiedenen Institutionen der katholischen Kirche auf dem Boden des Heiligen Landes."

2. Was das im Vertrag erwähnte Interesse an einem kulturellen Austausch betrifft, so schloss sich der Papst dem vom Botschafter ausgesprochenen Wunsch an, diesen Austausch auf Universitätsebene zu führen: dies erscheine ihm „ganz und gar wünschenswert". Ein solcher Austausch „ist besonders angebracht, insofern uns ein wichtiger Teil unserer kulturellen Wurzeln gemeinsam ist, angefangen bei allen Schriften der Bibel, dem Buch der Bücher, der allzeit lebendigen Quelle... Es kann nur für beide Teile nützlich sein, ihr gemeinsames Wissen auszutauschen, um das Verständnis der Schriften zu vertiefen..."

3. Der Papst sprach über Jerusalem. Die Worte zu diesem Thema, die auch die lange gehegte Hoffnung des Vatikans auf einen internationalen Status der Stadt ansprachen, kamen ihm ganz aus dem Herzen: „Ganz besonders wenden sich die Gläubigen der großen monotheistischen Religionen der Heiligen Stadt Jerusalem zu, von der wir wissen, dass sie noch heute Schauplatz von Spaltungen und Konflikten ist, die aber ein 'geheiligtes Erbe für alle jene bleibt, die an Gott glauben' (*Apostolisches Schreiben über Jerusalem*, 20. April 1984), und, wie es schon ihr wunderbarer Name sagt, ein Treffpunkt und Symbol des Friedens. Es ist im Übrigen zu wünschen, dass der einmalige und heilige Charakter dieser Heiligen Stadt Gegenstand internationaler Garantien wird, die auch den Zugang für alle Glaubenden sichern. Wie ich früher zu schreiben Gelegenheit hatte, 'träume ich von dem Tag, am dem Juden, Christen und Muslime einander in Jerusalem mit dem Friedensgruß begrüßen'(*ebd*)."

## III  DAS GROSSE JUBILÄUM IM HINBLICK AUF DIE CHRISTLICH-JÜDISCHEN BEZIEHUNGEN

### 1.  VORBEREITUNGEN DES JUBILÄUMS

Johannes Paul II. wies wiederholt auf die Bedeutung des Jubiläums im Jahr 2000 hin. Er tat dies vor allem in seinem Apostolischen Schreiben *Tertio millennio adveniente* vom 10. November 1994 und in der Verkündigungsbulle des Großen Jubiläums vom 29. November 1998.

Im Apostolischen Schreiben erinnerte der Papst an die biblischen Wurzeln des Jubeljahres (eigentlich: Jobeljahres) als Befreiungs- und Erlassjahr, das der Wiederherstellung der sozialen Gerechtigkeit diente. Dieser Aspekt werde durch jenen des „Gnadenjahres des Herrn" (Jesaja) ergänzt: „Für die Kirche ist das Jubeljahr genau dieses 'Gnadenjahr', ein Jahr des Erlasses der Sünden und der Strafen für die Sünden, ein Jahr der Versöhnung zwischen den Gegnern, ein Jahr vielfältiger Bekehrungen und sakramentaler und außersakramentaler Buße... Obwohl die Kirche durch ihr Einverleibtsein in Christus heilig ist, wird sie nicht müde, Buße zu tun: sie anerkennt immer, vor Gott und vor den Menschen, die Sünder als ihre Söhne."[17]

Der Papst äußerte auch die Hoffnung, dass die Zeit unmittelbar vor dem Jahr 2000 eine großartige Gelegenheit für den interreligiösen Dialog vor allem mit Juden und Muslimen sein werde.[18]

In der Verkündigungsbulle betonte Johannes Paul II., dieses Große Jubiläum sei ihm schon zu Beginn seines Pontifikats ein besonderes Anliegen gewesen: „Seit meiner ersten Enzyklika *Redemptor hominis* habe ich auf dieses Datum mit der alleinigen Absicht hingewiesen, die Herzen aller darauf vorzubereiten, sich

---

17 Henrix – Kraus, 93-95.
18 Henrix – Kraus, 96.

auf das Wirken des Geistes einzulassen."[19] Das festliche Ereignis solle in zwei Zentren stattfinden: in der Stadt Rom (sowie gleichzeitig in allen, über die Welt zerstreuten Teilkirchen) und mit gleicher Feierlichkeit und Würde im Heiligen Land.

Im Blick auf den interreligiösen Dialog schrieb der Papst: „Möge uns das Jubiläum einen weiteren Schritt im wechselseitigen Dialog voranbringen, bis wir eines Tages alle – Juden, Christen und Muslime – miteinander in Jerusalem den Friedensgruß austauschen können."

Das Jubiläum schließe auch die „Reinigung des Gedächtnisses" ein, die alle Christen benötigten: „Wegen jenes Bandes, das uns im mystischen Leib miteinander vereint, tragen wir alle die Last der Irrtümer und der Schuld derer, die uns vorangegangen sind, auch wenn wir keine persönliche Verantwortung dafür haben... Als Nachfolger Petri fordere ich, dass die Kirche, gestärkt durch die Heiligkeit, die sie von ihrem Herrn empfängt, in diesem Jahr der Barmherzigkeit vor Gott niederkniet und von ihm Vergebung für die Sünden ihrer Kinder aus Vergangenheit und Gegenwart erfleht."[20]

Bezüglich der Aktivitäten auf Seiten vatikanischer Kommissionen sind vor allem folgende Vorarbeiten zu nennen:

– Die vatikanische Kommission für die religiösen Beziehungen zum Judentum nahm seit 1987 ein Dokument über den Holocaust und damit verbundene Fragen in Angriff. Auf Grund verschiedener Komplikationen erschien das Dokument erst am 16. März 1998 unter dem Titel: „Wir erinnern: eine Reflexion über die Schoa". Im Folgenden werden wir auf diese Verlautbarung etwas näher eingehen.

---

19 Henrix – Kraus, 124.
20 Henrix – Kraus, 124-125.

– Die vatikanische Internationale Theologische Kommission arbeitete seit längerer Zeit an einem Dokument, das sie unter dem Titel: „Erinnern und Versöhnen: die Kirche und die Verfehlungen in ihrer Vergangenheit" am 7. März 2000 veröffentlichte.[21] Diese Studie versucht, das außergewöhnliche Ereignis, das wenige Tage später stattfand – das Schuldbekenntnis und die Bitte um Vergebung – theologisch zu erläutern. Was in diesem Zusammenhang das Verhältnis von Christen und Juden betrifft[22], so übernimmt die Theologische Kommission die wesentlichen Aussagen des eben genannten Dokuments „Wir erinnern: eine Reflexion über die Schoa".

– Die theologisch-historische Kommission organisierte im Oktober 1997 ein dreitägiges internationales Kolloquium, an dem etwa 60 Wissenschaftler (neben katholischen Theologen auch protestantische und orthodoxe Experten) teilnahmen. Das Kolloquium befasste sich mit dem Thema: „Wurzeln des Antijudaismus im christlichen Bereich". In seiner Ansprache an die Teilnehmer[23] würdigte der Papst ihre Arbeit als einen Beitrag zur Vorbereitung des Jubiläumsjahres sowie zur Vertiefung des Dialogs zwischen Katholiken und Juden.

1.1. „Wir erinnern: eine Reflexion über die Schoa"[24]

Dieses bisher letzte Dokument der Kommission für die religiösen Beziehungen zum Judentum wurde am 16. März 1998 ver-

---

21 Ein Auszug des Dokuments findet sich bei Henrix – Kraus, 131-151.
22 Henrix – Kraus, 149-150.
23 Henrix – Kraus, 107-109.
24 Wie es scheint, verwendet hier ein vatikanisches Dokument zum ersten Mal den Begriff der „Schoa", was soviel bedeutet wie „Vernichtung", „Verwüstung", „Untergang" (vgl. z. B. Jes 10,3). Der Begriff lässt keine besondere religiöse Sinndeutung erkennen, im Gegensatz zum Begriff „Holocaust", der „Ganzopfer", „Brandopfer" besagt.

öffentlicht. Es ist in unserem Anhang abgedruckt.[25] Zusammen mit dem Dokument wurde das Begleitschreiben veröffentlicht, das Johannes Paul II. am 12. März 1998 an Kardinal E. I. Cassidy, den damaligen Präsidenten der Kommission, gerichtet hatte. In diesem Schreiben bezeichnet der Papst die Schoa als einen „untilgbaren Schandfleck" in der Geschichte des 20. Jahrhunderts. Die Erinnerung trage einen notwendigen Teil zum Aufbau einer Zukunft bei, in der die unaussprechliche Bosheit der Schoa sich nie wiederholen könne. Juden und Christen und alle Männer und Frauen guten Willens sollten „gemeinsam für eine Welt arbeiten, in der das Leben und die Würde jedes menschlichen Wesens wirklich respektiert werden, denn alle sind nach dem Bild und Gleichnis Gottes geschaffen".

Wer unserer Darstellung der christlich-jüdischen Beziehungen gefolgt ist, bedarf keiner besonderen Einführung, um das Dokument verstehen zu können. So gut wie alle Themen, die es anspricht, haben wir bereits bei den verschiedenen Etappen des Dialogs kennen gelernt. Dennoch sind ein paar Bemerkungen angebracht, um das Wertvolle des neuen Dokuments herauszustellen und in einigen Punkten kritische Fragen zu stellen. Die kritischen Fragen sind zum Teil auch von jüdischer Seite aufgeworfen worden. Wir würdigen und achten diese jüdischen Stimmen als Frucht des Dialogs, den Johannes Paul II. in dem Apostolischen Schreiben *Tertio millennio adveniente* gerade auch für die Zeit vor dem Jahr 2000 erhofft hatte.

In diesem Sinn möchte ich auf die fünf Abschnitte des Dokuments kurz eingehen.

---

25 Bei Henrix – Kraus findet es sich auf den Seiten 110-119.

1. Die Tragödie der Schoa und die Pflicht der Erinnerung

Dieses Thema des ersten Abschnitts zitiert zunächst Worte aus dem Apostolischen Schreiben, wonach sich die Kirche im Blick auf das Ende des zweiten christlichen Jahrtausends mit stärkerer Bewusstheit der Schuld ihrer Söhne und Töchter annehme, wo diese der Welt „statt eines an den Werten des Glaubens inspirierten Lebenszeugnisses den Anblick von Denk- und Handlungsweisen boten, die geradezu Formen eines Gegenzeugnisses und Skandals darstellten". Die unaussprechliche Tragödie der Schoa ist „eines der größten Dramen unseres Jahrhunderts, ein Ereignis, das uns noch heute betrifft". Angesichts dieses schrecklichen Völkermordes könne niemand gleichgültig bleiben, am allerwenigsten die Kirche. Die gemeinsame Zukunft von Juden und Christen verlange, dass wir uns erinnern.

2. Woran wir uns erinnern müssen

Gegenstand der Erinnerung ist das vielfache Leid, welches das jüdische Volk getroffen hat, ein Volk, das in einzigartiger Weise Zeugnis für den Heiligen Israels und für die Tora gegeben hat. Die Schoa war das schlimmste von allen Leiden. Um das ganze Ausmaß des Verbrechens erfassen zu können, stehen noch viele wissenschaftliche Studien aus, die jedoch ein derartiges Ereignis nicht vollkommen erfassen können. Es bedarf eines „moralischen und religiösen Erinnerns" und eines ernsthaften Nachdenkens über die Ursachen, die zu solchen Verbrechen geführt haben.

3. Die Beziehungen zwischen Juden und Christen

Der dritte Abschnitt handelt von den Beziehungen zwischen Juden und Christen in der Geschichte, beginnend mit den Anfängen des Christentums. Dem nationalsozialistischen Antisemitismus und der Schoa ist der vierte Abschnitt gewidmet.

Auf die Themen der beiden Abschnitte sind wir bereits eingegangen,[26] so dass es hier genügt, uns auf eine der kritischen Fragen zu beschränken.

Einleitend stellt der dritte Abschnitt fest, die Bilanz der Beziehungen zwischen Juden und Christen falle ziemlich negativ aus. Diese Tatsache beruhte schon in den Anfängen des Christentums zum Teil auf gewissen Auslegungen des Neuen Testaments in Bezug auf die Juden: „In der Tat waren in der christlichen Welt – und ich spreche nicht von der Kirche als solcher – irrige und ungerechte Interpretationen des Neuen Testament bezüglich des jüdischen Volkes und seiner angeblichen Schuld allzu lange Zeit im Umlauf. Sie haben Gefühle der Feindschaft diesem Volk gegenüber verursacht."[27]

In den Augen vieler Juden und mancher Christen klingt der Einschub über die Kirche als solche wie eine Absolution von Mitschuld und Verantwortung.[28] Von einer solchen Verantwortung hatte schon Kardinal Bea, wie bereits erwähnt, im Jahr 1964 gesprochen: „Hier müssten wir vielleicht viele Vergehen auch der Kirche selbst bekennen."[29] Auch nationale Bischofskonferenzen haben sich in diesem Sinn geäußert, so z. B. die deutsche und die österreichische Bischofskonferenz in einer gemeinsamen Erklärung (20. Oktober 1988): „Wir müssen die Last der Geschichte annehmen. Das sind wir den Opfern schuldig... Das sind wir den

---

26 Siehe S. 69-72, 76-84.
27 Ansprache Johannes Pauls II. an das Kolloquium über die Wurzeln des Antijudaismus im christlichen Bereich, 31. Oktober 1997 (Henrix – Kraus, 107).
28 Vgl. z. B. die Antworten auf das vorliegende Dokument von Seiten des Gesprächskreises „Juden und Christen" beim Zentralkomitee der deutschen Katholiken (Henrix – Kraus, 392-399, bes. 393) und des Internationalen Jüdischen Komitees für Interreligiöse Konsultationen (Henrix – Kraus, 958-965, bes. 959-960).
29 Siehe S. 18.

Überlebenden und Angehörigen schuldig... Aber wir sind es auch der Kirche und damit uns selbst schuldig. Denn die Geschichte ist nicht etwas Äußerliches, sie ist Teil der eigenen Identität der Kirche und kann uns daran erinnern, dass die Kirche, die wir als heilig bekennen und als Geheimnis verehren, auch eine sündige und der Umkehr bedürftige Kirche ist."[30]

Vermutlich ist es als bemerkenswertes Zeichen des Zuhörens im Dialog zu werten, dass, wie berichtet wird, der päpstliche Hofprediger P. Raniero Cantalamessa in seiner Karfreitagspredigt die Worte des Papstes vom 31. Oktober zitierte, jedoch die Bemerkung über die Kirche als solche unterließ.[31]

Hinter den angedeuteten Schwierigkeiten steht das Problem der Theologen, das Ideal der Kirche – der Braut Christi, „ohne Makel und Runzeln, heilig und unversehrt" Eph 5,27) – mit der Realität der konkreten Kirche, die aus Sündern besteht, in Einklang zu bringen. Die erwähnte Theologische Kommission hat sich mit diesem Thema ausführlich beschäftigt. Die Kommission behandelt auch die biblischen Zugänge (AT und NT) zu der Frage: heiliges Gottesvolk und Schuld.[32] Die jüdische, vor allem die für das Neue Testament wichtige und in der frührabbinischen Literatur bezeugte Sicht bleibt unberücksichtigt.

Für Juden, die, wie schon früher gesagt, die Theologie nicht sehr hoch einschätzen, stellt sich das Problem des „heiligen Volkes Israel" und „der Frevlern in Israel" nicht in dieser Schärfe; wie schon im Alten Testament werden in dieser Frage vielstimmige Antworten zugelassen.[33]

---

30 Henrix – Kraus, 358-359.

31 Diese Information findet sich in der Antwort des eben erwähnten Internationalen Jüdischen Komitees (Henrix – Kraus, 960).

32 Henrix – Kraus, 136-141.

33 Vgl. R. Neudecker, „Does God Visit the Iniquity of the Fathers upon their Children? Rabbinic Commentaries on Exod 20:5b (Deut 5:9b)", *Gregorianum* 81 (2000) 5-24. Siehe auch S. 149-152.

## 4. Der Antisemitismus der Nazis und die Schoa

Die Trennung der Abschnitte 3 und 4 ist problematisch und irreführend. Sie distanziert den nationalsozialistischen Antisemitismus vom Antijudaismus (3. Abschnitt) und schwächt die Tatsache ab, dass sich beide nicht vollständig voneinander trennen lassen. Zwar spricht das Dokument, wenn auch nur in ziemlich vagen Formulierungen, von dem Einfluss antijüdischer Vorurteile, welche die Christen den Verfolgungen der Juden gegenüber wenig sensibel oder sogar gleichgültig machten, doch misst es dieser Tatsache kaum Bedeutung bei, wenn es behauptet: „Die Schoa war das Werk eines typisch modernen neuheidnischen Regimes. Sein Antisemitismus hatte seine Wurzeln außerhalb des Christentums." Wie schon früher begründet, können wir dieser Auffassung nicht zustimmen.[34] Zu begrüßen ist, was das Internationale Jüdische Komitee für Interreligiöse Konsultationen zu dieser Frage feststellt: „Es war der christliche Antijudaismus, der einen modernen heidnischen Antisemitismus ermöglichte, indem er die Juden und das Judentum entrechtete... Es ist wahr, dass das nationalsozialistische Regime sich eine heidnische Ideologie zu Eigen machte, die von der Kirche verworfen wurde – obgleich dies nicht bedeutete, dass alle Kirchenleute und Gläubigen den Nationalsozialismus zurückwiesen. Es soll hier festgehalten werden, dass Hitler, Himmler und die anderen Naziführer alle getaufte Christen waren, die nie exkommuniziert wurden. Das Gleiche gilt für den riesigen Apparat von Schlächtern, die das Produkt des christlichen Europa waren. Die Kirche wird nicht der unmittelbaren Verantwortung für die Schoa angeklagt, sondern wegen jener über sechzehnhundert Jahre angehäuften Erbschaft der Einstimmung in ein Ambiente, in dem die Schoa

---

34 Siehe S. 82-84.

möglich wurde und in dem viele Christen wegen ihrer Kollaboration keineswegs an Gewissensbissen litten."[35]

In der Frage, ob die Christen den Juden jede mögliche Hilfe geleistet haben, gibt das Dokument unter anderem zu bedenken: „Anfangs war die Führung des Dritten Reiches bestrebt, die Juden auszuweisen. Unglücklicherweise waren die Regierungen einiger westlicher Länder mit christlicher Tradition, darunter auch einige in Nord- und Südamerika, viel zu zögerlich, ihre Grenzen für die verfolgten Juden zu öffnen. Auch wenn sie nicht voraussehen konnten, wie weit die nationalsozialistischen Machthaber in ihren verbrecherischen Absichten gehen würden, wussten die Staatsoberhäupter dieser Länder um die Nöte und Gefahren, in denen sich die in den Gebieten des Dritten Reiches lebenden Juden befanden. Die Schließung der Grenzen für jüdische Emigranten unter diesen Umständen... stellt für die betreffenden staatlichen Autoritäten eine schwere Gewissenslast dar.[36] In den Gebieten, in denen die Nationalsozialisten Massendeportationen durchführten, hätten die brutalen Begleitumstände dieser Zwangsverschickungen wehrloser Menschen die schlimmsten Befürchtungen wecken müssen."

5. Blick auf eine gemeinsame Zukunft

In diesem Schlussteil des Dokuments wird noch einmal das tiefe Bedauern der katholischen Kirche über das Versagen ihrer Söhne und Töchter aller Generationen zum Ausdruck gebracht. Es handle sich um einen Akt der Umkehr (*teschuwa*) für alle; denn als Glied der Kirche nimmt jeder einzelne sowohl an den

---

35 Henrix – Kraus, 962.
36 Vgl. dazu u. a. die von R. Breitman – B. McDonald Stewart – S. Hochberg herausgegebene Studie *Refugees and Rescue: The Diaries and Papers of James G. McDonald, 1935-1945* (Bloomington, IN 2009) und dazu *The Jerusalem Post* (Internet-Ausgabe) vom 2. Mai 2009.

Sünden wie auch an den Verdiensten aller teil. Das Bewusstsein der Sünden der Vergangenheit möge sich in einen entschiedenen Einsatz für eine neue Zukunft wandeln.

*Zusammenfassend* können wir, aufs Ganze gesehen, das Dokument als einen bedeutenden Schritt auf dem Weg zum Jubiläumsjahr und ins neue Jahrtausend bezeichnen. Einige Schwächen der Verlautbarung haben zu dem fortschreitenden Dialog beigetragen, indem sie den jüdischen Gesprächspartner zu einer Antwort anregten.

2. Schuldbekenntnis und Bitte um Vergebung

Die seit langer Zeit vorbereitete und von Johannes Paul II. immer wieder angemahnte „Reinigung des Gedächtnisses" erfolgte am Ersten Fastensonntag (12. März) 2000.

Bei einem feierlichen Pontifikalgottesdienst im Petersdom und unter bewegenden Symbolen und Gesten wurde im Hinblick auf gravierende Verfehlungen der katholischen Kirche zunächst ein allgemeines Schuldbekenntnis ausgesprochen. Konkrete Verfehlungen wurden dann im Einzelnen genannt.[37] Der Papst leitete diesen Bußgottesdienst ein mit den Worten: „Liebe Brüder und Schwestern, lasst uns vertrauensvoll zu Gott unserem Vater rufen, der barmherzig und langmütig ist, reich an Erbarmen, Liebe und Treue. Er möge die Reue seines Volkes annehmen, das in Demut seine Schuld bekennt, und ihm seine Barmherzigkeit schenken." Danach nannte ein hoher Kurienvertreter zu jeder Einzelbitte

---

[37] Henrix – Kraus, 151-156. Die Verfehlungen betreffen Schuld im Dienst der Wahrheit; Sünden gegen die Einheit des Leibes Christi; Schuld im Verhältnis zu Israel; Schuld wegen Verfehlungen gegen die Liebe, gegen den Frieden, die Rechte der Völker, die Achtung der Kulturen und der Religionen; Sünden gegen die Würde der Frau und die Einheit des Menschengeschlechts; Sünden auf dem Gebiet der Grundrechte der Person.

das Anliegen. Nach einer kurzen Zeit der Stille sprach dann der Papst die eigentliche Bitte um Verbebung.

Beim Schuldbekenntnis im Verhältnis zum jüdischen Volk sprach Kardinal Cassidy als Präsident der vatikanischen Kommission für die religiösen Beziehungen zum Judentum: „Lass die Christen der Leiden gedenken, die dem Volk Israel in der Geschichte auferlegt wurden. Lass sie ihre Sünden anerkennen, die nicht wenige von ihnen gegen das Volk des Bundes und der Lobpreisungen begangen haben, und so ihr Herz reinigen."

Dann folgte das Gebet des Papstes: „Gott unserer Väter, du hast Abraham und seine Nachkommen auserwählt, deinen Namen zu den Völkern zu tragen. Wir sind zutiefst betrübt über das Verhalten aller, die im Laufe der Geschichte deine Söhne und Töchter leiden ließen. Wir bitten um Verzeihung und wollen uns dafür einsetzen, dass echte Brüderlichkeit herrsche mit dem Volk des Bundes. Darum bitten wir durch Christus unseren Herrn."[38]

### 3. Der Besuch Johannes Pauls II. im Heiligen Land

Der Besuch Johannes Pauls II. im Heiligen Land bildete den Höhepunkt des Großen Jubiläums und kann zugleich als Krönung seines Pontifikats bezeichnet werden.[39] Die Bemühungen des Papstes um eine neue Beziehung zwischen der katholischen Kirche und dem jüdischen Volk kamen in überzeugenden Worten und Gesten zum Ausdruck, besonders bei den folgenden drei Anlässen.

---

38 Henrix – Kraus, 154.
39 Vgl. die Dokumentation bei Henrix – Kraus, 157-161. Die offiziellen jüdischen Ansprachen bei der Israelreise sind zu finden bei Henrix – Kraus, 967-973.

1. Bei seiner *Ankunft auf dem Flughafen von Tel Aviv* am 21. März 2000 sagte der Papst, es sei sein dringender persönlicher Wunsch gewesen, in diesem Jahr des zweitausendsten Jahrestages der Geburt Jesu das Heilige Land zu besuchen. Die Reise, die ihn zuerst auf den Berg Sinai geführt hatte, sei eine Pilgerreise des Bittens und Dankens. „Auf jedem Schritt des Weges trägt mich ein lebendiges Empfinden Gottes, der uns vorangegangen ist und uns anführt, der will, dass wir ihn im Geist und in der Wahrheit anbeten, dass wir die Unterschiede unter uns anerkennen, zugleich aber in jedem Menschen das Bild und Gleichnis des einen Schöpfers des Himmels und der Erde erkennen." Sein Besuch sei auch ein Tribut an die drei Religionstraditionen, die in diesem Land zusammen leben. Er bete, dass sein Besuch dem interreligiösen Dialog diene, „dessen Ziel es ist, Juden, Christen und Muslime dahin zu führen, in ihrem jeweiligen Glauben und in der allgemeinen Brüderlichkeit... für den Frieden und die Gerechtigkeit zu arbeiten, welche die Völker im Heiligen Land noch nicht haben und doch so sehr ersehnen".

2. Die *Ansprache des Papstes in der Gedenkstätte Jad wa-Schem* („Denkmal und Name"; vgl. Jes 56,5) zeugt von einer außerordentlichen Sensibilität und spirituellen Tiefe. Man darf diese Ansprache nicht mit einem Kommentar verwässern oder gar zerreden. Ich will dennoch die Leser auf die Worte „Stille" und „erinnern/Erinnerung" aufmerksam machen, die in den ersten Sätzen und in der ganzen Ansprache immer wieder vorkommen.

Zu Beginn rezitierte der Papst die bedeutungsvollen Verse 13-15 aus dem Psalm 31, in denen Klage und zugleich vertrauensvolle Geborgenheit zum Ausdruck kommt. Dann fuhr er fort:

„An dieser Stätte der Erinnerungen empfinden Verstand, Herz und Seele ein ganz starkes Bedürfnis nach Stille. Stille zum Erinnern. Stillschweigen, in dem wir versuchen, etwas Besinnung in die Erinnerungen zu bringen, die uns überfluten. Stille, weil es keine Worte gibt, die stark genug wären, um die grauenhafte Tragödie der *Schoa* zu beklagen. Meine eigenen, persönlichen Erinnerungen betreffen all die Ereignisse, die sich damals zugetragen haben, als die Nazis Polen während des Krieges besetzt hielten. Ich erinnere mich an meine jüdischen Freunde und Nachbarn: Manche von Ihnen kamen um, andere haben überlebt.

Ich bin nach *Yad wa-Schem* gekommen, um den Millionen Juden die Ehre zu erweisen, denen alles genommen wurde, besonders ihre Würde als Menschen, und die im Holocaust ermordet worden sind. Über ein halbes Jahrhundert ist seitdem vergangen, aber die Erinnerung bleibt.

Hier, wie in Auschwitz und an vielen anderen Orten in Europa, sind wir überwältigt vom Widerhall der herzzerreißenden Klage so vieler Menschen. Männer, Frauen und Kinder schreien zu uns auf aus den Tiefen des Gräuels, das sie erfahren mussten. Wie sollten wir ihren Aufschrei nicht hören? Niemand kann das, was damals geschah, vergessen oder ignorieren. Niemand kann die Ausmaße dieser Tragödie schmälern.

Wir möchten uns erinnern. Wir möchten uns aber mit einer bestimmten Zielsetzung erinnern, nämlich um zu gewährleisten, dass das Böse nie mehr die Überhand gewinnen wird, so wie es damals für Millionen unschuldiger Opfer des Nazismus der Fall war.

Wie konnte der Mensch eine solche Verachtung des Menschen entwickeln? Weil er den Punkt der Gottesverachtung erreicht hatte. Nur eine gottlose Ideologie konnte die Ausrottung eines ganzen Volkes planen und ausführen."

Nach diesen tief empfundenen Worten, die etwa die Hälfte der Ansprache ausmachten, würdigte der Papst auch die „Gerechten der Völker", die sich für die Rettung von Juden eingesetzt hatten und die in *Yad wa-Schem* geehrt werden. Die heldenhaften Taten dieser Männer und Frauen zeigten, dass nicht einmal in der dunkelsten Stunde jedes Licht erloschen war. Der Papst sprach auch von dem gemeinsamen unschätzbaren geistlichen Erbe, „das aus der Selbstoffenbarung Gottes hervorgegangen ist". Er sprach von der tiefen Betrübnis der Kirche über all das Böse, das von Christen gegen die Juden ausgegangen ist. „Hier in *Yad wa-Schem* lebt die Erinnerung fort und brennt sich ein in unsere Seelen."

3. *Gebet an der Westmauer* („Klagemauer") am 26. März 2000. Der Papst verharrte in schweigendem Gebet, gebeugt von Alter und Krankheit und der Last der Schuld seiner Kirche, der Last auch des unbeschreiblichen Schicksals des jüdischen Volkes.[40] Entsprechend dem Brauch, eine geschriebene Bitte in eine Fuge der Mauer zu stecken, hinterließ der Papst in der Westmauer ein Schriftstück mit dem Schuldbekenntnis und der Bitte um Vergebung, die er am 12. März in Rom im Namen der Kirche ausgesprochen hatte: „Gott unserer Väter, du hast Abraham und seine Nachkommen auserwählt, deinen Namen zu den Völkern zu tragen. Wir sind zutiefst betrübt über das Verhalten aller, die im Laufe der Geschichte deine Söhne und Töchter leiden ließen. Wir bitten um Verzeihung und wollen uns dafür einsetzen, dass echte Brüderlichkeit herrsche mit dem Volk des Bundes."

*Abschließend* dürfen wir den Besuch des Papstes im Heiligen Land als ein würdiges Zeugnis eines Vertreters der Anhänger Jesu werten, der dem jüdischen Volk in großer Sensibilität und in Achtung ihrer religiösen Berufung und der Eigenständigkeit ihres Weges begegnete.

---

40 Der Papst hatte einmal an einen jüdischen Jugendfreund geschrieben, es komme ihm vor, als wäre das Schicksal der polnischen Juden ihm selbst widerfahren. Daran erinnerte der damalige Ministerpräsident Ehud Barak in seiner Ansprache im Anschluss an die Rede des Papstes in *Yad wa-Schem* (Henrix – Kraus, 970).

## IV. Würdigung der Verdienste Johannes Pauls II. von jüdischer Seite

Die Vertreter des Staates Israel brachten dem Papst wiederholt ihre Hochachtung und ihr Wohlwollen entgegen. In einer kurz vor der Ankunft des Papstes veröffentlichen Botschaft hießen die beiden Oberrabbiner den Papst als einen Freund Jerusalems willkommen: „Erbittet für Jerusalem Frieden! Es möge wohl ergehen denen, die dich lieben" (Ps 122,6)! Öfters hörte man den traditionellen Gruß: „Gesegnet sei Dein Kommen!" Man würdigte die Verdienste des Papstes um die Verbesserung der Beziehungen zu den Juden, und anerkannte besonders die im Namen der katholischen Kirche ausgedrückte Reue angesichts der schrecklichen Taten, die in der Vergangenheit gegen das jüdische Volk verübt wurden.

Auch die Zentralkonferenz der Amerikanischen Rabbiner (die Vertreter des Reformjudentums) und die Rabbiner-Versammlung (die Vertreter des konservativen Judentums) sprachen im Namen von 3000 Rabbinern ihre Anerkennung für „die wachsenden Verbindungen zwischen jüdischen und katholischen Gemeinden" aus. In einer Erklärung (14. März 2000)[41] anlässlich der „historischen Vergebungsliturgie" vom Ersten Fastensonntag 2000 heißt es unter anderem: „Wir loben die mutigen Schritte von Papst Johannes Paul II. in seinen Bemühungen, den historischen Bruch, der unsere Gemeinden getrennt hat, zu heilen. Der Papst hat den unwiderruflichen Charakter des Bundes Gottes mit dem jüdischen Volk unterstrichen. Er hat den Antisemitismus als 'Sünde gegen Gott' verurteilt. Er hat diplomatische Beziehungen zu Israel aufgenommen, wobei er das Existenzrecht des jüdischen Staates innerhalb sicherer Grenzen anerkennt. Er hat

---

41 Vgl. Henrix – Kraus, 965-966; ich habe die Übersetzung auf Grund des englischen Originals überarbeitet.

die Christenheit aufgerufen, sich in *teschuwa*[42] für die Verbrechen des Holocaust zu engagieren. Er hat sich entschuldigt für die Exzesse der Kreuzzüge und der Inquisition. Er hat sich gegen eine christliche Missionierung der Juden ausgesprochen und stattdessen zur Vertiefung der jüdischen Frömmigkeit ermuntert... Indem wir uns die Worte des Papstes zu eigen machen, rufen wir die Rabbiner, die wir vertreten, dazu auf, den Dialog und die Verbundenheit mit unseren römisch-katholischen Nachbarn zu intensivieren. Möge uns zu diesem historischen Zeitpunkt, da ein Papst zum ersten Mal eine Pilgerreise in den souveränen jüdischen Staat unternimmt, die inspirierende Führung Papst Johannes Pauls II. zu größerer Versöhnung, Freundschaft und Partnerschaft führen, um *tikkun olam*[43] zu bewirken."

---

42 Der Begriff bezieht sich auf Buße, d. h. „Rückkehr" zu Gott.
43 D. h., Verbesserung der Welt, oder: eine heilere Welt.

## V. Gebet Johannes Pauls II. für das jüdische Volk

Das neue Verhältnis zum jüdischen Volk, für das sich Johannes Paul II. während seines Pontifikats unermüdlich einsetzte und das er selbst ganz entscheidend prägte, zeigt sich in seinem Gebet für das jüdische Volk, das er am 11. Juni 1999 in Warschau an Gott richtete.[44]

*Vater Abrahams,*
*Vater der Propheten,*
*Vater Jesu Christi,*
*von dir ist alles umfangen,*
*zu dir strebt alles hin,*
*du bist das Ziel von allem.*
*Erhöre unsere Gebete, die wir vor dich bringen für das jüdische Volk, das dir um seiner Vorfahren willen weiterhin teuer ist.*
*Erwecke stets in ihm eine immer lebendigere Sehnsucht nach deiner Liebe und Wahrheit.*
*Steh ihm bei in seinen Bemühungen um Frieden und Gerechtigkeit, damit dieses Volk die Allmacht deines Segens bezeugen kann.*
*Steh ihm bei, damit es Achtung und Liebe von denen erfährt, die noch nicht das Ausmaß seiner Leiden verstehen, und von denen, die solidarisch, im Bewusstsein gegenseitiger Sorge, den Schmerz und die Wunden des jüdischen Volkes mitfühlen.*
*Gedenke der nächsten Generation, der Jugendlichen und der Kinder, auf dass sie stets treu an dich glauben und an das, was das besondere Geheimnis ihrer Berufung ausmacht.*
*Stärke alle Generationen, damit dank ihres Zeugnisses die Menschheit begreife, dass dein Heilsplan sich auf die ganze Menschheit erstreckt und dass du, Vater, Anfang und Ziel aller Völker bist.*
*Amen.*

---

44 Henrix – Kraus, 128.

## VI. „Den vorgezeichneten Weg zu bestätigen und zu festigen": Der Besuch Benedikts XVI. in der Grossen Synagoge von Rom

Am 17. Januar 2010, dem Tag, den die italienische Kirche als Tag des Judentums beging,[45] stattete Benedikt XVI. der jüdischen Gemeinde von Rom einen als historisch geltenden Besuch ab, von dem der *Osservatore Romano* ausführlich berichtete.[46] Es war nach 24 Jahren der zweite Besuch eines Papstes bei seinen älteren römischen Mitbürgern, die ja auf eine noch längere Anwesenheit in der Ewigen Stadt zurückblicken können als die Christen.

Die enge, fast zweitausendjährige Nachbarschaft von Juden und Christen war oft von Rivalität, Feindseligkeit, Verfolgung und meist von Desinteresse gekennzeichnet – Verhaltensweisen, die das Zweite Vatikanische Konzil verworfen hat. Für Benedikt XVI. sollte die Begegnung mit der jüdischen Gemeinde, wie er nach dem Angelus-Gebet wenige Stunden vor dem Synagogenbesuch sagte, „eine weitere Etappe auf dem Weg der Eintracht und Freundschaft" darstellen. Trotz bestehender Probleme und Schwierigkeiten herrsche zwischen den Gläubigen beider Religionen ein Klima von großem Respekt und ehrlichem Dialog. Ähnlich hohe Erwartungen verbanden die jüdischen Gastgeber mit dem Papstbesuch. In seiner Begrüßung sagte Riccardo Pacifici, der Präsident der jüdischen Gemeinde Roms, der Besuch stelle „ein Ereignis dar, das eine tiefe Spur in den Beziehungen zwischen der jüdischen und der christlichen Welt hinterlassen werde". Das Ereignis möge sich über die religiöse Ebene hinaus

---

45 Das Datum fiel auf den 20. Jahrestag des 1990 von der italienischen Bischofskonferenz eingeführten Tages des Judentums, der die besonderen Beziehungen zwischen Juden und Christen zum Thema hat. Ähnliche Initiativen sind in Österreich, Polen und den Niederlanden ergriffen worden.

46 *L'Osservatore Romano*, italienische Ausgabe, 18.-19. Januar 2010.

auch auf die zwischenmenschlichen Beziehungen in unserer zivilen Gesellschaft auswirken.

Bevor der Papst die Synagoge betrat, wollte er den Opfern der Schoa Ehre erweisen. Er begab sich an eine in der Nähe des historischen Eingangs zum alten Ghetto angebrachte Gedenktafel, legte einen Blumenkranz nieder und gedachte in Stille der 1021 römischen Juden, welche die deutsche SS am 16. Oktober 1943 in Konzentrationslager abtransportiert hatte; nur 17 von ihnen überlebten. Auf seinem weiteren Gang zur Synagoge blieb er vor einer zweiten Gedenktafel stehen, die an das von palästinensischen Extremisten ausgeführte Attentat vom 9. Oktober 1982 erinnert. Dabei verlor der zweijährige Stefano Tachè sein Leben; 37 Juden wurden verletzt.

Vor den Stufen der Synagoge angekommen, wurde der Papst vom Oberrabbiner Riccardo Di Segni empfangen, und gemeinsam betraten sie unter herzlichem Applaus der Anwesenden das Gotteshaus. Psalm 126, vom Chor gesungen, unterstrich die Bedeutung des Ereignisses. Dieser „Aufstiegsgesang" beschreibt den Aufstieg des jüdischen Volkes aus den Tiefen des Exils und drückt zugleich die Hoffnung auf den endgültigen Aufstieg zur Erlösung aus, einen Aufstieg, der, von Wundern begleitet, wie die Erfüllung eines lange gehegten Traumes erscheinen wird.

1. Die jüdischen Ansprachen

Mit Dankbarkeit und zuvorkommender Höflichkeit hießen der Präsident der jüdischen Gemeinde von Rom, der Präsident der Vereinigung der jüdischen Gemeinden Italiens und der Oberrabbiner der jüdischen Gemeinde von Rom den Papst willkommen.

Als wichtigste Themen in ihren Ansprachen sind zu nennen:

– *Eine vitale jüdische Gemeinde, stolz auf ihre Geschichte*

Der Oberrabbiner beschrieb die gegenwärtige Situation seiner Gemeinde mit folgenden Worten: „Wir erleben eine Periode der Wiederentdeckung unserer Tradition, des Studiums und der Ausübung der Tora. Unsere Schulen wachsen, zahlreicher werden die Gottesdienste, die Anzahl der Synagogen nimmt innerhalb des Stadtgebietes zu.[47] Dies alles wird im Geiste der Freundschaft gerne aufgenommen und in Solidarität und Aufgeschlossenheit voll in das Stadtleben integriert." Schon vor der Rede des Rabbiners hatte Pacifici erwähnt, dass die römische Gemeinde als die älteste der westlichen Diaspora auf ihre Geschichte stolz sein könne sowie auf den Beitrag, den sie auf den Gebieten der Kultur, der Wirtschaft, der Kunst und Politik für die Stadt und für ganz Italien geleistet habe.

– *Der Staat Israel*

Die Neuentstehung des Staates Israel wurde in allen drei Ansprachen als die Erfüllung einer Jahrtausende alten Sehnsucht gewürdigt. „Für uns Juden" – so Pacifici – „ist der Staat Israel die Frucht einer gemeinsamen Geschichte und eines unauflöslichen Bandes, welches ein Grundbestandteil unserer Kultur und Tradition ist." Pacifici und der Rabbiner unterstrichen, dass es sich für gläubige Juden und im Grunde für jeden, der sich in den biblischen Schriften wiedererkenne, um das von Gott in der Bibel verheißene und für das jüdische Volk bestimmte Land handle. In den Worten des Rabbiners: Es ist das Heilige Land, d. h. „das Land dessen, der heilig ist", welches er „den Kindern Jakobs/Is-

---

[47] Zurzeit gibt es 15 Synagogen. Diese Zahl hat sich seit 1986 mehr als verdoppelt. In Rom leben zwischen 15.000 und 20.000 Juden; von ihnen sind etwa 13.000 Mitglieder der jüdischen Gemeinde.

raels" versprochen hat.[48] Der Rabbiner erwähnte allerdings auch, dass der Staat Israel eine politische Entität darstelle, die „durch das Menschenrecht garantiert" ist und auch vom Heiligen Stuhl diplomatisch anerkannt wurde.

Auf die Frage nach dem Recht der Palästinenser auf einen eigenen Staat und die Gerechtigkeit ihnen gegenüber ging man nicht ein. Der Papst erwähnte in seiner Ansprache weder den Staat Israel noch einen Staat der Palästinenser; er sprach jedoch vom „Heiligen Land" und meinte damit das Land, in dem Juden und Palästinenser leben.

– *Die Schoa und die Verpflichtung, sich zu erinnern*

Die Erinnerung an die Schoa umfasst nicht nur unbeschreiblichen Gräuel gegen das jüdische Volk; sie schließt auch das Zeugnis von Treue zum eigenen Volk und seiner Religion mit ein, ein Zeugnis, das so viele Juden im Angesicht von Verfolgung und Tod abgelegt haben. Zur Erinnerung gehört auch die Dankbarkeit für erfahrene Hilfe durch andere Menschen. R. Pacifici, dessen Vater und Onkel in einem Konvent Zuflucht gefunden hatten, erinnerte an diese Tat der Nächstenliebe und fuhr fort: „Dies war kein Einzelfall, weder in Italien noch in anderen Teilen Europas. Zahlreiche Ordensleute setzten sich unter Gefahr für ihr eigenes Leben dafür ein, Tausende Juden vor dem

---

48 Zur Frage nach der religiösen Bedeutung des Staates Israel siehe S. 96-97 und S. 75-76. Für den israelischen Staatspräsidenten Schimon Peres und für viele andere Juden handelt es sich bei der Gründung des Staates Israel um „die moralische und historische Antwort auf den Versuch, das jüdische Volk von der Erde zu tilgen". Als Israeli schmerze ihn zutiefst die tragische Verzögerung der Entstehung des Staates Israel, weswegen sein Volk ohne Zufluchtsstätte geblieben sei. Peres erinnerte daran, dass Israel schon kurz nach seiner Entstehung seine Tore den Überlebenden der Schoa und den vielen jüdischen Flüchtlingen aus arabischen Ländern öffnete. „Alle anderen Tore blieben für sie verschlossen" (Rede im Deutschen Bundestag am 10. Internationalen Gedenktag für die Opfer der Schoa, 27. Januar 2010; *Frankfurter Allgemeine Zeitung*, 28. Januar 2010, 7). Siehe auch S. 74-75.

sicheren Tod zu retten, ohne irgendeine Gegenleistung zu verlangen."[49]

In diesem Zusammenhang sei das „Schweigen" des Papstes Pius XII. weiterhin eine offene Wunde. Dies brachte auch der Rabbiner mit etwas anderen Worten zum Ausdruck. Um in dieser Frage zu einem einmütigen Urteil zu gelangen, wünsche man mit allem Respekt, dass Historikern der Zugang zu den betreffenden Dokumenten ermöglicht werde.

Die angesprochene Wunde wird am besten verstehen können, wer bedenkt, dass bei der Deportation der Mitbürger des Papstes, des Bischofs ihrer Stadt, ein öffentlicher Protest erwartet worden war.

– *Zusammenarbeit und Freundschaft*

Das Thema der Zusammenarbeit und Freundschaft durchzog alle Ansprachen, die während des Papstbesuches gehalten wurden. Unter den Gebieten einer fruchtbaren Zusammenarbeit nannte der Rabbiner insbesondere den Schutz der Umwelt, die Heiligkeit des Lebens und die Würde des Menschen. Gemeinsame Taten, die auf gemeinsamen Überzeugungen beruhen, führten zu gegenseitigem Respekt und zu Freundschaft, wie sie die Begegnung in der Synagoge ausstrahle. Die Freundschaft zwischen Juden und Christen dürfe aber niemals exklusiv sein; sie müsse offen sein besonders für Muslime (einige Vertreter waren in der Synagoge anwesend), aber auch für alle anderen Menschen. „Das Gebet, das aus dieser Synagoge emporsteigt, ist ein Gebet für den universalen Frieden, der von Jesaja (66,12) angekündigt wurde."

---

[49] Nach Peres gehören zur Erinnerung auch das Schuldgefühl der Menschheit im Angesicht dieser nicht fassbaren Schreckenstaten und „die Tragödie des Versäumnisses". Die in Flammen stehende Welt war derart abgelenkt, „dass die Mordmaschine tagein-tagaus, jahrein-jahraus ungestört weiterarbeiten konnte". Siehe auch S. 113-114.

## 2. Die Ansprache von Papst Benedikt XVI.

Der Papst begann und beendete seine Ansprache[50] mit Worten aus den Psalmen (126,2-3; 133,1; 117), die Lobpreis und Dank Gott gegenüber zum Ausdruck bringen. Die Begegnung in der Synagoge sei eine besondere Gelegenheit der Gnade und Anlass zur Freude. Wörtlich sagte der Papst: „Mit Gefühlen aufrichtiger Herzlichkeit weile ich unter euch, um euch die Wertschätzung und Zuneigung zu bekunden, die der Bischof und die Kirche von Rom sowie auch die gesamte katholische Kirche gegenüber dieser Gemeinde und den jüdischen Gemeinden in der ganzen Welt hegen." Sein Besuch füge sich in den von Johannes Paul II. vorgezeichneten Weg zur Konsolidierung der guten gegenseitigen Beziehungen ein und wolle diesen Weg bestätigen und intensivieren.

Als wichtigste Themen der Ansprache des Papstes sind zu nennen:

– *Das Zweite Vatikanische Konzil – Ausgangspunkt eines „unwiderruflichen Weges"*

Die Lehre des Zweiten Vatikanischen Konzils, die eine neue Etappe der christlich-jüdischen Beziehungen einleitete, bildet für die Katholiken einen festen Bezugspunkt zur ständigen Orientierung. Zugleich ging von dem Konzil ein wichtiger Impuls aus, einen „unwiderruflichen Weg des Dialogs, der Brüderlichkeit und der Freundschaft" einzuschlagen. Dieser Weg hat sich seither durch bedeutsame Schritte vertieft und weiter entwickelt. Dazu gehören der Besuch Johannes Pauls II. in der römischen

---

50 Der Text befindet sich in der italienischen Ausgabe des *Osservatore Romano*, 18.-19. Januar 2010, S. 4-5; im Internet kann er unter vatican.va abgerufen werden. Eine deutsche Übersetzung findet sich in der deutschen Ausgabe des *Osservatore Romano*, 22. Januar 2010, S. 6 und S. 12.

Synagoge, seine zahlreichen Begegnungen mit Vertretern des Judentums sowie seine Pilgerreise ins Heilige Land. Auch die im ersten Teil dieses Buches behandelten vatikanischen Dokumente haben nach den Worten Papst Benedikts wertvolle Orientierungen für eine positive Entwicklung der christlich-jüdischen Beziehungen geboten. Er selbst sei den Weg seines Vorgängers weitergegangen und habe seine Sympathie und Wertschätzung für das „Volk des Bundes" zeigen wollen. Der Papst erinnerte an seine eigene Pilgerreise ins Heilige Land (Mai 2009) und an die vielen Begegnungen mit jüdischen Gemeinden und Organisationen, besonders in den Synagogen von Köln (im Jahr 2005) und New York (2008). Auf dem vom Konzil eingeleiteten Weg habe es die Kirche nicht versäumt, die Verfehlungen ihrer Söhne und Töchter zu beklagen, und habe um Verzeihung gebeten für alles, was in irgendeiner Weise der unheilvollen Entwicklung des Antisemitismus und Antijudaismus Vorschub geleistet haben konnte. Dann machte sich Benedikt XVI. das „von Trauer zeugende Gebet..., das wahr und aufrichtig in der Tiefe unseres Herzens widerhallt," zu eigen, welches sein Vorgänger im Jahr des Großen Jubiläums in Rom gesprochen und als geschriebene Bitte in eine Fuge der Klagemauer gesteckt hatte:[51] „Gott unserer Väter, du hast Abraham und seine Nachkommen auserwählt, deinen Namen zu den Völkern zu tragen. Wir sind zutiefst betrübt über das Verhalten aller, die im Laufe der Geschichte deine Söhne und Töchter leiden ließen. Wir bitten um Verzeihung und wollen uns dafür einsetzen, dass echte Brüderlichkeit herrsche mit dem Volk des Bundes."

---

51 Siehe S. 116 und S. 119.

– *Der Hass des Naziregimes sowie seiner Anhänger und die Schoa*

Das 20. Jahrhundert stellt für die Menschheit eine wahrlich tragische Epoche dar. Schreckliche Ideologien, die ihre Wurzeln in der Vergötzung des Menschen, der Rasse, des Staates hatten, brachten einmal mehr den Bruder dazu, den Bruder zu töten. „Das unvergleichliche und erschütternde Drama der Schoa stellt gewissermaßen den Gipfel eines Weges des Hasses dar, der entsteht, wenn der Mensch seinen Schöpfer vergisst und sich selbst in den Mittelpunkt des Universums stellt." Der Papst erinnerte auch an die Worte, die er bei seinem Besuch im Konzentrationslager Auschwitz (28. Mai 2006) gesprochen hatte: „Die Machthaber des Dritten Reiches wollten das jüdische Volk als Ganzes vernichten", und letztlich „beabsichtigten sie mit der Ausrottung dieses Volkes, den Gott zu töten, der Abraham berufen, der am Sinai gesprochen und dort die bleibend gültigen Maßstäbe für das Menschsein aufgerichtet hat".[52]

Dann kam der Papst auf die Vertreibung und Ermordung römischer Juden zu sprechen: „Wie könnte man an diesem Ort nicht an die römischen Juden erinnern, die aus diesen Häusern vor diese Mauern gezerrt und mit schrecklicher Qual in Auschwitz getötet wurden? Wie ist es möglich, ihre Gesichter, ihre Namen, die Tränen, die Verzweiflung von Männern, Frau-

---

52 Ähnlich hat Schimon Peres über den Hass des Naziregimes geurteilt: „... der Hass der Nazis lässt sich durch reinen 'Antisemitismus' nicht erklären. Der Antisemitismus ist ein abgedroschener Begriff und keine Erklärung für den mörderischen, bestialischen Fanatismus, die zwanghafte Entschlossenheit des Nazi-Regimes, das Judentum auszurotten... Und wenn wir Juden in den Augen des Hitler-Regimes eine so bedrohliche Gefahr waren, dann handelte es sich doch bestimmt um keine militärische, sondern um eine moralische Bedrohung. Dabei wurde auch der Glaube geleugnet, dass jeder Mensch nach dem Antlitz Gottes erschaffen ist, dass jeder Mensch vor Gott gleich ist, dass alle Menschen ebenbürtig sind... Sie [die Nazis] hatten sich zum Ziel gesetzt, die Werte von Gerechtigkeit und Gnade zu missachten und sie in Vergessenheit geraten zu lassen."

en und Kindern zu vergessen? Die Vernichtung des Volkes des mit Mose geschlossenen Bundes, zunächst nur angedroht, dann in Europa unter der Nazi-Herrschaft systematisch geplant und durchgeführt, erreichte an jenem Tag tragischerweise auch Rom. Leider blieben viele gleichgültig, aber viele, auch unter den italienischen Katholiken, reagierten mutig. Gestärkt durch den Glauben und die christliche Lehre, öffneten sie die Arme, um den verfolgten und fliehenden Juden zu helfen, oft unter Gefahr für ihr eigenes Leben. Sie verdienen ewige Dankbarkeit."

Sich der delikaten Frage nach dem Verhalten des Papstes Pius XII. bewusst, fuhr Benedikt XVI. dann fort: „Auch der Apostolische Stuhl entfaltete damals eine Hilfstätigkeit, oft verborgen und diskret."

– *Anerkennung der alttestamentlichen Offenbarung und des jüdischen Glaubens als Antwort*

Der Papst stellte fest: „Unsere geistliche Nähe und Brüderlichkeit finden in der Heiligen Schrift... ihr solidestes, ewiges Fundament, aufgrund dessen wir uns ständig vor unsere gemeinsamen Wurzeln, vor unsere gemeinsame Geschichte und das reiche geistliche Erbe gestellt sehen." Die Juden seien vor allen anderen Menschen von Gott auserwählt worden, sein Wort anzunehmen, und der jüdische Glaube sei Antwort auf die Offenbarung Gottes im Alten Bund. Die vom Zweiten Vatikanischen Konzil hervorgehobenen paulinischen Worte sich zu eigen machend, sagte der Papst: „Dem jüdischen Volk sind zu eigen 'die Annahme an Sohnes Statt, die Herrlichkeit, die Bundesordnungen, der Kult, die Verheißungen, die Patriarchen; aus ihnen stammt Christus dem Fleische nach' (Röm 9,4-5); denn 'die Gaben und die Berufung Gottes sind unwiderruflich' (Röm 11,29)."

– *Folgerungen, die sich aus dem gemeinsamen Erbe ergeben*

Aus dem „gemeinsamen Erbe, das sich aus dem Gesetz und den Propheten herleitet", nannte der Papst im Besonderen:

– die Solidarität, welche die Kirche und das jüdische Volk in ihrer je eigenen geistlichen Identität aneinander bindet und den Christen Gelegenheit bietet, der jüdischen Auslegung des Alten Testaments neue Anerkennung zu verschaffen;
– die zentrale Bedeutung der Zehn Gebote;
– den gemeinsamen Einsatz... in der Sorge für die Schöpfung, „die Gott dem Menschen anvertraut hat, damit er sie verantwortungsvoll pflege und bewahre" (vgl. Gen 2,15).

– *Der Dekalog*

Im weiteren Verlauf seiner Ansprache beschäftige sich der Papst mit der Bedeutung der Zehn Gebote oder – nach jüdischer Bezeichnung – der „Zehn Worte" (vgl. Ex 20,1-17; Dtn 5,1-21) als „gemeinsame ethische Botschaft von ewiger Gültigkeit für Israel, für die Kirche, für die Nichtglaubenden und für die ganze Menschheit".[53] „Der Dekalog... ist eine Leuchte der Ethik, der Hoffnung und des Dialogs, ein Polarstern des Glaubens und der Moral des Gottesvolkes, und er erleuchtet und leitet auf ihrem Weg auch die Christen. Er ist Licht und Norm für ein Leben in Gerechtigkeit und Liebe, eine ethische 'Magna Charta' für die ganze Menschheit." Jesus selbst habe das eifrige Bemühen auf dem Weg der Gebote hervorgehoben: „Wenn du das Leben erlangen willst, halte die Gebote" (Mt 19,17). Aus dieser Perspektive

---

[53] Auch Schimon Peres erwähnte die Zehn Gebote in seiner Rede im Deutschen Bundestag und nannte sie ein „Dokument, das vor ungefähr 3500 Jahren niedergeschrieben wurde und seither nicht mehr redigiert werden musste. Es gehört zum Fundament der westlichen Kultur."

gäbe es für Juden und Christen verschiedene Gebiete der Zusammenarbeit und des gemeinsamen Zeugnisses. Drei Gebiete seien besonders wichtig.

1. Die Zehn Worte fordern – gegen die Versuchung, sich Götzen zu schaffen und sich goldene Kälber anzufertigen –, die „Öffnung für die transzendente Dimension" wieder zu wecken und Gott als den einzigen Herrn zu bezeugen.

2. „Die Zehn Worte fordern die Achtung, den Schutz des Lebens gegen jede Ungerechtigkeit und Gewalt, indem sie den Wert jeder menschlichen Person, geschaffen nach dem Bild und Gleichnis Gottes, anerkennen."

3. „Die Zehn Worte verlangen, die Heiligkeit der Familie zu erhalten und zu fördern, in der das persönliche und gegenseitige, treue und endgültige 'Ja' des Mannes und der Frau den Raum für die Zukunft, die echte Menschlichkeit beider, erschließt und sich gleichzeitig für das Geschenk eines neuen Lebens öffnet." Das gemeinsame jüdisch-christliche Zeugnis von der Familie als der „wichtigsten Zelle der Gesellschaft und als grundlegender Ort, an dem die menschlichen Tugenden gelernt und betätigt werden", sei ein wertvoller Dienst für die Gestaltung einer „Welt mit einem menschlicheren Antlitz".

– *Gottes- und Nächstenliebe als Zusammenfassung aller Gebote*

Den folgenden, kurzen Abschnitt, der das Wesentliche des gemeinsamen Zeugnisses zum Ausdruck bringt, wollen wir hier vollständig wiedergeben: „Wie Mose im *Schema*[54] lehrt (vgl.

---

54 *Schema*' ist hier nicht im technischen Sinn verwendet; das Wort bezeichnet also nicht eines der beiden Kernstücke des täglichen jüdischen Gottesdienstes, welches nach den Anfangsworten von Dtn 6,4 („Höre, Israel!") benannt ist und heute im

Dtn 6,5; Lev 19,34) und Jesus im Evangelium bestätigt (vgl. Mk 12,29-31), lassen sich alle Gebote in der Liebe zu Gott und in der Barmherzigkeit gegenüber dem Nächsten zusammenfassen.[55] Diese Regel verpflichtet Christen und Juden, heute eine besondere Großzügigkeit gegenüber den Armen, Frauen, Kindern, Fremden, Kranken, Schwachen, Notleidenden zu üben. In der jüdischen Tradition gibt es einen wunderbaren Spruch der Väter Israels: 'Simon der Gerechte pflegte zu sagen: Die Welt gründet

Wesentlichen aus den drei Bibelabschnitten Dtn 6,4-9, Dtn 11,13-21 und Num 15,37-41 besteht. Zur Zeit des frühen Judentums gehörten wahrscheinlich auch die Zehn Gebote zu den Bibeltexten des *Schema'*. Deut 6,5 drückt das Gebot der Gottesliebe aus; Lev 19,34 enthält nach der heutigen historisch-kritischen Exegese das Liebesgebot dem Fremden (*ger*) gegenüber. Im Judentum zur Zeit Jesu verstand man wohl, wie dies in der gesamten rabbinischen Literatur der Fall ist, unter *ger* einen Proselyten, der zum Judentum übergetreten war; vgl. dazu Neudecker, „'And You Shall Love Your Neighbor as Yourself – I Am the Lord' (Lev 19,18) in Jewish Interpretation", *Biblica* 73 (1992) 499-500; ders., „Rabbinic Literature and the Gospels: The Case of the Antithesis of Love for One's Enemies", 282-283.

55 Die Rückführung aller biblischen Gebote auf ihren wesentlichen Inhalt ist auch aus der rabbinischen Literatur bekannt. Nach R. Simlai (3. Jh. n. Chr.) wurden dem Mose 613 Gebote geoffenbart, 365 Verbote (entsprechend der Zahl der Tage des Sonnenjahres) und 248 Gebote (entsprechend der Zahl der Glieder eines menschlichen Körpers). Die Propheten hätten dann die Zahl der biblischen Gebote – ohne diese außer Kraft zu setzen (vgl. Dtn Rabba 6,2) – auf ihre Grundanliegen zurückgeführt, bis Amos (5,4) sie in dem einen Gebot, welches die Grundbedingung des Lebens beinhaltet, zusammenfasste: „Suchet mich!" (babylonischer Talmud, Makkot 23b); vgl. W. Bacher, *Die Agada der palästinensischen Amoräer* I (Straßburg 1892 = Hildesheim 1965) 557-559. Hillel und sein jüngerer Zeitgenosse Jesus sahen das Gebot der Nächstenliebe von Lev 19,18 als Inbegriff aller Gebote der Tora. Wegen des ungewöhnlichen Verbs *ahab le-* („lieben für") interpretierten sie das Gebot mit Hilfe der Goldenen Regel (vgl. Neudecker, „And You Shall Love Your Neighbor", 503-504; „Rabbinic Literature and the Gospels", 280). Hillel: „Was dir nicht lieb ist, das tue auch deinem Nächsten nicht! Das ist die ganze Tora, und alles andere ist nur die Erläuterung" (babylon. Talmud, Schabbat 31a). Jesus: „Alles, was ihr von anderen erwartet, das tut auch ihnen! Darin besteht das Gesetz und die Propheten" (Mt 7,12). Die Bedeutung des in der Goldenen Regel ausgedrückten Gebotes der Nächstenliebe kommt der „Ausübung von Taten der Güte und Freundlichkeit" (*gemilut hasadim*) nahe, welche Simon der Rechte im Mischna-Traktat Abot neben der Tora und dem Gottesdienst als das Fundament der Weltordnung ansieht. Solche Taten schließen jede Art von persönlich erwiesener Nächstenliebe ein, wie etwa die Kranken zu besuchen, die Trauernden zu trösten oder die Toten auf ihrem letzten Gang zu begleiten.

sich auf drei Dinge: die Thora, den Kult und die Werke der Barmherzigkeit' (Aboth 1,2). Mit der Ausübung der Gerechtigkeit und der Barmherzigkeit sind Juden und Christen dazu aufgerufen, zu verkünden und zu bezeugen das kommende Reich des Höchsten, für dessen Verwirklichung wir in einer Haltung der Hoffnung jeden Tag beten und arbeiten."

*– Zusammenfassung und abschließendes Gebet um den Frieden*

Die wichtigsten Themen seiner Ansprache zusammenfassend, sagte der Papst: „Ein großer Teil ihres geistlichen Erbes ist den Christen und Juden gemeinsam, sie beten zum selben Herrn, haben die gleichen Wurzeln,[56] kennen einander aber oft zu wenig. Es liegt an uns, als Antwort auf den Ruf Gottes dafür zu arbeiten, dass der Raum des Dialogs, des gegenseitigen Respekts, des Wachsens in der Freundschaft, des gemeinsamen Zeugnisses angesichts der Herausforderungen unserer Zeit immer offen bleibt; diese ermuntern uns, für das Wohl der Menschheit zusammenzuarbeiten in dieser Welt, die von Gott, dem Allmächtigen und Barmherzigen, erschaffen wurde."

Nach einem besonderen Wort „zu dieser unserer Stadt Rom" erinnerte der Papst an sein Gebet um Frieden, das er anlässlich seiner Pilgerreise am 12. Mai 2009 an der „Klagemauer" gesprochen hatte: „Sende deinen Frieden ins Heilige Land, in den Nahen Osten, in die ganze Menschheitsfamilie; bewege die Herzen derer, die deinen Namen anrufen, damit sie in Demut den Weg der Gerechtigkeit und der Barmherzigkeit gehen."

---

56 Der Papst spricht hier vom Alten Testament; siehe S. 2, Anm. 2. Im Anschluss an die vatikanischen „Hinweise" haben wir uns auf den Seiten 42-68 mit den *jüdischen* Wurzeln des Christentums beschäftigt.

Es ist zu hoffen, dass die vielfach von Applaus unterbrochene Ansprache des Papstes und die Begegnung von Juden und Christen in der römischen Synagoge als Meilenstein in die neueste Geschichte der christlich-jüdischen Beziehungen eingeht, als – wie der Präsident der jüdischen Gemeinde Roms sagte – „ein Ereignis, das eine tiefe Spur in den Beziehungen zwischen der jüdischen und der christlichen Welt hinterlassen wird". In einer ersten Stellungnahme sagte Rabbi David Rosen vom American Jewish Committee: „Der positive Einfluss dieses Besuchs wird alles Negative im Gespräch zwischen uns und den Katholiken verdrängen."[57]

Ausblick

Großes Gewicht im christlich-jüdischen Dialog wie überhaupt im Dialog zwischen Religionen muss der Zusammenarbeit im Einsatz für Frieden und soziale Gerechtigkeit auf weltweiter Ebene sowie für die Erhaltung unseres Planeten zukommen. Diese Zusammenarbeit hat sich bereits angesichts tragischer menschlicher Not bewährt, zum Beispiel, als Christen und Juden sich gemeinsam einsetzten, um hungernden Menschen in Äthiopien und der Sahelzone zu helfen.[58]

Wenn sich Juden aufgrund der leidvollen Erfahrungen ihres Volkes im Lauf der Jahrhunderte und des 20. Jahrhunderts im Besonderen, bei Christen und vor der Welt dafür einsetzen, dass Ähnliches anderen nicht widerfährt, dann wird sich eine gemeinsame Stimme erheben zugunsten Entrechteter, Unterdrückter, Heimatloser, Hungernder, Gefolterter. Im Übrigen werden wir

---

[57] *Frankfurter Allgemeine Zeitung*, 28. Januar 2010, 5.
[58] Von dieser Zusammenarbeit hat Johannes Paul II. in einer Ansprache vor Juden aus den USA mit Anerkennung gesprochen (*L'Osservatore Romano*, deutsche Ausgabe, 15. März 1985, 5).

gemäß Matthäus 7,21; 25,31-46 schließlich nach solchen Werken und nicht nach Glaubenssätzen und Zugehörigkeit zur jeweiligen religiösen Gemeinschaft beurteilt.

In der Suche vieler Menschen, anderen auch und gerade in ihrer spirituellen Erfahrung zu begegnen und damit auch sich selbst besser zu verstehen, sehe ich, wie gesagt, das andere zukunftsweisende Zeichen.[59] Mehr und mehr Menschen lassen sich heute von Schriften inspirieren, die tiefe religiöse Einsicht und tiefes Erleben widerspiegeln.

Was die christlich-jüdische Begegnung betrifft, so kann man bei Christen unter anderem ein waches Interesse für die chasidische Welt wahrnehmen, in die Martin Buber vielen Lesern einen guten Einblick vermittelt hat.[60] Zugänglicher als früher sind heute die rabbinischen Schriften, die, wie im dritten Teil dieses Buches zu zeigen sein wird, eine wahre Fundgrube religiöser Einsichten und Erfahrung darstellen. Nicht wenige Christen möchten sich heute der spirituellen Welt der Kabbala öffnen, wobei es ihnen allerdings meist an einer kompetenten Führung mangelt. Auf jüdischer Seite hat schon 1963 J. J. Petuchowski auf die Bedeutung, welche die christliche Mystik für Juden haben könnte, aufmerksam gemacht.[61]

Bei all dem scheint sich ein wenig das zu verwirklichen, wozu die „Richtlinien" aufgerufen haben, nämlich den anderen so sehen zu lernen, wie er sich aufgrund seiner eigenen Erfahrung

---

[59] Zu einer „mystischen" Begegnung mit anderen Religionen, im Besonderen der Begegnung zwischen Christen und Buddhisten, vgl. W. Johnston, *The Inner Eye of Love: Mysticism and Religion* (New York 1978) 61-86. Wie fruchtbar ein interreligiöser Dialog auf spiritueller und mystischer Ebene sein kann, zeigt sich auch in meiner Studie *The Voice of God on Mount Sinai: Rabbinic Commentaries on Exodus 20:1 in the Light of Sufi and Zen-Buddhist Texts* (Rom ³2008).

[60] Vgl. besonders *Die Erzählungen der Chassidim* (Zürich 1949; seitdem in vielen Auflagen erschienen).

[61] „The Christian-Jewish Dialogue", in: J. J. Petuchowski, *Heirs of the Pharisees*, 153.

versteht. Nicht zufällig spricht das Dokument in diesem Zusammenhang von der Bedeutung, die dem gemeinsamen Schweigen und der Meditation zukommt.

# DRITTER TEIL

## Die vielen Gesichter des einen Gottes:
## zum Gottesverständnis im rabbinischen Judentum

Zu dem, was die kirchlichen Dokumente als das Kostbarste am Judentum ansehen, gehört ohne Zweifel die tiefe, im Laufe der Geschichte durchgehaltene Überzeugung von der Existenz des einen, unaussprechlich großen Gottes, dessen Wesen alles menschliche Begreifen übersteigt.[1] Dieser Gott ist aber für die Juden nicht nur der transzendente, unnahbare, fremde; er ist für sie vor allem der Mit-Geher-Gott, den sie immer erfahren haben und den religiöse Juden auch heute noch erfahren als einen Gott, der uns Menschen liebt, der mit uns leidet, der uns braucht und der sich uns aus seiner unerschöpflichen Fülle heraus immer wieder neu und überraschend offenbart, in vielen Gesichtern.

Anhand ausgewählter Texte diesen verschiedenen Aspekten Gottes nachzuspüren, dazu lade ich nun die Leserinnen und Leser ein. Welcher Art sind aber, so fragen wir zunächst, die Texte, die uns ins Herz des Judentums führen und uns so helfen, den anderen Gesprächspartner des christlich-jüdischen Dialogs – und uns selber – besser verstehen zu lernen?

---

[1] In den vatikanischen „Hinweisen" heißt es z. B., das jüdische Volk habe „das oft heldenhafte Zeugnis seiner Treue zum einzigen Gott" in die ganze Welt getragen und habe diesen seinen Gott „im Angesicht aller Lebenden" (Tob 13,4) verherrlicht.

## I. TEXTE, GESÄTTIGT MIT ERFAHRUNG

In den ersten sechs Jahrhunderten unserer Zeitrechnung – sie gehören zu den schöpferischsten des nachbiblischen Judentums – und darüber hinaus blühte eine jüdische Literaturgattung besonderer Art: die rabbinische Literatur. Es handelt sich um Texte, die man im Unterschied zur „schriftlichen" Tora (Bibel) „mündliche" Tora nennt, weil sie als mündlich überkommene göttliche Unterweisung, besser: als Weisung[2], vom Meister an den Jünger weitergegeben bzw. im Lehrhaus oder in der Synagoge vorgetragen wurde, um dann etwa ab Anfang des dritten Jahrhunderts in den unter dem Sammelbegriff *Talmud* und *Midrasch* bekannten Textsammlungen niedergelegt zu werden.[3]

Die rabbinischen Texte teilt man ein in solche der gesetzlichen Weisung *(Halacha,* das „Gehen", der Lebensweg) und in jene der nichtgesetzlichen Weisung (*Haggada,* „Erzählung"). Im Fol-

---

2  So mit M. Bubers Übersetzung von „Tora".

3  Die Hauptwerke der rabbinischen Literatur sind die *Mischna* („[Wiederholung der] Lehre"; Endredaktion Anfang des 3. Jh.) und ihr Parallelwerk *Tosefta* („Ergänzung"), der *palästinische* oder *Jerusalemer Talmud* („Lehre", „Studium"; Endredaktion Anfang des 5. Jh.), der *babylonische Talmud* (Endredaktion Ende des 6./Anfang des 7. Jh.) und die verschiedenen *Midraschim* (Sing. *Midrasch*, „[Schrift]auslegung"; Endredaktion vom 3. Jh. bis zum Mittelalter). Das Datum der Endredaktion will, wie allgemein bekannt ist, nicht besagen, dass auch das Material bzw. die Einzeltraditionen, aus denen sich ein Werk zusammensetzt, aus dieser Zeit stammen. Was die im Folgenden zitierten rabbinischen Autoritäten betrifft, so lebten sie zwischen dem ersten und fünften Jahrhundert unserer Zeitrechnung. Das ältere Traditionsgut kann bis in die Zeit Jesu und sogar in die Zeit davor zurückgehen. Eine genauere Datierung kann in unserem Rahmen nicht versucht werden.

Für allgemeine Informationen über die rabbinische Literatur vgl. etwa G. Stemberger, *Einleitung in Talmud und Midrasch* (München [8]1992; dort auch biographische Angaben zu den bedeutenderen Rabbinen) oder die entsprechenden Stichworte in der *Encyclopaedia Judaica*. Den haggadischen Stoff aus Talmud und Midrasch hat W. Bacher in sechs Standardwerken übersichtlich dargestellt (oft mit Übersetzungen): *Die Agada der Tannaiten* I (Straßburg [2]1903 = Berlin 1965), II (Straßburg 1890 = Berlin 1966); *Die Agada der palästinensischen Amoräer* I-III (Straßburg 1892-1899 = Hildesheim 1965); *Die Agada der babylonischen Amoräer* (Frankfurt [2]1913 = Hildesheim 1967).

genden berücksichtigen wir nur die Haggada. Sie ist eine Fundgrube rabbinischer Einsichten und Erfahrungen, die sich auf die göttliche Wirklichkeit beziehen.

> Willst du den kennenlernen, durch dessen Wort die Welt erschaffen wurde? Lerne Haggada! Denn aus ihr wirst du lernen, den zu erkennen, durch dessen Wort die Welt erschaffen wurde, und dich seinen Wegen anzuschließen. (SifDtn 49)

Zur Ehrenrettung der nachbiblischen gesetzlichen Texte, also der Halacha, möchten wir aber festhalten: Trotz der bekannten Gefahren, welche die Halacha in sich birgt (Legalismus usw.), darf ihre Bedeutung für die rabbinische Gotteserfahrung nicht unterschätzt werden. Indem sie nämlich den Menschen einen Weg nach Gottes Weisungen gehen lässt, ist sie durchaus imstande, ihn in eine religiöse Grundhaltung zu versetzen, die Voraussetzung für vielfältige religiöse Einsichten ist. Der Halacha ist es auch weithin zu verdanken, dass die rabbinischen Auffassungen von der göttlichen Wirklichkeit eine relative Einheitlichkeit besitzen (normative Funktion der Halacha). Wir dürfen ferner nicht übersehen, dass sich viele gesetzliche Diskussionen und Bestimmungen auf dem Hintergrund der rabbinischen Auffassung von Gott, seiner Allgegenwart, Heiligkeit, Gerechtigkeit, Liebe usw. erklären.

Die haggadische Weisung erwächst jedoch, weit mehr als die der Halacha, aus der Tiefe religiöser Einsicht und Erfahrung. Deshalb lässt sich ein Großteil der Haggada-Texte rein wissenschaftlich nicht vollständig erfassen. Ja, man darf nicht einmal versuchen, sie von der Ratio her auszuloten und ihre Aussagen in theologischen Fachbegriffen auszudrücken, geschweige denn in begriffliche Systeme einzuordnen. Damit läse man nicht nur fremde Aspekte in die Haggada hinein und würde ihr nicht gerecht; vor allem nähme man den Lesern die Möglichkeit, selbst eine ähnliche Erfahrung, wie sie den Texten zugrunde liegt, zu machen.

Ich habe also die Zitate nicht mit langen Erklärungen belastet. Eine meditative Lektüre ist am ehesten geeignet, das zu finden, was sie vermitteln wollen. Es sind dies Wahrheiten, die oft „den Weisen und Klugen verborgen" sind (vgl. Mt 11,25; 18,3).

Die Rabbinen – so nennt man die Gelehrten der talmudischen Zeit im Unterschied zu den späteren Rabbinern – haben über ihre religiösen Erfahrungen nicht in abstrakten Begriffen geredet. Mehr noch als die Sprache der Bibel ist die Sprache der Haggada erzählerisch, anschaulich, bildhaft, künstlerisch, spielerisch, gemüthaft, volkstümlich, lebhaft, unterhaltend. Die Texte sprechen für sich. So ereignete sich das, was man heute narrative Theologie nennt, oder, um bei dem Ausdruck Haggada zu bleiben, was man als haggadisches Theologisieren bezeichnen könnte. Den Stoff für dieses Theologisieren lieferte die Bibel. Sie erwies sich in den Händen der Meister als eine lebendige, immer neue Tora, als ein Schatz, dem Altes und Neues zu entnehmen war. Das Wort der Schrift war für die Rabbinen „wie Feuer... und wie ein Hammer, der einen Felsen zersplittert" (Jer 23,29). Wie durch den Hammerschlag auf den Felsen viele Funken sprühen, so entströmt dem Wort der Schrift, indem man es auslegt, eine vielfältige Botschaft. (vgl. bSan 34 a)[4]

Das heißt aber auch, dass die vielen und unterschiedlichen Stimmen, wie sie im Folgenden zu Wort kommen werden, alle auf das eine göttliche Wort zurückgehen: „Und Gott sprach *alle* diese Worte." (Ex 20,1) Darum sollen wir nach Rabbi Eleasar ben Asarja unser Ohr zu einem Trichter machen, der alle Körner

---

[4] Bei der Haggada haben wir es also nicht mit dem zu tun, was wir heute unter Exegese des Alten Testaments verstehen. Es geht, wie gesagt, um Theologisieren anhand der hebräischen Bibel. Dabei gilt, dass die Rabbinen in ihrer Bibelauslegung nicht Sklaven des Buchstabens waren. Mit dem Wort der Schrift sind sie nach heutigen Begriffen recht frei umgegangen; sie wollten eben eine möglichst vollständige Tora vernehmen. Darum ist zu beachten, dass Bibelstellen oft anders übersetzt und verstanden werden müssen, als es in den heutigen Übersetzungen der Fall ist.

durchlässt (bHag 3b); viele Kammern sollen wir in unserem Herzen öffnen, um den Reichtum der göttlichen Weisung aufnehmen zu können. (tSot 7,12)[5]

Noch ein Wort zur Auswahl der Texte: Ich habe Stellen ausgewählt, die jene Aspekte der göttlichen Wirklichkeit ansprechen, welche im rabbinischen Judentum eine möglichst zentrale und möglichst repräsentative Stelle einnehmen und welche uns Christen weniger vertraut sind. Aspekte, die wohl hinreichend bekannt sind, wie wichtig sie auch sein mögen – zum Beispiel Gottes Allmacht, Allgegenwart, Heiligkeit, Liebe dem reumütigen Sünder gegenüber – , werden deshalb nur am Rande zur Sprache kommen.

Wenn auch die Texte im allgemeinen von der Beziehung zwischen Gott und Israel sprechen, so sind doch, worauf einzelne **Rabbinen** hinzuweisen scheinen, alle Menschen mitgemeint. Und alle Menschen werden angesprochen und bewegt, vorausgesetzt – und dies können wir nicht genug betonen – sie lassen die Texte auf sich wirken, beherzigen sie und bringen die in ihnen ausgedrückte Erfahrung mit der eigenen in Verbindung.

---

5 Dies gilt sogar, wie die zitierten Stellen ausdrücklich sagen, von gegensätzlichen Rechtsentscheidungen. Bezeichnend für diese Haltung ist der berühmte Text über die beiden großen Schulen des ersten nachchristlichen Jahrhunderts:
>Drei Jahre lang stritten die [Anhänger der] Schule Schammais und die [Anhänger der] Schule Hillels. Die einen sagten: „Unsere Meinung ist gesetzlich maßgebend!", und die anderen sagten: „Unsere Meinung ist gesetzlich maßgebend!" Da ertönte eine Himmelsstimme und sprach: „Beide Meinungen sind Worte des lebendigen Gottes, aber die Meinung der Schule Hillels ist gesetzlich maßgebend!" (bEr 13b)

## II. Gott ist einer, der die Menschen liebt

Gott liebt sein Volk Israel, er liebt alle Menschen. Das ist das grundlegende Moment der rabbinischen Gotteserfahrung. „Das Maß der göttlichen Wohltaten übersteigt das Maß der göttlichen Strafe fünfhundertfach." (tSot 4,1)

Von Gottes Liebe und Nähe zu den Menschen zeugen schon viele Namen, mit denen die Rabbinen Gott benannten: der Barmherzige, der Gute, Behüter der Welten, Friede der Welten, Freund der Welt, Herr des Erbarmens, Herr des Trostes, Vater der ganzen Welt, Vater des Erbarmens, Vater im Himmel, Herz Israels.[6] Gott ist Israels Mitbürger, sein Verwandter, Vater, Bruder, Freund, Geliebter (MPs 118,10; SER 14 [S. 65]). Besonders in Texten zum Hohenlied wird über Gottes Liebe zu Israel, aber auch Israels Liebe zu Gott gesprochen. So heißt es zu Hld 2,16 („Mein Geliebter ist mein, und ich bin sein"):

> Er ist mir Gott, und ich bin ihm Volk.
> Er ist mir Vater, und ich bin ihm Sohn.
> Er ist mir Hirte, und ich bin ihm Herde.
> Er ist mir Wächter, und ich bin ihm Weinberg...
> Er hat mich besungen, und ich habe ihn besungen.
> Er hat mich gepriesen, und ich habe ihn gepriesen.
> Er nannte mich „meine Schwester, meine Freundin, mein Täubchen, meine Vollkommene", und ich sagte zu ihm: „Dieser ist mein Geliebter, und dieser ist mein Freund."
> (HldR II,16,1)

Die Liebe zu den Menschen bewegt Gott buchstäblich zu einer *imitatio hominis*,[7] einer Nachahmung oft gerade des niedrigen

---

6 Vgl. A. Marmorstein, *The Old Rabbinic Doctrine of God I: The Names & Attributes of God* (London 1927; Nachdruck in A. Marmorstein, *The Doctrine of Merits in Old Rabbinical Literature and The Old Rabbinic Doctrine of God* [New York 1968]).

7 So S. Schechter, *Aspects of Rabbinic Theology* (London 1909 = New York 1961) 37.

Menschen.⁸ So übernahm Gott bei der Wüstenwanderung nicht nur die Dienste eines Vaters dem Kind gegenüber – er trug die Israeliten, wie ein Vater sein Kind trägt –, er übernahm auch die Dienste, die sonst einem Sklaven zukommen: er wusch und kleidete sie, zog ihnen die Sandalen an, ging ihnen voraus und beleuchtete ihren Weg; während sie schliefen, hielt er Wache.⁹

Gottes Liebe zeigt sich ferner darin, dass er am vielseitigen Leben der Menschen Anteil nimmt. Er ist damit beschäftigt, die richtigen Ehepartner zusammenzuführen (PesK 2,4 [I, S. 18]). Er segnet Brautleute, schmückt Bräute, bekleidet Nackte, besucht Kranke, tröstet Trauernde, begräbt Tote (GenR 8,13; bSot 14a). Er hält im Himmel Schule für die Kinder, die im frühen Alter gestorben sind (bAZ 3b). Es vergeht kein Tag, an dem er nicht in seinem himmlischen Gerichtshof ein neues Gesetz verkündet (GenR 64,4). Gott selber betet. Nach dem berühmten Rab betet er so:

> Möge es mein Wille sein, dass meine Barmherzigkeit meinen Zorn bezwinge, dass meine Barmherzigkeit sich über meine Eigenschaften [des Rechts] erhebe, dass ich mit meinen Kindern nach der Eigenschaft der Barmherzigkeit verfahre, dass ich mich ihretwegen innerhalb der Rechtslinie stelle (d.h., sie nicht nach strengem Recht beurteile)! (bBer 7a)¹⁰

---

Angesichts vieler Texte könnte man sogar von einer haggadischen Menschwerdung Gottes sprechen.

8 Vgl. dazu P. Kuhn, *Gottes Selbsterniedrigung in der Theologie der Rabbinen* (München 1968).
9 TanB, Beschallach 10 und Parallelen.
10 Nach Rabbi Berechja betete Gott vor der Zerstörung des Tempels:
Möge es [mein] Wille sein, dass meine Kinder meinen Willen tun, damit ich nicht mein Haus und mein Heiligtum zu zerstören brauche!
Nach der Zerstörung des Tempels betet er:
Möge es mein Wille sein, dass meine Kinder Buße tun, damit ich den Bau meines Hauses und meines Heiligtums beschleunigen kann! (MPs 76,3)

Demselben Rab zufolge beobachtet Gott eine bestimmte Tagesordnung:

> Zwölf Stunden hat der Tag. In den ersten drei Stunden sitzt der Heilige, gepriesen sei er, und beschäftigt sich mit der Tora. In den nächsten drei Stunden sitzt er und richtet die ganze Welt. Sobald er sieht, dass die Welt der Vernichtung schuldig geworden ist, erhebt er sich vom Thron des Rechts und setzt sich auf den Thron der Barmherzigkeit. In den dritten sitzt er und ernährt die ganze Welt, von den gehörnten Büffeln bis zu den Nissen der Läuse. In den vierten sitzt er und scherzt mit Leviatan, denn es heißt (Ps 104,26): „der Leviatan, den du geschaffen hast, um mit ihm zu spielen". (bAZ 3b)

In diesen wie in vielen anderen Stellen kommt das spielerische Element der Haggada deutlich zum Ausdruck. Als Gott am Sinai die Haggada offenbarte, habe er dies, so sagt Rabbi Hanina bar Papa, mit fröhlichem Gesicht getan. (TanB, Jitro 17) Und so versteht man auch die Haggada oft dann am besten, wenn man spielerisch mit ihr umgeht und dabei schmunzeln kann.

Schon diese wenigen Stellen zeigen, dass die Rabbinen dem so genannten Anthropomorphismus gegenüber ziemlich unbefangen waren. Hierin standen sie in der Tradition der Bibel. Die Frage nach dem Anthropomorphismus wird sich unten bei den Texten über Gottes Leiden und sein Angewiesensein auf die Menschen erneut aufdrängen. Bei manchen Texten kann man beobachten, dass anthropomorphe Aussagen durch Ausdrücke wie die folgenden abgeschwächt werden: „wenn man so sagen darf", „sozusagen", „gewissermaßen", „wenn es nicht in der Schrift so geschrieben stünde, dürfte man es nicht sagen". Dabei wird wohl weniger auf Einwände von Seiten Außenstehender eingegangen; bisweilen gewinnt man den Eindruck, dass die einschränkenden Wendungen auf Tradenten, welche die ursprüngliche Erfahrung weiter überlieferten, oder auf Redaktoren zurückgehen, welche die den Texten zugrunde liegende Erfahrung nicht mehr ganz nachzuvollziehen vermochten.[11]

Wie dem auch sei, was die erwähnten Texte in aller Deutlichkeit widerspiegeln, ist Vertrautheit mit Gott, kindliche Überzeugung von seiner Liebe zu Israel und zu den Menschen.

Die meisten der erwähnten Aussagen über Gottes Liebe zu den Menschen ließen sich für die Rabbinen ohne größere Schwierigkeit aus biblischen Stellen herleiten. In der Bibel gab es aber auch Texte, die offenbar ein anderes Gottesbild zeichneten. Im Dekalog, dem Kern der religiösen und sittlichen Satzungen der Sinai-Offenbarung, spricht die Bibel zum Beispiel von einem „eifersüchtigen Gott, der die Schuld der Väter heimsucht an den Kindern bis in die dritte und vierte Generation derer, die (ihn) hassen". (Ex 20,5; Dtn 5,9) An diesem Beispiel wollen wir anschaulich machen, wie einige Rabbinen auf verschiedene Weise den Widerspruch zwischen dem, was offensichtlich der Wortlaut des Dekalogs meinte, und dem, was ihre eigene Gotteserfahrung sagte, zu lösen versucht haben.[12]

---

11 Die in den Quellen zu beobachtende unterschiedliche Haltung dem Anthropomorphismus gegenüber wird oft auf verschiedene Schulen (Marmorstein, *The Old Rabbinic Doctrine of God II: Essays in Anthropomorphism* [London 1937 = New York 1968]) oder auf verschiedene Epochen (die tannaitische bzw. amoräische; vgl. Urbach, *The Sages – Their Concepts and Beliefs*, 149ff.) zurückgeführt.

12 Die wichtigsten rabbinischen Quellen finden sich in M. M. Kasher (Hg.), *Torah Shelemah: Talmudic-Midrashic Encyclopedia of the Pentateuch* (hebräisch), Bd. 16 (New York 1955) 42-46; englische Übersetzungen finden sich in M. M. Kasher, *Encyclopedia of Biblical Interpretation* IX (übers. von H. Freedman u. a.) IX (New York 1979) 141-145. Zu den verschiedenen rabbinischen Auffassungen vgl. R. Neudecker, „Does God Visit the Iniquity of the Fathers upon their Children? Rabbinic Commentaries on Exod 20:5b (Deut 5:9b)", *Gregorianum* 81 (2000) 5-24.

In den rabbinischen Quellen ist auch die tiefsinnige wörtliche Bedeutung der Stelle belegt. Die Rabbinen haben aber weniger davon gesprochen, dass Gott es ist, der kollektiv bestraft; eher sind es die Menschen, die aufgrund der menschlichen Schicksalsgemeinschaft mit ihren Sünden auch ihre Mitmenschen belasten (vgl. auch die paulinische Lehre vom Leib Christi, 1 Kor 12,12-26; auch Hebr 12,15). In einem rabbinischen Gleichnis heißt es von der Sünde: Wer in einem Boot unter seinem eigenen Sitz ein Loch bohrt, bringt nicht nur sich selbst, sondern alle Insassen in Gefahr. (LevR 4,6)

– Die Schuld an den Generationen heimsuchen bedeutet: die Schuld auf alle diese Generationen verteilen:

> Er (Gott) teilt die Schuld auf und gibt einen Teil dem einen und einen Teil dem anderen ab. So wird der Sohn und sein Vater von der Strafe im nächsten Leben errettet. Denn siehe, der Sohn erwirbt Verdienste für seinen Vater. (Zohar 2,273b; vgl. bSan 104a)

– Es handelt sich um eine rein theoretische Verordnung, die nicht zur Anwendung kommen wird:

> Als Mose die Worte „der die Schuld der Väter an den Kindern heimsucht bis in die dritte und vierte Generation" hörte, erschrak er und war von Unruhe ergriffen, bis er (Gott) zu ihm sagte: „Das ist nur dann der Fall, wenn die Generationen der Frevler nicht durch eine gerechte Generation unterbrochen werden." Oder tritt vielleicht die göttliche Strafe auch dann ein, wenn die Generationen der Frevler unterbrochen werden? Nein! Denn die Schrift sagt: „... derer, die mich hassen", das heißt, wenn der Sohn und der Enkelsohn des Frevlers ebenfalls Frevler sind. Rabbi Natan sagt: [Gott sprach zu Mose: „Das ist nur dann der Fall,] wenn Enkelsohn, Sohn und Vater Apostaten sind." Als Mose das hörte, verneigte er sich sofort bis zur Erde, warf sich nieder (Ex 34,8) und sprach: „Das sei ferne! Es gibt in Israel keinen Enkelsohn, Sohn und Vater, die alle Apostaten sind!"
> (MHG Waethannan 5,9 [S. 107])

– Die Drohworte werden Mose zugeschrieben und werden zugleich für aufgehoben erklärt:

> Rabbi Jose bar Hanina hat gesagt: Vier Verhängnisse sprach Mose, unser Lehrer, über Israel aus, und vier Propheten kamen und hoben sie auf. ... [Was die Schuld der Väter betrifft, so] sagte Mose: „Er sucht die Schuld der Väter an den Kindern heim." Da kam Ezechiel und hob dies auf, indem er

erklärte (Ez 18,20): „Nur wer sündigt, soll sterben. Ein Sohn soll nicht die Schuld seines Vaters tragen und ein Vater nicht die Schuld seines Sohnes" (bMak 24a).

– Gott selber hebt, durch Mose belehrt, diese Worte auf:

> Hier ist einer von den drei Fällen, in denen Mose vor dem Heiligen, gepriesen sei er, argumentierte und er (Gott) zu ihm sagte: „Du hast mich belehrt!" ... Als der Heilige, gepriesen sei er, zu ihm sagte: „... der die Schuld der Väter an den Kindern heimsucht...", entgegnete Mose: „Herr der Welt, wie viele Frevler haben Gerechte erzeugt! Sollen diese die Sünden ihrer Väter übernehmen? Terach war ein Götzendiener, und doch war sein Sohn Abraham gerecht. Ebenso war Hiskija gerecht, sein Vater Ahas jedoch ein Frevler. Und auch Joschija war gerecht, sein Vater Amon jedoch ein Frevler. Ist es richtig, dass die Gerechten für die Schuld ihrer Väter bestraft werden sollen?" Da sagte der Heilige, gepriesen sei er, zu ihm: „Du hast mich belehrt! Wahrhaftig, ich werde meine eigenen Worte aufheben und die deinigen bestätigen!" Es heißt nämlich: „Väter sollen nicht für ihre Kinder mit dem Tod bestraft werden und Kinder nicht für ihre Väter." (Dtn 24,16) „Und wahrhaftig, ich werde diese Worte deinem Namen zuschreiben!" Es heißt nämlich: [„Die Kinder der Mörder ließ Amazja jedoch nicht hinrichten] entsprechend dem, was im Gesetzbuch des *Mose* geschrieben steht, wie der Herr es geboten hat:[13] Die Väter sollen nicht der Kinder wegen und die Kinder nicht der Väter wegen getötet werden, sondern jeder soll nur für seine eigenen Sünden sterben." (2 Kön 14,6) (NumR 19,33)

---

[13] M. a. W.: Gott hat geboten, die folgenden Worte im Namen Moses zu überliefern, weil Mose der Urheber dieser Lehre ist.

Anhand dieser vier Antworten auf den schwierigen Text aus dem Dekalog werden Grundzüge und Eigenart der Haggada besonders deutlich. Es geht um einen Dialog zwischen dem biblischen Text und der eigenen religiösen Erfahrung, um ein Nacherzählen der Bibel aufgrund der eigenen Gotteserfahrung. Im vorliegenden Fall ist es ganz die aus Erfahrung gewonnene Überzeugung von Gottes Liebe, die bestimmt, wie der Bibeltext verstanden werden muss. So stand die eigene spirituelle Erfahrung im Grunde höher als das, was der Wortlaut der Bibel sagte.

## III. Gott ist einer, der mit den Menschen leidet

Gottes Liebe zu Israel und zu den Menschen zeigt sich auch und vor allem in seiner Solidarität mit den Leidenden.[14] Ich möchte dieses Kapitel mit einem Zeugnis aus der so genannten Holocaust-Literatur beginnen, das ich auf dem Hintergrund rabbinischer Texte, nach denen Gott selber leidet, verstehe.

Elie Wiesel beschreibt in seinem Buch „Die Nacht", wie er im Konzentrationslager Auschwitz-Buna zusammen mit anderen Gefangenen zuschauen musste, wie zwei Männer und ein Kind durch den Strang hingerichtet wurden. Der Knabe war so leicht, dass sich der Strick, an dem er hing, noch nach einer halben Stunde bewegte: Das Kind lebte noch, rang mit dem Tod, starb in langsamer Agonie unter den Augen der Zuschauer. Elie Wiesel fährt fort: „Hinter mir hörte ich denselben Mann [wie schon vorher] fragen: 'Wo ist Gott?' Und ich hörte eine Stimme in mir antworten: 'Wo er ist? Dort – dort hängt er, am Galgen...'"[15]

Dass Gott mit Israel leidet, war für die Rabbinen eine ihrer religiösen Grunderfahrungen. Sie kommt in zahlreichen Texten zum Ausdruck. Manche Stellen sprechen auch vom Leiden Gottes mit den Sündern,[16] von seinem Leiden mit allen Menschen, sogar den Feinden Israels. So sagt Rabbi Jonatan ben Eleasar:

> Die Dienstengel wollten damals (bei der Vernichtung der Ägypter) vor dem Heiligen, gepriesen sei er, ein Loblied an-

---

14 Zu diesem Thema vgl. die ausführliche wissenschaftliche Arbeit von P. Kuhn, *Gottes Trauer und Klage in der rabbinischen Überlieferung (Talmud und Midrasch)* (Leiden 1978).
15 E. Wiesel, *Die Nacht* (Gütersloh 1980) 88.
16 Der schwierige Text mSan 6,5 dürfte etwa so zu übersetzen sein:
R. Meir hat gesagt: Wenn ein Verbrecher hingerichtet wird und Qual leidet, welchen Ausdruck gebrauchte da die Schekina (die göttliche Gegenwart)? „Oh mein Kopf! Oh mein Arm!" Wenn der Allgegenwärtige sich so sehr über das vergossene Blut der Frevler grämt, um wie viel mehr über das Blut der Gerechten!

stimmen. Da sagte der Heilige, gepriesen sei er, zu ihnen: „Meiner Hände Werk ertrinkt im Meer, und ihr wollt vor mir ein Lied anstimmen?" (bSan 39b)

Von den hier und im folgenden Kapitel zitierten Stellen gilt im Besonderen das eingangs Gesagte: Ohne eigene Einsicht oder Erfahrung können sie in ihrer eigentlichen Bedeutung nicht ganz verstanden werden. Es scheint darum auch angebracht, die Texte möglichst für sich sprechen zu lassen und die einleitenden Bemerkungen auf das Notwendigste zu beschränken.

Wir beginnen mit dem großartigen Text des leidenden Propheten Jeremia: „Der Zusammenbruch der Tochter meines Volkes hat mich gebrochen." (8,21) Dazu das rabbinische Gleichnis:

> Ein Königssohn wollte einen großen Stein hochheben. Als er aber daranging, ihn hochzuheben, fiel der Stein auf ihn und verwundete ihn. Als der König hörte, dass sein Sohn verwundet war, begann er zu rufen: „Ich bin verwundet!" Da sagten die Palastdiener zu ihm: „Dein Sohn ist verwundet, und du rufst: 'Ich bin verwundet!'" So sprach gleichsam der Heilige, gepriesen sei er: „Weil die Tochter meines Volkes verwundet ist, bin ich verwundet!" (KlglZ I,18)

Israel wird von Rabbi Jannai in einem Wortspiel anhand von Hld 5,2 als Gottes Zwillingsschwester bezeichnet. Daran schließt sich folgender Text:

> Wenn bei Zwillingen einer Kopfschmerzen hat, spürt es auch der andere. So sprach gleichsam der Heilige, gepriesen sei er: „Mit ihm (dem Volk Israel) bin ich in Not" (Ps 91,15)... Und es heißt auch (Jes 63,9): „In all ihrer Not ist ihm Not." (ExR 2,5)

Viele Texte sprechen von Gottes Leiden aufgrund der Zerstörung des Tempels. Dass Gott angesichts dieser Katastrophe getröstet werden muss, wird durch verschiedene Gleichnisse erklärt: dem Gleichnis von einem König, dessen Palast verbrannt, dessen Weinberg verwüstet, dessen Herde von Wölfen zerrissen wurde; dem Gleichnis von einem Mann, dessen Frau gestorben ist, dessen Kinder in Gefangenschaft gerieten, dessen Besitz weggenommen wurde. Wen tröstet man in solchen Situationen? Etwa nicht den König? Etwa nicht den Ehemann und Vater? Darum sagt Gott: „Wer muss bei der Zerstörung des Tempels getröstet werden? Etwa nicht ich?" Und in Anlehnung an Jes 40,1 ruft Gott aus: „Tröstet mich, tröstet mich, oh mein Volk!" (PesK 16,9 [I, S. 276-277]; KlglZ II,12)

Ein anderer Text zur Tempelzerstörung lautet:

> In dieser Stunde weinte der Heilige, gepriesen sei er, und sagte: „Wehe mir! Was habe ich getan! Ich habe meine Schekina (meine göttliche Gegenwart[17]) um Israels willen unten wohnen lassen. Und jetzt, da sie gesündigt haben, bin ich an meinen früheren Ort zurückgekehrt. Es sei ferne, dass ich zum Gelächter für die Heiden und zum Spott für die Menschen werde!" In dieser Stunde kam Metatron, fiel auf sein Angesicht und sprach zu ihm: „Herr der Welt, *ich* will weinen, *du* aber sollst nicht weinen!" Er antwortete ihm: „Wenn du mich jetzt nicht weinen lässt, werde ich mich an einen Ort zurückziehen, wohin du nicht gehen darfst, und werde dort weinen." ... Der Heilige, gepriesen sei er, sprach zu Jeremia: „Ich gleiche heute einem Mann, der einen einzigen Sohn hatte. Er richtete ihm (zur Hochzeit) den Baldachin her, doch der Sohn starb unter seinem Baldachin. Empfindest du da keinen Schmerz für mich und für meinen Sohn?" (KlglR Proömium 24)

---

17 Siehe S. 171-172.

Dreimal in der Nacht, so erzählt der bereits erwähnte Rab, ruft Gott aus:

> „Wehe mir, dass ich mein Haus zerstört, meinen Tempel verbrannt und meine Kinder unter die Völker der Welt verbannt habe!"... Und wenn die Israeliten in die Synagogen und Lehrhäuser gehen und respondieren: „Sein großer Name sei gepriesen!", da schüttelt der Heilige, gepriesen sei er, sein Haupt und spricht: „Selig der König, den man so in seinem Hause preist! Wehe aber dem Vater, der seine Kinder vertrieben hat, und wehe den Kindern, die vom Tisch ihres Vaters vertrieben wurden!" (bBer 3a Ms. München)

Ähnlich wie an der Zerstörung des Tempels leidet Gott an der Verbannung seines Volkes:

> Wenn der Heilige, gepriesen sei er, seiner Kinder gedenkt, die im Elend unter den Völkern der Welt weilen, lässt er zwei Tränen in das große Meer fallen, und den Schall davon hört man von einem Ende der Welt bis zum anderen. (bBer 59a)

Gott leidet nicht nur aus der Distanz des Himmels mit seinem in die Verbannung geratenen Volk. Er begibt sich selbst in seiner Schekina in die Verbannung. Dies ist vor allem die Erfahrung und Lehre Rabbi Akibas, des großen „Gelehrten, Heiligen und Märtyrers" (L. Finkelstein) des frührabbinischen Judentums:

> Wohin immer die Israeliten verbannt wurden, dorthin wurde gleichsam die Schekina mit ihnen verbannt. Sie wurden nach Ägypten verbannt; die Schekina war bei ihnen, wie es heißt: „Ich habe mich selbst in deine Familie hineinverbannt, als sie in Ägypten waren." (1 Sam 2,27) Sie wurden nach Babylon verbannt; die Schekina war bei ihnen, wie es heißt: „Euretwegen wurde ich nach Babylon geschickt." (Jes 43,14) Sie wurden nach Elam verbannt; die Schekina war bei ihnen, wie es heißt: „Ich habe meinen Thron in Elam aufgestellt."

(Jer 49,38) Sie wurden nach Edom verbannt; die Schekina war bei ihnen, wie es heißt (Jes 63,1): „Wer kommt da von Edom her, in hochroten Kleidern von Bozra...? Ich (der Herr) bin es..." (MekJ, Bo 14 [S. 51-52])

Gottes Liebe zu Israel kennt kein Maß. Er geht, wie Rabbi Eleasar aus Modiim sagt, mit Israel sogar in die Verbannung der Hölle und wird dort im Feuer gerichtet:

Dereinst werden die Fürsten (Schutzengel) der Völker der Welt kommen, um Israel vor dem Heiligen, gepriesen sei er, anzuklagen, und sie werden sagen: „Herr der Welt, diese haben Götzen gedient, und diese haben Götzen gedient! Diese haben Inzest begangen, und diese haben Inzest begangen! Diese haben Blut vergossen, und diese haben Blut vergossen![18] Warum sollen dann nur diese (unsere Völker) in die Hölle *(Gehinnom)* hinabsteigen, während diese (die Israeliten) nicht hinabsteigen?" Dann wird der Heilige, gepriesen sei er, ihnen antworten und sagen: „Wenn das so ist, dann sollen alle Völker mit ihren Göttern in die Hölle hinabsteigen!" Dies ist es, was geschrieben steht: „Siehe, alle Völker sollen im Namen ihres Gottes gehen." (Mich 4,5) Rabbi Ruben hat gesagt: Stünde es nicht in der Schrift geschrieben, könnte man so etwas nicht sagen, nämlich: „Der Herr wird im Feuer gerichtet werden." (Jes 66,16) Es steht nicht geschrieben: „der Herr wird richten" *(schofet),* sondern: „er wird gerichtet werden" *(nischpat).* Das ist es auch, was David im heiligen Geist gesprochen hat (Ps 23,4): „Auch wenn ich wandern muss im Tal des Todesschattens, kein Unheil fürchte ich; denn du bist bei mir." (HldR II,1,3; vgl. MPs 1,20)

---

18 Mit anderen Worten: Israel hat die gleichen Sünden begangen wie die anderen Völker.

Gott und Israel gehören als Partner zusammen. Gemeinsam gehen sie in die Verbannung, und gemeinsam kehren sie zurück.

> Wenn sie (die Israeliten) einst aus der Verbannung zurückkehren werden, wird gleichsam die Schekina mit ihnen zurückkehren, wie es heißt: „Und zurückkehren wird der Herr, dein Gott, mit deinen Gefangenen." (Dtn 30,3) Die Schrift sagt nicht: „und er wird zurückführen" *(we-heschib),* sondern: „und er wird zurückkehren" *(we-schab).* (MekJ, Bo 14 [S. 52])

In diesem Sinn verstand Rabbi Hananja, der Neffe des Rabbi Josua, den Anfang des Dekalogs folgendermaßen:

> „Ich bin der Herr, dein Gott, der mit dir aus dem Land Ägypten, aus dem Sklavenhaus, herausgeführt worden ist." (Ex 20,2) [Gott sagt also] gewissermaßen: „Ich und ihr, wir sind gemeinsam aus Ägypten ausgezogen." (PesR 21,22 [S. 110a])

Wie das Leid, das Israel trifft, zugleich Leid für Gott bedeutet, so ist die Hilfe, die Israel erfährt, zugleich Hilfe für Gott.

> Rabbi Abbahu hat gesagt: Jede Hilfe, die Israel zuteil wird, ist auch Hilfe, die dem Heiligen, gepriesen sei er, zuteil wird. (TanB, Ahare Mot 18)

Ebenso ist jede Hilfe, die Gott zuteil wird, zugleich Hilfe für Israel. Diese Erfahrung fand Rabbi Abbahu in verschiedenen Schriftstellen ausgedrückt. So spricht in Ps 9,15 Israel zu Gott: „Ich frohlocke wegen der dir zuteil werdenden Hilfe" (denn sie bedeutet zugleich Hilfe für mich) und in Ps 80,3: „Biete deine Macht auf, dir zur Hilfe und uns!"[19]

---

19 Vgl. TanB, Ahare Mot 18 und Parallelen; siehe dazu Bacher, *Die Agada der palästinensischen Amoräer* II, 111-112.

Indem also Gott dem Volk Israel hilft und es erlöst, hilft und erlöst er sich selbst. Darum sagte Rabbi Akiba im Anschluss an 2 Sam 7,23 („... vor deinem Volk, das du aus Ägypten erlöst hast, die Nation und ihren Gott"):

> Wenn es nicht in der Schrift so geschrieben stünde, könnte man es nicht sagen. Die Israeliten sprachen gleichsam zum Heiligen, gepriesen sei er: „Dich selbst hast du erlöst!" (MekJ, Bo 14 [S. 51])

Wie sehr Rabbi Akiba den kühnen Gedanken von Gottes eigener Erlösung betonte, zeigt auch sein Kommentar zu Hos 7,13, wonach die Israeliten in lügnerischen Reden behaupteten, Gott sei es bei der Befreiung aus Ägypten nicht um die Erlösung Israels gegangen:

> „Ist es ihm etwa um uns zu tun gewesen? Um ihn selbst ist es ihm zu tun gewesen! Sich selbst hat er erlöst, nicht uns!" (ExR 42,3)

Die Exilsituation ist mit der Befreiung aus Ägypten noch nicht zum Abschluss gekommen. Darum bedürfen Gott und Israel weiterhin der Erlösung.

> Wer erlöst mich von dem Ort, wo sich meine Schekina [im Exil] befindet, und wer erlöst Israel aus der Mitte der Völker der Welt? Der, welcher Wohltätigkeit und Recht übt und Frieden herbeiführt. (SER 11 [S. 53]; vgl. bBer 8a)

Die zuletzt zitierten Texte können als Überleitung zum nächsten Kapitel dienen.

## IV. Gott ist einer, der die Menschen braucht

Gott und die Menschen stehen im Verhältnis gegenseitiger Abhängigkeit. Dieser Einsicht begegnen wir in verschiedenen Religionen, vor allem bei Mystikern. So dichtet zum Beispiel Angelus Silesius (1624-1677):

> Gott ist so viel an mir, als mir an ihm gelegen,
> Sein Wesen helf' ich ihm, wie er das meine, hegen.[20]

Auch Texte der rabbinischen Literatur bezeugen, dass Gott zur Entfaltung seines Wesens auf die Menschen angewiesen ist.[21] Rabbi Juda bar Simeon drückt diese Erfahrung so aus:

> Wenn die Israeliten den Willen des Allgegenwärtigen tun, vermehren sie die göttliche Macht oben, wie es heißt: „Gott geben wir Kraft." (Ps 60,14) Wenn aber die Israeliten den Willen des Allgegenwärtigen nicht tun, schwächen sie sozusagen die große Macht oben, wie geschrieben steht (Dtn 32,18): „Du hast den Felsen, der dich erzeugte, geschwächt." (KlglR I,6,33)

Gott braucht die Menschen vor allem, um seine Herrschaft zu errichten und zu festigen.

> Bevor unser Vater Abraham in die Welt kam, war der Heilige, gepriesen sei er, gleichsam nur König über den Himmel. (vgl. Gen 24,7) Als aber unser Vater Abraham in die Welt kam, machte er (Abraham) ihn (Gott) zum König über den Himmel und über die Erde. (vgl. Gen 24,3) (SifDtn 313)

Dass Gottes Herrschaft von Israels Anerkennung abhängt, wird beim Schilfmeerlied besonders deutlich. So legt Rabbi Abbahu

---

20 *Der cherubinische Wandersmann* (Diogenes Taschenbuch, 1979) 42.
21 Vgl. dazu H. Slonimsky, „The Philosophy Implicit in the Midrash", *Hebrew Union College Annual* 27 (1956) 235-290.

Ps 93,2 („Fest steht dein Thron seit damals, seit Ewigkeit bist du") folgendermaßen aus:

> Obwohl du seit Ewigkeit bist, stand dein Thron nicht fest und warst du in deiner Welt nicht bekannt, bevor deine Kinder das Lied (am Schilfmeer) anstimmten. Darum heißt es: „Fest steht dein Thron seit damals!" Das kann mit folgendem Gleichnis erklärt werden: Ein König führte einen siegreichen Krieg und wurde darauf von seinem Heer zum Kaiser ausgerufen. Sie sagten zu ihm: „Bevor du den Krieg geführt hast, warst du nur König. Jetzt haben wir dich zum Kaiser gemacht!" (ExR 23,1)

Israel auf Erden hat Einfluss auf Gott im Himmel. Im Anschluss an Dtn 33,5 heißt es (SifDtn 346), Gott sei nur dann König und seine himmlische Herrschaft nur dann begründet, wenn die Stämme Israels ganz einig seien und nicht verschiedene Bünde, sondern einen einzigen Bund darstellten. Rabbi Simeon ben Johai gibt dazu folgendes Gleichnis:

> Ein Mann brachte zwei Schiffe, band sie mit Ankerketten und Metallplatten zusammen... und baute auf ihnen einen Palast. Solange die Schiffe verbunden sind, bleibt der Palast bestehen; gehen sie auseinander, kann der Palast nicht bestehen.

Im Anschluss an dieses Gleichnis werden mit Hilfe von Schriftversen tiefgründige Schlussfolgerungen gezogen.[22] Aus Am 9,6 („Er baut im Himmel seine Söller und begründet seinen Bund auf Erden") wird gefolgert:

> Wenn die Israeliten den Willen des Allgegenwärtigen tun, baut er seine Söller im Himmel. Wenn sie aber den Willen

---

22 Vgl. SifDtn 346 und dazu Bacher, *Die Agada der Tannaiten* II, 140, Anm. 1; MPs 123,2.

des Allgegenwärtigen nicht tun, baut er nicht seine Söller im Himmel.

Aus Jes 43,12 („Ihr seid meine Zeugen... und ich bin Gott") wird die Konsequenz gezogen:

> Wenn ihr meine Zeugen seid, bin ich Gott. Wenn ihr aber nicht meine Zeugen seid, bin ich nicht Gott.

Aus Ps 123,1 („Ich erhebe meine Augen zu dir, der du im Himmel thronst") wird geschlossen:

> Wäre nicht ich, [der ich meine Augen zum Himmel erhebe,] so würdest du nicht im Himmel thronen.[23]

Gottes Herrschaft wird besonders durch ihre Ablehnung von Seiten der Feinde in ihrer Entfaltung behindert. So sagt zum Beispiel Rabbi Hama bar Hanina im Anschluss an Ex 17,16:[24]

> Solange die Nachkommenschaft Amaleks in der Welt ist, ist weder der Name [Gottes] noch der Thron [Gottes] vollständig. Wenn aber die Nachkommenschaft Amaleks ausgerottet sein wird, werden [Gottes] Thron und [Gottes] Name vollständig sein. (PesR 12,9 [S. 51a])

Wie das Ausmaß des Herrschaftsbereichs Gottes, so hängt auch die Art und Weise seines Waltens von den Menschen ab. Darum lässt Rabbi Abbahu Gott fragen und antworten:

---

23 Die ursprünglichen Einsichten und Erfahrungen, die solchen Texten zugrunde liegen, dürften vielleicht auf nur wenige Rabbinen zurückgehen. Das normale Verständnis bringt etwa folgender Text zum Ausdruck:
„Ihr sollt heilig sein, denn heilig bin ich, der Herr, euer Gott." (Lev 19,2) Das heißt: Wenn ihr euch selbst heiligt, rechne ich es euch an, als hättet ihr mich geheiligt. Wenn ihr euch selbst nicht heiligt, rechne ich es euch an, als hättet ihr mich nicht geheiligt. Oder sagt die Schrift etwa: Wenn ihr mich heiligt, bin ich geheiligt; wenn aber nicht, bin ich nicht geheiligt? Nein! Denn es heißt: „denn heilig bin ich". Ich bin in meiner Heiligkeit, sei es, dass ihr mich heiligt, sei es, dass ihr mich nicht heiligt. (Sifra, Kedoschim [S. 86c])

24 Die folgende Interpretation knüpft an die defektive Schreibweise von „Herr" und „Thron" im hebräischen Text an.

Ich herrsche über die Menschen. Wer herrscht über mich? Der Gerechte. Denn ich beschließe ein Verhängnis, und er hebt es auf. (bMK 16b)

Ob Gott barmherzig ist oder als der strenge Richter waltet, auch dies hängt von den Menschen ab. Zwei Beispiele aus vielen mögen dies belegen:

„Ich werde 'barmherziger und gnädiger Gott' genannt, 'langmütig und reich an Gnade und Treue' (Ex 34,6), aber infolge eurer Sünden bin ich streng geworden und habe meine Eigenschaft der Barmherzigkeit in meine Eigenschaft der strengen Gerechtigkeit gewandelt." Es heißt nämlich: „Der Herr erwies sich als Feind" (Klgl 2,5); und ferner heißt es: „und er wandelte sich ihnen zum Feind". (Jes 63,10) (TanB, Behukkotai 2)

Selig die Gerechten, die [Gottes] Eigenschaft der Gerechtigkeit in seine Eigenschaft der Barmherzigkeit umwandeln Wehe den Frevlern, die [Gottes] Eigenschaft der Barmherzigkeit in seine Eigenschaft der Gerechtigkeit umwandeln! (MHG, Waethannan 5,6 [S. 104])

Gottes vielfältige Abhängigkeit geht – das zeigt eine letzte Beispielgruppe zu diesem Thema – sogar so weit, dass er sich den Institutionen, die er selbst aufgrund der Tora begründet hat, anstandslos fügt.

Da ist einmal der berühmte Fall des Rabbi Elieser ben Hyrkanus. Als die Mehrheit der Gelehrten eine seiner Entscheidungen ablehnt, greift Gott mittels einer Himmelsstimme ein: „Was habt ihr gegen Rabbi Elieser? Seine Meinung ist doch immer gesetzlich maßgebend!" Und dann geht es im Text weiter: Die göttliche Intervention wird von den Gelehrten mit der Begründung abgelehnt, die Tora sei bereits am Sinai gegeben worden und befinde sich nach Dtn 30,12 nicht mehr im Himmel: „Wir beachten nicht die Himmelsstimme, denn du hast bereits am

Berg Sinai in die Tora geschrieben: 'sich nach der Mehrheit zu richten'. (Ex 23,2)"[25] Als der Prophet Elija, der zur himmlischen und zur irdischen Welt Zugang hat, später dem Rabbi Natan erschien und von ihm gefragt wurde, wie sich Gott damals verhalten habe, gab er zur Antwort: „Er schmunzelte und sprach: 'Meine Kinder haben mich besiegt, meine Kinder haben mich besiegt!'" (bBM 59b)

Was also auf Erden vom zuständigen Gerichtshof beschlossen wird, muss auch im Himmel beobachtet werden. Selbst bei der Festlegung des Neujahrs- und damit des Gerichts- bzw. Versöhnungstages richtet sich Gott im Himmel nach den Menschen auf Erden:

> Wenn sich alle Dienstengel vor dem Heiligen, gepriesen sei er, versammeln und fragen: „Herr der Welt, wann ist Neujahr?", dann antwortet er ihnen: „Ihr fragt mich? Lasst uns, ich und ihr, den irdischen Gerichtshof befragen!" Was ist die biblische Begründung? „Wenn es eine Satzung für Israel ist, ist es eine Vorschrift für den Gott Jakobs." (Ps 81,5) (MPs 81,6)

Ja selbst Verschiebungen in der Agenda des irdischen Gerichtshofs passt sich Gott an: Wenn zum Beispiel laut Rabbi Hoschaja der irdische Gerichtshof beschließt: „Heute ist Neujahr", dann befiehlt Gott den Dienstengeln, das himmlische Gericht zur Beurteilung der menschlichen Taten einzuberufen, um neun Tage später, am großen Versöhnungstag, dessen Beschlüsse verkünden zu können. Ändert dann aber das irdische Gericht seine Meinung und verschiebt den Neujahrstermin, dann lässt Gott seine

---

25 Vgl. Matthäus 18,18. Der rabbinische Text scheint Ex 23,2 so wie folgt zu verstehen: „Du sollst nicht der Mehrheit folgen zum Bösen; du sollst in einem Rechtsstreit [die Aussagen] nicht verzerren; nach der Mehrheit [hat man sich] zu richten." Vgl. D. Boyarin, *Intertextuality and the Reading of Midrash* (Bloomington-Indianapolis 1990) 36.

Befehle zur Einberufung des himmlischen Gerichts wieder rückgängig machen. (MPs 81,6)

Und wie ist es, wenn Gott ein Gelübde abgelegt oder einen Schwur geleistet hat und die damit eingegangenen Verpflichtungen nicht erfüllen will? Nach all dem Gesagten ist die Antwort klar: Gott muss sich wie die Menschen von Gelübde und Schwur rechtsgültig befreien lassen. Als Beispiel wird wieder einmal Mose angeführt: Als Mose Gott dazu überreden will, den Israeliten den Sündenfall des Goldenen Kalbs zu verzeihen, beruft sich Gott auf seinen Schwur: „Mose, ich habe bereits geschworen: 'Wer Göttern opfert... soll vernichtet werden' (Ex 22,19). Und einen Schwur, den ich ausgesprochen habe, kann ich nicht zurücknehmen!" Darauf beweist Mose anhand von Num 30,3, dass er, Mose, die Vollmacht zur Annullierung besitze, und Gott lässt sich von dem Schwur befreien. (ExR 43,4)

## V. GOTT IST EINER, DER SICH IN VIELEN GESICHTERN OFFENBART

Gott hat viele Gesichter. Dies ist bereits aus den drei vorausgehenden Kapiteln deutlich geworden. Nun soll abschließend und dem Titel der Studie entsprechend diese Vielfalt der Wirklichkeit Gottes etwas umfassender bedacht werden.

Wir gehen aus von einem eigenartigen Sachverhalt, der allerdings in der Religionsgeschichte nicht selten anzutreffen ist.[26] Die rabbinische Literatur lässt jüdische Schriftgelehrte gleichsam mit doppeltem Maß messen, je nachdem ob diese mit „Häretikern" (jüdische Außenseiter, Vertreter der Gnosis oder auch des Christentums) oder mit den eigenen Jüngern disputieren. Auf den Einwand etwa, mehrere Gottheiten hätten Himmel und Erde erschaffen, denn der Gottesname *Elohim* stehe im Plural, wird den Häretikern geantwortet, sie sollten die Augen aufmachen und genau hinschauen, was der biblische Text sage. In Gen 1,1 stehe das Verbum nicht im Plural, sondern im Singular. Es heiße nicht: *Elohim schufen* Himmel und Erde, sondern: *Elohim schuf* Himmel und Erde.

Den Jüngern dagegen, die mit solchen Antworten nicht ganz zufrieden sind, antworten die Meister[27] etwa in Bezug auf die drei Gottesnamen in Ps 50,1 („*El, Elohim, Adonai* hat gesprochen"): „Alle drei sind [im Grunde] nur ein Name. So kann man auch einen Mann als Werkmeister, Baumeister und Architekt bezeichnen." Die Jünger fragen weiter: „Warum aber erwähnt die Schrift den Namen Gottes dreimal?" Antwort: „Die Schrift lehrt damit, dass der Heilige, gepriesen sei er, seine Welt mit drei Namen erschaffen hat, entsprechend den drei guten Eigenschaften, durch die die Welt erschaffen wurde, nämlich Weisheit, Einsicht, Erkenntnis. Es heißt nämlich: 'Der Herr hat durch Weisheit die

---

26 Für das Neue Testament vgl. z. B. Mk 4,10-12.
27 Oft Rabbi Simlai; vgl. jBer 9,1 (12d-13a); MPs 50,1.

Erde gegründet, durch Einsicht den Himmel gefestigt, durch seine Erkenntnis brachen die Quellen hervor'." (Spr 3,19-20)

Ähnlich lautet die Antwort auf die Frage der Jünger nach den drei Gottesnamen in Jos 22,22 (*„El, Elohim, Adonai* weiß"): Die Sache verhalte sich so wie bei den drei Titeln, mit denen man den römischen Kaiser bezeichnet: Basileus, Caesar, Augustus.

Warum steht in Dtn 4,7 das Adjektiv „nahe" im Plural (*Elohim kerobim*)? Antwort: Gott ist nahe mit allen Arten von Nähe.

Weiter: Warum steht in Jos 24,19 das Adjektiv „heilig" im Plural (*Elohim kedoschim*)? Antwort: Gott ist heilig mit allen Arten der Heiligkeit.

So und ähnlich lauten die Antworten an die Jünger. Während also Außenstehenden gegenüber die Lehre vom Monotheismus keine Diskussion zulässt, darf im internen Kreis anhand von schwierigen Bibeltexten weiter reflektiert werden. Hier werden durchaus Unterscheidungen erlaubt.

Den Gedanken, dass Gott sich den Menschen in verschiedenen Gesichtern mitteilt, fanden die Rabbinen in der Bibel grundgelegt. Dort hatte sich Gott zu vielen Malen und auf vielerlei Weise, unter verschiedenen Namen und unter verschiedenen Formen geoffenbart.

Als Mose Gott nach seinem Namen fragte, sprach Gott laut Rabbi Abba bar Memel zu ihm:

> „Meinen Namen willst du wissen? Nach meinem jeweiligen Handeln werde ich benannt. Manchmal heiße ich *El Schaddai* (allmächtiger Gott), manchmal *Zebaot* (Herr der Heere), *Elohim* (Gott), *YHWH* (*Adonai*, Herr). Wenn ich die Menschen richte, heiße ich *Elohim*. Wenn ich gegen die Frevler Krieg führe, heiße ich *Zebaot*. Wenn ich das Urteil über die Sünden eines Menschen in der Schwebe lasse, heiße ich *El Schaddai*. Wenn ich mich über meine Welt erbarme, heiße

> ich *YHWH.*" Denn *Adonai* bezeichnet stets die göttliche Eigenschaft der Barmherzigkeit, wie es heißt: „*YHWH, YHWH,* ein barmherziger und gnädiger Gott." (Ex 34,6) Also heißt es: „Ich bin, der ich bin." (Ex 3,14) (Das bedeutet:) Ich werde nach meinem jeweiligen Handeln benannt. (ExR 3,6)

Die vielfältige Gotteserfahrung, von der die Bibel berichtet, zeigt sich nicht nur in Gottes verschiedenen Namen. Sie wird auch in Gottes verschiedenen Erscheinungen sichtbar.

> Rabbi Hijja bar Abba hat gesagt: Entsprechend seinem jeweiligen Handeln erschien er ihnen. Am Schilfmeer erschien er ihnen als Held, der Israels Kriege führte. Am Sinai lehrte er Israel die Tora und stand da wie ein Schriftgelehrter. In den Tagen Daniels erschien er ihnen als greiser Toralehrer; denn es ist angebracht, dass Tora aus dem Mund der Alten hervorgeht. In den Tagen Salomos erschien er ihnen angesichts ihrer Lebenskraft als junger Mann, wie es heißt (Hld 5,15): „Sein Aussehen war wie der Libanon, jung wie die Zedern." (TanB, Jitro 16)

Ein anderer Text lautet:

> In wie vielen Bildern und Gleichnissen habe ich mich euch gezeigt! (vgl. Klgl 2,13) Am Schilfmeer habe ich mich euch als Held in der Schlacht gezeigt, wie geschrieben steht: „Der Herr ist ein Mann des Krieges." (Ex 15,3) Dann am Sinai habe ich mich als greiser Toralehrer gezeigt; denn so ist es angebracht, dass Tora aus dem Mund der Alten hervorgeht. Im Bundeszelt habe ich mich euch als Bräutigam gezeigt, der in sein Brautgemach einzieht. (PesR 33,11 [S. 155b])

Was hier mit Hilfe von biblischen Bildern ganz plastisch von Gottes Offenbarung in der Geschichte Israels gesagt ist, gilt auch von seiner Offenbarung im Leben eines jeden einzelnen. Gott wird von jedem Menschen und in den verschiedenen Lebensabschnitten des Menschen auf je andere Weise erfahren. Dies macht der folgende Text durch Gottes Stimme am Sinai deutlich. Gott sprach am Sinai mit jedem einzelnen. Die Pluralform *Elohim* („Und *Elohim* sprach alle diese Worte") bezeichnet nach Rabbi Jose bar Hanina die vielen Stimmen des einen Gottes, der zu jedem einzelnen sagte: „Ich bin der Herr, *dein* Gott." (Ex 20,2)

> Das göttliche Wort redete mit jedem einzelnen nach dessen Fassungskraft. Wundere dich nicht darüber; denn als das Manna für die Israeliten herabkam, hatte es für die einzelnen einen je verschiedenen Geschmack. Es schmeckte nämlich den Säuglingen, den Jugendlichen und den Alten wie die ihnen jeweils vertraute Speise. Den Säuglingen schmeckte es wie die Milch, mit der sie an der Brust ihrer Mutter gestillt werden; denn es heißt: „Sein Geschmack war wie der Geschmack reichhaltiger Sahne." (Num 11,8) Von dem Manna, das die Jugendlichen aßen, heißt es dagegen: „Und mein Brot, das ich dir gegeben habe..." (Ez 16,19) Und von dem Manna, das die Alten aßen, heißt es: „Sein Geschmack war wie Honigkuchen." (Ex 16,31) Wenn nun schon das Manna für die einzelnen einen jeweils verschiedenen Geschmack hatte, um wie viel mehr galt dies entsprechend vom göttlichen Wort! Ein jeder hörte es nach seiner eigenen Fassungskraft. David hat gesagt: „Die Stimme des Herrn ergeht mit Macht." (Ps 29,4) Es steht nicht geschrieben: „Die Stimme des Herrn ergeht mit seiner Macht", sondern: „Die Stimme des Herrn ergeht mit Macht", das heißt, mit der Macht, die jedem einzelnen angemessen ist. (PesK 12,25 [I, S. 224])

Diese Verschiedenheit Gottes in seinem Handeln gegenüber dem Volk in den je spezifischen Situationen sowie dem einzelnen in seiner Eigenart gegenüber hat eine Entsprechung in Gott selber. Es gibt in Gott verschiedene Seinsweisen, denen – das möchten wir hier gleich vorwegnehmen – eine gewisse Selbständigkeit zugesprochen wird. In den rabbinischen Schriften finden wir unter anderen folgende Seinsweisen Gottes:

– *Gottes Eigenschaften*

Wir beschränken uns hier auf die beiden Haupteigenschaften Gottes, seine Barmherzigkeit und seine Gerechtigkeit. Nach den Rabbinen spricht die Schrift von diesen Eigenschaften insbesondere da, wo sie Gott als *Elohim* (Gott) oder als *YHWH* (Herr) bezeichnet.

> Überall, wo in der Schrift „Herr" steht, ist die göttliche Eigenschaft der Barmherzigkeit gemeint; wo „Gott" steht, die göttliche Eigenschaft der Gerechtigkeit. Die Welt wurde mit beiden erschaffen, wie es heißt: „am Tage, da der Herr, Gott Erde und Himmel machte" (Gen 2,4). Denn die Welt bedarf sowohl der Eigenschaft der Gerechtigkeit als auch der Eigenschaft der Barmherzigkeit. Auch die Tora wurde mit beiden gegeben, wie es heißt: „Ich bin der Herr, dein Gott" (Ex 20,2). Denn sie enthält Belohnung und Bestrafung. (MHG, Waethannan 5,6 [S. 104])

Wie schon weiter oben zitierte Texte (zum Beispiel das Gebet, das Gott selber spricht) zeigen, erscheinen die göttlichen Eigenschaften der Barmherzigkeit und Gerechtigkeit gelegentlich in einer gewissen Selbständigkeit Gott gegenüber. Zwei Beispiele sollen dies hier noch einmal verdeutlichen:

Rabbi Johanan spricht mit einem Gebet zu Gott: „Möge vor dich treten die Eigenschaft deiner Güte und deiner Sanftmut!" (bBer 16b)

In einem Kommentar des Rabbi Jonatan ben Eleasar zu Jes 30,18 („Doch der Herr wartet darauf, euch seine Gnade zu zeigen") heißt es: „Da nun wir [auf seine Gnade] warten und auch er darauf wartet, wer hält sie dann zurück? Die Eigenschaft der Gerechtigkeit hält sie zurück." (bSan 97b)

– *Schekina, die Gegenwart Gottes unter den Menschen*

Wie viele andere Vorstellungen der Haggada ist auch die von der Schekina durch oft unterschiedliche und oft gegensätzlich erscheinende Aussagen gekennzeichnet.[28] Die Haggada kennt eben keine abstrakt-metaphysischen Begriffe.

Die Schekina, die uns bereits in einigen Texten begegnet ist, dürfte zunächst den Ort bezeichnen, an dem Gott normalerweise „wohnt" (*schakan*) oder wohnen sollte, also besonders den Tempel. Sie weilt aber auch auf Bergen wie dem Sinai, auf Bäumen und Sträuchern wie dem Dornbusch. „Es gibt keinen Ort auf Erden, an dem die Schekina nicht wäre." (NumR 12,4) Vor allem aber ruht sie auf Israel und den Menschen.

Bisweilen tritt die Schekina an die Stelle Gottes. So heißt es zum Beispiel in einer Erklärung des Rabbi Hama bar Hanina zu Dtn 13,5 („Dem Herrn, eurem Gott sollt ihr folgen"):

> Ist es denn dem Menschen möglich, der Schekina zu folgen? Heißt es denn nicht schon: „Denn der Herr, dein Gott ist ein verzehrendes Feuer?" (Dtn 4,24) Der Sinn ist, dass man den Handlungen des Heiligen, gepriesen sei er, folgen soll: Wie er Nackte bekleidet, so bekleide auch du Nackte... (bSot 14a)

Manchmal tritt schließlich die Schekina in einer gewissen Selbständigkeit Gott gegenüber auf. So kann etwa gesagt werden:

---

28 Vgl. A. M. Goldberg, *Untersuchungen über die Vorstellung von der Schekhinah in der frühen rabbinischen Literatur* (Berlin 1969).

Gott sendet seine Schekina zu den Israeliten, Gott entfernt seine Schekina von ihnen, Gott lässt seine Schekina unten auf der Erde wohnen, Gott verbannt seine Schekina aus dem Heiligtum usw. Es heißt sogar, dass die Schekina mit Gott redet:

> In der Stunde, da das Synhedrion ihn (den König Salomo) mit den drei Königen und vier Privatleuten (die keinen Anteil an der zukünftigen Welt haben) zusammenzählen wollte, trat die Schekina vor den Heiligen, gepriesen sei er, und sprach vor ihm: „Herr der Welten, 'da siehst du einen Mann, der gewandt ist in seiner Arbeit'! (Spr 22,29) Sie wollen ihn mit den Finsteren zusammenzählen!" In dieser Stunde erscholl eine Himmelsstimme und sprach zu ihnen (Spr ebd.): „Er stehe vor Königen, nicht stehe er vor Finsteren!" (MSpr 22; vgl. bSan 104b)

– *Der heilige Geist*

Der heilige Geist (*Ruach ha-Kodesch*), wie ihn die Rabbinen verstehen, ist im Wesentlichen ebenso wie die Schekina eine nachbiblische Wirklichkeit.[29] Er geht von Gott aus und wird als göttliche Inspiration erfahren, die sich vor allem in Prophetie äußert. Nach verbreiteter Auffassung hat die Wirksamkeit des heiligen Geistes als prophetische Inspiration aufgehört, und zwar nach einigen Rabbinen mit der Zerstörung des ersten Tempels (bJom 21b), nach anderen mit dem Tod der letzten Propheten, Haggai, Sacharja und Maleachi. (tSot 13,2) Erst für die messianische Endzeit wird der heilige Geist wieder erwartet. (NumR 15,25)

Neben der Auffassung vom heiligen Geist als prophetische Inspiration gibt es den heiligen Geist, der als besondere Gnaden-

---

[29] Vgl. P. Schäfer, *Die Vorstellung vom heiligen Geist in der rabbinischen Literatur* (München 1972).

gabe auch nach dem Aufhören der Prophetie wirksam ist und den Gerechten verliehen wird: „Alles, was die Gerechten tun, tun sie im heiligen Geist." (TanB, Wajjehi 13)

Wie die Schekina kann auch der heilige Geist bisweilen von Gott unterschieden werden und eine gewisse Selbständigkeit erlangen. So heißt es etwa: Gott lässt den heiligen Geist auf einer Person oder einem Ort ruhen, Gott schickt den heiligen Geist, er entfernt den heiligen Geist. Nach der Zerstörung des Tempels kehrt der heilige Geist aus Jerusalem zu Gott zurück. (KohR 12,7) Mehr noch: Gott spricht zum heiligen Geist und der heilige Geist zu Gott. Hierfür zwei Beispiele:

Jakob wollte die Söhne Josefs segnen, aber der heilige Geist ruhte nicht auf ihm. Da fiel Josef auf sein Angesicht und bat Gott um Erbarmen. „Sofort sprach der Heilige, gepriesen sei er, zum heiligen Geist: 'Wie lange muss sich Josef noch betrüben? Offenbare dich eilends und geh in Jakob ein, dass er sie segne!'" (PesR 3,4 [S. 12a])

Der heilige Geist tritt, so erklärt Rabbi Aha Spr 24,28-29, zwischen Israel und Gott als Anwalt auf: Zu Israel gewandt, spricht er: „Sei nicht ein nichtiger Zeuge gegen deinen Freund (Gott)" Zu Gott gewandt, spricht er: „Sag nicht: Wie er (Israel) mir getan, so will auch ich ihm tun!" (LevR 6,1)

– *Die Himmelsstimme*

Seit dem Tod der letzten Propheten bedient sich Gott bisweilen der Himmelsstimme (*Bat Kol*), um seinen Willen oder sein Urteil den Menschen mitzuteilen. (tSot 13,2)[30] Auch diese Stimme

---

30 Vgl. P. Kuhn, *Offenbarungsstimmen im Antiken Judentum: Untersuchungen zur Bat Qol und verwandten Phänomenen* (Tübingen 1989); ders., *Bat Qol: Die Offenbarungsstimme in der rabbinischen Literatur* (Regensburg 1990).

wird gelegentlich von Gott unterschieden. In einem Text, der auf Bar Kappara zurückgeht, heißt es:

> Der Heilige, gepriesen sei er, wollte Hiskija zum Messias und Sanherib zu Gog und Magog[31] machen. Da sprach die Eigenschaft der Gerechtigkeit vor dem Heiligen, gepriesen sei er: „Herr der Welt, du hast David, den König von Israel, der so viele Hymnen und Gesänge dir zu Ehren verfasst hat, nicht zum Messias gemacht, wie kannst du dann Hiskija, der trotz all der Wundertaten, die du ihm erwiesen hast, kein einziges Lied dir zu Ehren anstimmte, zum Messias machen?"... Sofort hob die Erde an und sprach vor ihm: „Herr der Welt, ich will anstelle dieses Gerechten dir zu Ehren ein Lied anstimmen, mache ihn doch zum Messias!" Sie hob an und stimmte zu seinen Ehren ein Lied an, wie es heißt: „Vom Ende der Erde her vernahmen wir Lieder: Herrlichkeit für den Gerechten." (Jes 24,16) Da sprach der Fürst der Welt vor ihm: „Herr der Welt, handle zugunsten dieses Gerechten!" Da erscholl eine Himmelsstimme und sprach: „Mein ist mein Geheimnis, mein ist mein Geheimnis!" (Jes ebd) Da sprach der Prophet: „'Wehe mir, wehe mir' (ebd.)! Wie lange noch [müssen wir warten]?" Da erscholl eine Himmelsstimme und sprach: „Solange die Treulosen treulos sind." (ebd.) (bSan 94a)

Es ist evident, dass wir es angesichts solcher fast selbständiger göttlicher Manifestationen bzw. Personifikationen nicht mit einer uns vertrauten theologischen Fachsprache zu tun haben. Gottes Attribute bzw. Manifestationen fungieren gewissermaßen als Gesprächspartner im himmlischen Rat. Durch solche haggadische Personifizierungen – und dies gilt ebenso von der Schekina und dem heiligen Geist – wird aber die Einheit Gottes nicht im Ge-

---

31 Sie sind die Widersacher des Messias.

ringsten in Frage gestellt.[32] In ihnen wird vielmehr sichtbar, dass die Menschen im allgemeinen Gott als eine vielfältige Wirklichkeit erleben, dass sie Gott mit seinen verschiedenen Seinsweisen in vielen Gesichtern erfahren und dies zum Ausdruck bringen wollen.

An dieser Stelle könnten die Überlegungen zu den vielen Gesichtern des einen Gottes abgeschlossen werden. Doch damit würden wir nicht dem Ganzen der rabbinischen Literatur zum

---

32 Diese Anmerkung, die zum Verständnis des im Haupttext behandelten Themas wenig beiträgt, richtet sich an Leserinnen und Leser, die über weitere Dimensionen der Seins- und Offenbarungsweise Gottes nachdenken möchten.
Die Einheit und Erhabenheit Gottes wird selbstverständlich erst recht nicht in Frage gestellt, wenn etwa – in einer Art Gegenbewegung zu Gottes Angleichung an die Menschen – einzelne auserwählte Menschen in besonderer Nähe zu Gott gesehen werden. Dies gilt vor allem von Israels Stammvater Jakob (= Israel, vgl. Gen 32,28). So wird in einer Auslegung Gen 33,20 folgendermaßen übersetzt und interpretiert:

„Und er (Jakob) errichtete dort einen Altar und nannte sich selbst Gott, Gott Israels." Er (Jakob) sprach zu ihm (Gott): „Du bist Gott im himmlischen Bereich, und ich bin Gott im irdischen Bereich." (GenR 79,8)

Diese Interpretation wird zwar in GenR von Rabbi Simeon ben Lakisch als Selbstüberhebung verworfen, im babylonischen Talmud jedoch durch Rabbi Eleasar ben Pedat gerechtfertigt (vgl. Bacher, *Die Agada der palästinensischen Amoräer* II, S. 39, Anm. 5). Hier heißt es sogar:

Woher wissen wir, dass der Heilige, gepriesen sei er, Jakob Gott nannte? Es heißt (Gen 33,20): „Und der Gott Israels nannte ihn Gott." (bMeg 18a)

Solchen Texten liegt auch die bekannte Lehre vom Verdienst der Väter (vgl. Röm 11,28) zugrunde. In diesem Sinn sprach Jakob laut Rabbi Pinhas vor seinem Tod mit Gen 49,2 zu seinen Söhnen:

„'Kommt zusammen und hört zu, ihr Söhne Jakobs, ja hört: Ein Gott ist Israel, euer Vater'. Wie der Heilige, gepriesen sei er, Welten erschafft, so erschafft auch euer Vater Welten. Wie der Heilige, gepriesen sei er, Welten verteilt, so verteilt auch euer Vater Welten." (GenR 98,3)

Rabbi Ruben gibt folgende Übersetzung und Erklärung von Jes 43,1:

„Nun aber, so spricht der Herr: Dein Schöpfer ist Jakob, dein Bildner ist Israel" ... Der Heilige, gepriesen sei er, sprach zu seiner Welt: „Meine Welt, meine Welt, soll ich dir sagen, wer dich erschaffen hat? Soll ich dir sagen, wer dich gebildet hat? Jakob ist dein Schöpfer, Israel ist dein Bildner!" (LevR 36,4; vgl. TanB, Toledot 11)

Thema Gotteserfahrung Rechnung tragen. Gleichsam einen Kontrapunkt setzend, sei also darauf hingewiesen, dass es eine Stufe der Gotteserfahrung gibt, in der die verschiedenen Bilder und Gesichter von Gott überschritten werden:

> Die Propheten beschreiben ihn (Gott) auf vielerlei Weise. Zum Beispiel heißt es in einem Text: „Sein Gewand war weiß wie Schnee." (Dan 7,9) Ein anderer Text sagt: „Warum ist dein Gewand rot?" (Jes 63,2) – Kannst du dir aber vorstellen, dass er jeweils verschieden war, als sie ihn sahen? Darum heißt es bei Ezechiel: „Ich hatte Visionen Gottes." (Ez 1,1) Ezechiel wollte damit sagen: Viele verschiedene Gesichter sah ich, bis es mir zuteil wurde, das Antlitz der Schekina zu empfangen. (MekS, Jitro [S. 147])

Ähnlich tiefe mystische Gotteserfahrung liegt auch einigen Texten zugrunde, die vor allem in den Kapiteln über Gottes Leiden und Gottes Abhängigkeit von den Menschen zitiert worden sind.

Der Großteil der Texte, die wir betrachtet haben, sowie der Großteil der fast unübersehbaren Fülle anderer Zeugnisse aus der rabbinischen Literatur spiegeln aber jene Gotteserfahrung wider, die man mit M. Kadushin „normale Mystik" nennen könnte.[33] Diese erwuchs aus dem schlichten Wandel in der Gegenwart Gottes im Licht der von Gott gegebenen Tora. Mit anderen Worten: Indem die Rabbinen – und unter ihrer Leitung auch das jüdische Volk – unter Gottes Augen und mit Gottes Weisung lebten, das heißt, als Kinder heranwuchsen, von Eltern und Meistern erzogen wurden, sich mit der Tora beschäftigten, nach Gottes Geboten handelten, in harter Arbeit ihr Dasein fristeten, Freud, Leid und Tod und was immer Leben einschließt reichlich erfuhren, offenbarte sich ihnen Gott in immer neuer Weise, in vielen Gesichtern.

---

33 *The Rabbinic Mind* (New York ³1972) 194-272.

All dies bleibt nicht unseren Gesprächspartnern, den Juden, vorbehalten. Wir alle sind eingeladen, solche und ähnliche Erfahrungen zu machen. Der Gott der Rabbinen ist kein nationaler Gott. Es fehlt in der rabbinischen Literatur nicht an großartigen Zeugnissen dafür, dass auch Nichtjuden an der jüdischen Gotteserfahrung teilhaben können, dass sie sogar mit dem Hohenpriester auf gleicher Stufe stehen können. Viel bezeugt ist folgender Text:

> Woher wissen wir, dass selbst ein Nichtjude, der nach der Tora handelt, dem Hohenpriester gleichgestellt ist? Es liegt darüber eine Lehre der Schrift vor, wenn sie nämlich sagt: „Der Mensch, der nach ihnen (Gottes Satzungen und Vorschriften) handelt, wird durch sie leben." (Lev 18,5) Es heißt nicht: „Priester, Leviten und Israeliten", sondern: „der Mensch". Ferner sagt die Schrift: „Dies ist die Tora des Menschen" (2 Sam 7,19). Es heißt nicht: „Dies ist die Tora der Priester, Leviten und Israeliten", sondern: „Dies ist die Tora des Menschen." (Sifra, Ahare Mot 13,13 [S. 86b])[34]

---

34 Im Talmud (bSan 59a) wird die Tora für die Nichtjuden auf die „noachidischen Gebote" (vgl. Apg 15,28-29) eingeschränkt. Siehe Urbach, *The Sages – Their Concepts and Beliefs*, 932, Anm. 71.

# Nachwort

Wir sagten es bereits im Vorwort und stellten es im Lauf der Arbeit wiederholt fest: Juden und Christen sind Söhne und Töchter eines gemeinsamen Vaters und damit Brüder und Schwestern. Möge diese Tatsache mehr und mehr gelebte Wirklichkeit werden. Einfach ist das nicht. Denn wenn zwei Brüder seit allzu langer Zeit nicht miteinander gesprochen, sondern nur gestritten, sich beschimpft, einander Übles angetan und sich völlig auseinander gelebt haben, dann ist der Weg zur gegenseitigen Verständigung lang und beschwerlich. Und wenn dann der jüngere Bruder, den die Hauptschuld am Vorgefallenen trifft, mit dem älteren wiederum reden will, ist nicht zu erwarten, dass dieser sich darüber sofort hocherfreut zeigt. Eher ist damit zu rechnen, dass sich der ältere Bruder etwas misstrauisch die Frage stellt, ob es bei dem anderen wirklich zu einer Umkehr des Herzens gekommen ist oder ob ihn nicht unedle Motive bewegen.

Dabei kann, das versteht sich, der jüngere Bruder, der das Gespräch aufnehmen will, nicht ohne weiteres mit *dem* Christen gleichgesetzt werden, sowenig der ältere Bruder *der* Jude schlechthin ist. Es gibt verschiedenartige Christen. Für nicht wenige brachte das Konzil die seit langem ersehnte Verbesserung und Erneuerung der Beziehungen zum Judentum. Andere haben trotz Konzil und nationaler Bischofskonferenzen die Einladung zum Gespräch und zur Begegnung in ihren vielfältigen Formen bisher noch wenig beachtet.[1] Wieder andere haben nur wenig In-

---

[1] Auch wer keine jüdischen Freunde oder Nachbarn hat, kann durch Bücher und Internet am christlich-jüdischen Dialog teilnehmen. Und schließlich ist auch zu bedenken, dass eine Begegnung mit Jesus zugleich eine Begegnung mit dem Judentum bedeutet (vgl. die Erklärung der deutschen Bischöfe vom 28. April 1980; Rendtorff – Henrix, 261). Die Begegnung mit Jesus als Juden eröffnet in vielem neue faszinierende Perspektiven in Bezug auf seine Person und seine Anliegen.

teresse, sich mit dem Bruder zu versöhnen, sich selbst zu ändern, den anderen als Bruder zu erkennen, ihn ernst zu nehmen, von ihm zu lernen.

Auch der jüdische Bruder ist nicht ein einziger. Es gibt verschiedenartige Juden und verschiedene Positionen; auch kennt das Judentum kein Lehramt, das etwa mit nationalen Bischofskonferenzen oder gar mit der päpstlichen oder konziliaren Autorität vergleichbar ist. Es gibt Juden, die, sobald sie auch nur wahrnahmen, dass der jüngere Bruder ein Zeichen der Umkehr setzte, ihm sogleich mit Vertrauen und Wohlwollen entgegengingen. Samuel Sandmel, der im ersten Teil ausführlich zu Wort kam, ist nur einer von vielen. Andere haben zögernd das Gespräch aufgenommen; bevor sie über die Geheimnisse ihrer eigenen Berufung und ihres eigenen Weges reden wollen, möchten sie zunächst einmal die Streitpunkte und die Schuld der Vergangenheit zur Sprache bringen, um so allmählich ein Verhältnis des Vertrauens herbeizuführen. Manche warten noch, weil ihnen die plötzliche Umkehr des Bruders verdächtig vorkommt oder weil sie angesichts der Vergangenheit es überhaupt schwer finden, im anderen den Bruder – oder eines der vielen Gesichter des einen Gottes – zu erkennen .

So warten Christen und Juden ab, aber sie erwarten doch auch den Tag, da sie klar sehen und deutlich erkennen – ganz im Sinne eines Gebetes aus der jüdischen Liturgie, dessen Anliegen auch in den ersten drei Bitten des Vaterunsers (Mt 6,9-10) anklingt:

> Wir bitten inständig, dass der Tag kommen möge, da alle Menschen deinen Namen anrufen... Möchten doch alle, die nach deinem Bild geschaffen sind, erkennen, dass sie Brüder sind, so dass sie, eins im Geist und eins in mitmenschlicher Verbundenheit, für immer vor dir geeint sein mögen. Dann wird dein Reich auf Erden errichtet werden und das Wort deines altehr-

würdigen Sehers sich erfüllen: „Der Herr wird herrschen für immer und ewig [Ex 15,18]."[2]

---

2 *The Union Prayerbook for Jewish Worship* I, hg. von: The Central Conference of American Rabbis (New York 1961) 150-151, 365-366. Dieses alte Gebet, welches die jüdische Hoffnung auf eine durch die Anerkennung des einen Gottes geeinte Menschheit ausspricht, ist den Zeitumständen und Riten entsprechend verändert worden. J. J. Petuchowski, *Gottesdienst des Herzens: eine Auswahl aus dem Gebetsschatz des Judentums* (Freiburg-Basel-Wien 1981) 80-81 bringt eine Übersetzung, die auf das 1868 von S. Baer herausgegebene Gebetbuch zurückgreift.

# Anhang:
# Dokumente

# Die Konzilserklärung
# *Nostra Aetate* (Nr. 4)

Bei ihrer Besinnung auf das Geheimnis der Kirche gedenkt die Heilige Synode des Bandes, wodurch das Volk des Neuen Bundes mit dem Stamme Abrahams geistlich verbunden ist.

So anerkennt die Kirche Christi, dass nach dem Heilsgeheimnis Gottes die Anfänge ihres Glaubens und ihrer Erwählung sich schon bei den Patriarchen, bei Moses und den Propheten finden. Sie bekennt, dass alle Christgläubigen als Söhne Abrahams dem Glauben nach[1] in der Berufung dieses Patriarchen eingeschlossen sind und dass in dem Auszug des erwählten Volkes aus dem Lande der Knechtschaft das Heil der Kirche geheimnisvoll vorgebildet ist. Deshalb kann die Kirche auch nicht vergessen, dass sie durch jenes Volk, mit dem Gott aus unsagbarem Erbarmen den Alten Bund geschlossen hat, die Offenbarung des Alten Testamentes empfing und genährt wird von der Wurzel des guten Ölbaums, in den die Heiden als wilde Schösslinge eingepfropft sind.[2] Denn die Kirche glaubt, dass Christus, unser Friede, Juden und Heiden durch das Kreuz versöhnt und beide in sich vereinigt hat.[3]

Die Kirche hat auch stets die Worte des Apostels Paulus vor Augen, der von seinen Stammverwandten sagt, dass „ihnen die Annahme an Sohnes Statt und die Herrlichkeit, der Bund und das Gesetz, der Gottesdienst und die Verheißungen gehören wie auch die Väter und dass aus ihnen Christus dem Fleische nach stammt" (Röm 9,4-5), der Sohn der Jungfrau Maria. Auch hält sie sich gegenwärtig, dass aus dem jüdischen Volk die Apostel

---

1 Vgl. Gal 3,7.
2 Vgl. Röm 11,17-24.
3 Vgl. Eph 2,14-16.

stammen, die Grundfesten und Säulen der Kirche, sowie die meisten jener ersten Jünger, die das Evangelium Christi der Welt verkündet haben.

Wie die Schrift bezeugt, hat Jerusalem die Zeit seiner Heimsuchung nicht erkannt,[4] und ein großer Teil der Juden hat das Evangelium nicht angenommen, ja nicht wenige haben sich seiner Ausbreitung widersetzt.[5] Nichtsdestoweniger sind die Juden nach dem Zeugnis der Apostel immer noch von Gott geliebt um der Väter willen; sind doch seine Gnadengaben und seine Berufung unwiderruflich.[6] Mit den Propheten und mit demselben Apostel erwartet die Kirche den Tag, der nur Gott bekannt ist, an dem alle Völker mit einer Stimme den Herrn anrufen und ihm „Schulter an Schulter dienen" (Soph 3,9).[7]

Da also das Christen und Juden gemeinsame geistliche Erbe so reich ist, will die Heilige Synode die gegenseitige Kenntnis und Achtung fördern, die vor allem die Frucht biblischer und theologischer Studien sowie des brüderlichen Gespräches ist. Obgleich die jüdischen Obrigkeiten mit ihren Anhängern auf den Tod Christi gedrungen haben[8], kann man dennoch die Ereignisse seines Leidens weder allen damals lebenden Juden ohne Unterschied noch den heutigen Juden zur Last legen. Gewiss ist die Kirche das neue Volk Gottes, trotzdem darf man die Juden nicht als von Gott verworfen oder verflucht darstellen, als wäre dies aus der Heiligen Schrift zu folgern. Darum sollen alle dafür Sorge tragen, dass niemand in der Katechese oder bei der Predigt des Gotteswortes etwas lehre, das mit der evangelischen Wahrheit und dem Geiste Christi nicht im Einklang steht.

---

4  Vgl. Lk 19,44.
5  Vgl. Röm 11,28.
6  Vgl. Röm 11,28-29; vgl. II. Vat. Konzil, Dogm. Konst. über die Kirche „Lumen gentium": AAS 57 (1965) 20.
7  Vgl. Is 66,23; Ps 65,4; Röm 11,11-32.
8  Vgl. Jo 19,6.

Im Bewusstsein des Erbes, das sie mit den Juden gemeinsam hat, beklagt die Kirche, die alle Verfolgungen gegen irgendwelche Menschen verwirft, nicht aus politischen Gründen, sondern auf Antrieb der religiösen Liebe des Evangeliums alle Hassausbrüche, Verfolgungen und Manifestationen des Antisemitismus, die sich zu irgendeiner Zeit und von irgend jemandem gegen die Juden gerichtet haben.

Auch hat ja Christus, wie die Kirche immer gelehrt hat und lehrt, in Freiheit, um der Sünden aller Menschen willen, sein Leiden und seinen Tod aus unendlicher Liebe auf sich genommen, damit alle das Heil erlangen. So ist es die Aufgabe der Predigt der Kirche, das Kreuz Christi als Zeichen der universalen Liebe Gottes und als Quelle aller Gnaden zu verkünden.

Lateinischer Wortlaut in: AAS 58 (1966) 740-744; von den deutschen Bischöfen approbierte Übersetzung aus: *Lexikon für Theologie und Kirche: Das Zweite Vatikanische Konzil*. Dokumente und Kommentare II (Freiburg-Basel-Wien 1967) 489-495. Hier zitiert nach: R. Rendtorff – H. H. Henrix (Hg.), *Die Kirchen und das Judentum I: Dokumente von 1945 bis 1985* (Paderborn-München 1988) 42-43.

# Richtlinien und Hinweise für die Durchführung der Konzilserklärung *Nostra aetate* (Nr. 4)

Die Erklärung des II. Vatikanischen Konzils „Über das Verhältnis der Kirche zu den nichtchristlichen Religionen" (*Nostra aetate*, Nr. 4) vom 28. Oktober 1965 bedeutet einen entscheidenden Wendepunkt in der Geschichte der Beziehungen zwischen den Juden und den Katholiken.

Der historische Kontext, der die Initiative des Konzils dabei weitgehend bestimmt hat, war die Erinnerung an die Verfolgungen und die Massenhinrichtungen von Juden, die in Europa in der Zeit vor dem zweiten Weltkrieg und während des Krieges geschehen sind.

Obgleich das Christentum innerhalb der jüdischen Religion entstanden ist und bestimmte Wesenselemente seines Glaubens und seines Kultes von ihr empfangen hat, ist die Kluft zwischen beiden immer tiefer und weiter geworden, bis hin zum völligen Verkennen des anderen auf beiden Seiten.

Nach zwei Jahrtausenden, die allzu oft durch gegenseitige Unkenntnis und offene Feindschaft geprägt waren, eröffnete die Erklärung *Nostra Aetate* den Weg zum Zustandekommen oder zur Fortsetzung des Dialogs mit dem Ziel eines besseren gegenseitigen Verstehens. Seitdem sind in den vergangenen neun Jahren in verschiedenen Ländern zahlreiche Initiativen unternommen worden. Sie haben zu einer besseren Erkenntnis der Bedingungen geführt, unter denen neue Beziehungen zwischen Juden und Christen zustande kommen und sich weiterentwickeln können. Nun scheint der Augenblick gekommen, aufgrund der Richtlinien des Konzils einige konkrete Hinweise zu geben, gestützt auf Erfahrungen und in der Hoffnung, dass sie zur Verwirklichung der in dem Konzilsdokument dargelegten Zielsetzungen eine Hilfe sein könnten.

Im Hinblick auf dieses Dokument mag hier die einfache Erklärung genügen, dass die geistlichen Bande und die historischen Beziehungen, die die Kirche mit dem Judentum verknüpfen, jede Form des Antisemitismus und der Diskriminierung als dem Geist des Christentums widerstreitend verurteilen, wie sie ja auch bereits aufgrund der Würde der menschlichen Person an und für sich verurteilt sind.

Darüber hinaus entsteht aus diesen Banden und Beziehungen die Verpflichtung zu einem besseren gegenseitigen Verstehen und einer neuen gegenseitigen Hochschätzung. Konkret bedeutet dies im Besonderen, dass die Christen danach streben, die grundlegenden Komponenten der religiösen Tradition des Judentums besser zu verstehen und dass sie lernen, welche Grundzüge für die gelebte religiöse Wirklichkeit der Juden nach ihrem eigenen Verständnis wesentlich sind.

Im Anschluss an diese grundsätzlichen Erwägungen sollen hier nun einige erste Vorschläge zur praktischen Durchführung auf verschiedenen Ebenen des Lebens der Kirche unterbreitet werden mit dem Ziel einer gesunden Entwicklung der Beziehungen zwischen den Katholiken und ihren jüdischen Brüdern.

## I. Der Dialog

In der Tat sind die Beziehungen zwischen Juden und Christen, wo sie überhaupt vorhanden sind, im Großen und Ganzen noch kaum über das Stadium des Monologes hinausgekommen: umso wichtiger ist, dass nun ein wirklicher Dialog entsteht.

Der Dialog setzt den Wunsch voraus, sich gegenseitig kennenzulernen und diese Kenntnis zu entwickeln und zu vertiefen. Er ist ein hervorragendes Mittel zur Erlangung eines besseren gegenseitigen Verstehens und eines tieferen Bewusstseins von dem Reichtum der eigenen Tradition. Das gilt besonders vom jüdisch-christlichen Dialog. Eine weitere Bedingung des Dialogs ist der Respekt gegenüber der Eigenart des anderen, besonders gegenüber seinem Glauben und seinen religiösen Überzeugungen.

Gemäß ihrer von Gott gegebenen Sendung soll die Kirche ihrem Wesen nach der Welt Jesus Christus verkünden (*Ad Gentes*, Nr. 2). Den Juden gegenüber soll dieses Zeugnis für Jesus Christus nicht den Anschein einer Aggression erwecken; so ist den Katholiken aufgegeben, dafür Sorge zu tragen, dass sie ihren Glauben leben und verkünden im konsequent durchgehaltenen Respekt gegenüber der religiösen Freiheit des anderen, wie sie das II. Vatikanische Konzil lehrt (in der Erklärung *Dignitatis Humanae*). In gleicher Weise werden sie bestrebt sein, die Schwierigkeiten zu verstehen, die die jüdische Seele, gerade weil sie von einem sehr hohen und reinen Begriff der göttlichen Transzendenz geprägt ist, gegenüber dem Geheimnis des fleischgewordenen Wortes empfindet.

Wenn es wahr ist, dass auf diesem Gebiet noch immer eine Atmosphäre eines weit ausgebreiteten Misstrauens vorherrscht, das sich aus einer beklagenswerten Vergangenheit herleitet, sollen die Christen ihrerseits ihren Anteil an Verantwortlichkeit dafür anerkennen und daraus praktische Folgerungen für die Zukunft ziehen.

Außer dem brüderlichen Gespräch sollen auch Zusammenkünfte von Fachleuten gefördert und ermutigt werden zum Studium der vielfältigen Probleme, die mit den grundlegenden Überzeugungen des Judentums und des Christentums zusammenhängen. Eine Öffnung und Weitung des Geistes, eine Haltung des Misstrauens gegenüber den eigenen Vorurteilen, Takt und Behutsamkeit sind dabei unentbehrlich, wenn man seinen Partner nicht, und sei es auch ungewollt, verletzen will.

Unter Umständen, die es möglich und auf beiden Seiten erwünscht erscheinen lassen, empfiehlt sich auch eine gemeinsame Begegnung vor Gott im Gebet und in der schweigenden Betrachtung, die sich dahin auswirken wird, dass die Demut und die Öffnung des Geistes und des Herzens entsteht, wie sie für eine tiefe Erkenntnis des eigenen Ich und des anderen notwendig sind. Anlässe für eine solche Gebetsgemeinschaft sind besonders große Anliegen wie Gerechtigkeit und Frieden.

## II. DIE LITURGIE

Bekanntlich gibt es zwischen der christlichen und der jüdischen Liturgie Verbindungen. Die jüdische Liturgie ist ebenso wie die christliche Liturgie bestimmt durch die Gemeinschaft des Lebens im Dienste Gottes und der Menschheit aus Liebe zu Gott, wie sie sich in der Liturgie verwirklicht. Von besonderer Bedeutung für die jüdisch-christlichen Beziehungen ist die Erkenntnis der gemeinsamen Elemente des liturgischen Lebens (Gebetstexte, Feste, Riten usw.).

Man soll bemüht sein, besser zu verstehen, was im Alten Testament von eigenem und bleibendem Wert ist (vgl. *Dei Verbum*, Nr. 14-15), da dies durch die spätere Interpretation im Licht des Neuen Testaments, die ihm seinen vollen Sinn gibt, nicht entwertet wird, so dass sich vielmehr eine wechselseitige Beleuchtung und Ausdeutung ergibt (ebd. Nr. 16). Dies ist umso wichtiger, als die Christen durch die Liturgiereform immer häufiger mit den Texten des Alten Testaments in Berührung kommen.

Die Kommentare zu den biblischen Texten sollen ohne Zurückdrängung des ursprünglichen Charakters des Christentums die Kontinuität unseres Glaubens mit dem des Alten Bundes im Sinne der Verheißungen ins rechte Licht stellen. Wir glauben, dass diese seit der ersten Ankunft Christi erfüllt sind – indessen ist es ebenso wahr, dass wir noch in der Erwartung ihrer vollkommenen Erfüllung bei seiner glorreichen Wiederkehr am Ende aller Zeiten stehen.

Was die liturgischen Texte angeht, soll man darum besorgt sein, in der Homilie eine gerechte Auslegung zu geben, besonders da, wo es sich um Abschnitte handelt, die scheinbar das jüdische Volk als solches ins schlechte Licht setzen. Unser Bemühen soll dahin gehen, das christliche Volk so zu unterrichten, dass es zu einem rechten Verständnis dieser Texte in ihrem wahren Sinn und in ihrer Bedeutung für den Gläubigen von heute gelangt.

Die mit der Übersetzung biblischer Texte beauftragten Kommissionen sollen ihre besondere Aufmerksamkeit darauf richten, auf welche Weise einzelne Ausdrücke und ganze Abschnitte, die von ungenügend unterrichteten Christen tendenziös missverstanden werden könnten, wiederzugeben sind. Selbstverständlich kann es nicht darum gehen, den biblischen Text zu verändern, es ist aber Aufgabe einer Übersetzung, die zum liturgischen Gebrauch bestimmt ist, den eigentlichen Sinn eines Textes herauszuarbeiten,[9] und zwar unter Berücksichtigung der exegetischen Forschung.

---

9 So bedeutet der Ausdruck „die Juden" im Johannesevangelium im Kontext bisweilen „die Führer der Juden" oder „die Feinde Jesu" – diese Ausdrücke sind eine bessere Übersetzung des Gedankens des Evangelisten, wobei der Anschein vermieden wird, als sei hier das jüdische Volk als solches gemeint. Ein anderes Beispiel ist der Gebrauch der Worte „Pharisäer" und „Pharisäismus", die heute einen durchaus pejorativen Klang haben.

## III. Lehre und Erziehung

In den vergangenen Jahren ist, wenn auch noch eine große Arbeit zu leisten bleibt, schon ein besseres Verständnis des Judentums an und für sich und in seiner Beziehung zum Christentum erreicht worden, dank der Belehrung durch die Kirche, des Studiums und der Forschungsarbeit der Wissenschaftler, und ebenso als Frucht des Dialogs, wo ein solcher zustande gekommen ist. Hierzu sind folgende Tatsachen erwähnenswert:

– Im Alten und im Neuen Bund spricht derselbe Gott, „der die Bücher beider Testamente inspiriert hat und ihr Urheber ist" (*Dei Verbum*, Nr. 16).

– Das Judentum war in der Zeit Christi und der Apostel eine sehr komplexe Wirklichkeit, es umfasste eine ganze Welt von Tendenzen, von spirituellen, religiösen, sozialen und kulturellen Werten.

– Man darf das Alte Testament und die sich darauf gründende jüdische Tradition nicht in einen solchen Gegensatz zum Neuen Testament stellen, dass sie nur eine Religion der Gerechtigkeit, der Furcht und der Gesetzlichkeit zu enthalten scheint, ohne den Anruf zur Liebe zu Gott und zum Nächsten (vgl. Deut 6,5; Lev 19,18; Mt 22,34-40).

– Jesus stammt wie seine Apostel und ein Grossteil seiner ersten Jünger aus dem jüdischen Volk. Indem er sich als Messias und Sohn Gottes offenbarte (vgl. Mt 16,16), als Überbringer einer neuen Botschaft, des Evangeliums, hat Jesus sich immer dazu bekannt, die frühere Offenbarung zu erfüllen und zu vollenden. Und obgleich die Lehre Jesu etwas zutiefst Neues darstellt, beruft er sich doch wiederholt auf die Lehre des Alten Testaments. Das Neue Testament ist sehr tief durch seine Beziehungen zum Alten Testament geprägt. So erklärt das II. Vatikanische Konzil: „Gott, der die Bücher beider Bünde inspiriert hat und ihr Urheber ist, wollte in Weisheit, dass der Neue im Alten verborgen und der Alte im Neuen Bund erschlossen sei" (*Dei Verbum*, Nr. 16). Auch macht Jesus Gebrauch von Lehrmethoden, die denen der Rabbis seiner Zeit ähnlich sind.

– Über den Prozess Jesu und seinen Tod sagt das Konzil: „Was sich bei seinem Leiden ereignet hat, kann man weder allen damals lebenden Juden ohne Unterschied noch den heutigen Juden zur Last legen" (*Nostra Aetate*, Nr. 4).

– Die Geschichte des Judentums geht nicht mit der Zerstörung Jerusalems zu Ende. Und in ihrem weiteren Verlauf hat sich eine religiöse Tradition entwickelt, deren Ausgestaltung jedenfalls reich an religiösen Werten ist, wenn sie auch, wie wir glauben, nach Christus eine zutiefst verschiedene Bedeutung hat.

– Mit den Propheten und dem Apostel Paulus „erwartet die Kirche den Tag, der nur Gott bekannt ist, an dem alle Völker mit einer Stimme den Herrn anrufen und ihm ‚Schulter an Schulter dienen' (Soph 3,9)" (Nostra Aetate, Nr. 4).

– Die notwendige Information über diese Fragen betrifft alle Ebenen der christlichen Lehre und Bildung. Unter den Mitteln dieser Information sind die folgenden von besonderer Bedeutung:

- Handbücher der Katechese,
- Geschichtswerke,
- Medien der Massenkommunikation (Presse, Radio, Film, Fernsehen).

Die wirksame Verwendung dieser Mittel setzt eine vertiefte Ausbildung der Lehrer und Erzieher in den Schulen, Seminaren und Universitäten voraus.

Die wissenschaftliche Erforschung der Probleme des Judentums und der jüdisch-christlichen Beziehungen soll gefördert werden, besonders in den Bereichen der Exegese, der Theologie, der Geschichte und der Soziologie. Die katholischen Universitäten und Forschungseinrichtungen möglichst in Verbindung mit anderen ähnlichen christlichen Instituten, wie auch die einzelnen Fachleute sind eingeladen, ihren Beitrag zur Lösung dieser Probleme zu leisten. Wo es möglich ist, sollen Lehrstühle für das Studium des Judentums geschaffen werden, die Zusammenarbeit mit jüdischen Gelehrten soll ermutigt werden.

IV. Soziale und gemeinschaftliche Aktion

Die bewusste Überzeugung vom Wert der menschlichen Person, des Ebenbildes Gottes, ist Bestandteil der jüdischen und der christlichen Tradition, die sich auf das Wort Gottes gründet. So muss sich die Liebe zu demselben Gott umsetzen in ein wirksames Handeln zugunsten der Menschen. Juden und Christen sollen im Geist der Propheten bereitwillig zusammenarbeiten zur Förderung von Gerechtigkeit und Frieden im örtlichen, nationalen und internationalen Bereich.

Dieses gemeinsame Tun kann in gleicher Weise dazu dienlich sein, die gegenseitige Kenntnis und Wertschätzung zu steigern.

Schlussbemerkung

Das II. Vatikanische Konzil hat den Weg gezeigt, wie eine vertiefte Brüderlichkeit zwischen Juden und Christen zu erreichen ist. Bis dahin liegt jedoch noch eine weite Wegstrecke vor uns.

Das Problem der Beziehungen zwischen Juden und Christen ist ein Anliegen der Kirche als solcher, denn sie begegnet dem Mysterium Israels bei ihrer „Besinnung auf ihr eigenes Geheimnis". Es ist also von bleibender Bedeutung auch in den Gegenden, in welchen es keine jüdischen Gemeinden gibt. Ebenso hat dieses Problem auch einen ökumenischen Aspekt: Die Rückkehr der

Christen zu den Quellen und den Ursprüngen ihres Glaubens, der im Alten Bund gründet, ist ein Bestandteil der Suche nach der Einheit in Christus, dem Eckstein.

In diesem Bereich sollen die Bischöfe im Rahmen der allgemeinen Disziplin der Kirche und ihrer Lehre, wie sie durch das Lehramt allumfassend verkündet wird, die geeigneten pastoralen Initiativen ergreifen. So werden sie z. B. auf nationaler oder regionaler Ebene Kommissionen oder Sekretariate dafür einrichten oder eine kompetente Persönlichkeit ernennen mit dem Auftrag, die Anweisungen des Konzils und die hier vorgelegten Anregungen in der Praxis zu verwirklichen.

Für die Gesamtkirche hat Papst Paul VI. am 22. Oktober 1974 diese „Kommission für die religiösen Beziehungen zum Judentum" errichtet, die mit dem Sekretariat für die Einheit der Christen verbunden ist. Diese spezielle Kommission soll, gegebenenfalls in Zusammenarbeit mit anderen Christen, die religiösen Beziehungen zwischen Juden und Katholiken fördern und anregen. Sie steht dabei im Rahmen ihrer Kompetenz allen interessierten Gremien zur Verfügung, um sie zu informieren und ihnen bei der Durchführung ihrer Aufgaben in Übereinstimmung mit den Direktiven des Hl. Stuhles zu helfen.

Sie hat den Wunsch, diese Zusammenarbeit weiter zu entwickeln im Sinne einer guten und wirksamen Verwirklichung der Richtlinien des Konzils.

Französischer Wortlaut in: AAS 67 (1975) 73-79; Übersetzung aus: Kirchlicher Anzeiger für die Diözese Aachen 45 (1975) 22-25. Hier zitiert nach: R. Rendtorff – H. H. Henrix (Hg.), *Die Kirchen und das Judentum I: Dokumente von 1945 bis 1985* (Paderborn-München 1988) 48-53.

# Hinweise für eine richtige Darstellung von Juden und Judentum in der Predigt und Katechese der katholischen Kirche

Vorüberlegungen

Papst Johannes Paul II. hat am 6. März 1982 den Delegierten der Bischofskonferenzen und den anderen Experten, die sich in Rom versammelt hatten, um die Beziehungen zwischen Kirche und Judentum zu studieren, gesagt: „Sie haben sich bei Ihrer Tagung Gedanken gemacht über den katholischen Unterricht und die Katechese im Hinblick auf die Juden und das Judentum ... Man muss dahin gelangen, dass dieser Unterricht auf den verschiedenen Ebenen der religiösen Bildung, in der Katechese für Kinder und Jugendliche die Juden und das Judentum nicht nur aufrichtig und objektiv, ohne jedes Vorurteil und ohne jemanden zu beleidigen, vorstellt, sondern darüber hinaus mit einem lebendigen Bewusstsein für das (Juden und Christen) gemeinsame Erbe."

In diesem inhaltlich so dichten Text hat sich der Papst offensichtlich von der Konzilserklärung *Nostra Aetate*, Nr. 4, leiten lassen, wo es heißt: „Darum sollen alle dafür Sorge tragen, dass niemand in der Katechese oder bei der Predigt des Gotteswortes etwas lehre, das mit der evangelischen Wahrheit und dem Geiste Christi nicht in Einklang steht." Ebenso von den Worten: „Da also das Christen und Juden gemeinsame geistliche Erbe so reich ist, will die Heilige Synode die gegenseitige Kenntnis und Achtung fördern ..."

Das dritte Kapitel der *„ Richtlinien und Hinweise für die Durchführung der Konzilserklärung Nostra Aetate, Nr. 4"*, worin unter dem Titel „Lehre und Erziehung" eine Reihe konkreter Maßnahmen aufgezählt wird, schließt dementsprechend mit folgender Empfehlung: „Die notwendige Information über diese Fragen betrifft alle Ebenen der christlichen Lehre und Bildung. Unter den Mitteln dieser Information sind die folgenden von besonderer Bedeutung:

– Handbücher der Katechese;
– Geschichtswerke;
– Medien der Massenkommunikation (Presse, Radio, Film, Fernsehen).

Die wirksame Verwendung dieser Mittel setzt eine vertiefte Ausbildung der Lehrer und Erzieher in den Schulen, Seminaren und Universitäten voraus" (AAS 67, 1975, 78).

Diesem Zweck wollen die folgenden Abschnitte dienen.

I. RELIGIONSUNTERRICHT UND JUDENTUM

1. In der Erklärung *Nostra Aetate*, Nr. 4 spricht das Konzil von dem „Band", das (Juden und Christen) geistlich verbindet, und von dem beiden „gemeinsamen reichen geistlichen Erbe". Ferner betont das Konzil, dass die Kirche anerkennt, dass entsprechend der Absicht Gottes, „die Anfänge ihres Glaubens und ihrer Erwählung sich schon bei den Patriarchen, bei Moses und den Propheten finden".

2. Es existieren einzigartige Beziehungen zwischen dem Christentum und dem Judentum: Beide sind „auf der Ebene ihrer eigenen Identität verbunden" (*Johannes Paul II. am 6. März 1982*), und diese Beziehungen „gründen sich auf den Plan des Bundesgottes" (*ebd.*). Deshalb sollten Juden und Judentum in Katechese und Predigt nicht einen gelegentlichen Platz am Rande bekom-

men; vielmehr muss ihre unverzichtbare Gegenwart in die Unterweisung eingearbeitet werden.

3. Dieses Interesse für das Judentum in der katholischen Unterweisung hat nicht bloß eine historische oder archäologische Grundlage. In seiner oben zitierten Rede hat der Papst aufs Neue das „beachtliche gemeinsame Erbe" von Kirche und Judentum erwähnt und dazu gesagt: „Eine Bestandsaufnahme dieses Erbes bei uns selbst, aber auch die Berücksichtigung des Glaubens und religiösen Lebens des jüdischen Volkes, *wie sie noch jetzt bekannt und gelebt werden*, können dazu beitragen, bestimmte Aspekte der Kirche besser zu verstehen" (Hervorhebung hinzugefügt). Es geht also darum, sich eine stets lebendige Wirklichkeit, die zur Kirche in enger Beziehung steht, seelsorglich angelegen sein zu lassen. Der Papst hat diese bleibende Wirklichkeit des jüdischen Volkes in seiner Ansprache an die Vertreter der jüdischen Gemeinschaft der Bundesrepublik Deutschland am 17. November 1980 in Mainz mit einer bemerkenswerten theologischen Formulierung dargestellt: „... das Gottesvolk des von Gott nie gekündigten Alten Bundes ..."

4. Schon an dieser Stelle muss an den Text erinnert werden, mit dem die *Richtlinien und Hinweise* die Grundbedingungen des Dialogs umschreiben wollten. In der Einleitung wird von der „Verpflichtung zu einem besseren gegenseitigen Verstehen und einer neuen gegenseitigen Hochschätzung" gesprochen, ebenso von der Kenntnis der „grundlegenden Komponenten der religiösen Traditionen des Judentums" und von dem Lernen der „Grundzüge der Wirklichkeit der Juden nach ihrem eigenen Verständnis".

5. Die Besonderheit und die Schwierigkeit des christlichen Unterrichts über Juden und Judentum bestehen vor allem darin, dass dieser Unterricht die Bestandteile mehrerer Begriffspaare

gleichzeitig handhaben muss, in denen sich die Beziehung zwischen den beiden Heilsordnungen des Alten und des Neuen Testaments ausdrückt: Verheißung und Erfüllung, Fortdauer und Neuheit, Besonderheit und Allgemeinheit, Einzigartigkeit und Vorbildlichkeit.

Es ist wichtig, dass der Theologe oder Katechet, der diese Dinge behandelt, sich darum bemüht, schon in seiner Unterrichtspraxis zeigt, dass

– die Verheißung und die Erfüllung einander gegenseitig erhellen;
– die Neuheit in einem Gestaltwandel dessen besteht, was vorher war;
– die Besonderheit des Volkes des Alten Testamentes nicht exklusiv, sondern
– in der Sicht Gottes – auf eine universale Ausdehnung hin offen ist;
– die Einzigartigkeit eben dieses jüdischen Volkes im Hinblick auf eine Vorbildhaftigkeit besteht.

6. Schließlich „würden die Ungenauigkeit und die Mittelmäßigkeit auf diesem Gebiet" dem jüdisch-christlichen Gespräch „außerordentlich schaden" (*Johannes Paul II., Rede vom 6. März 1982*). Da es aber um Erziehung und Unterricht geht, würden sie vor allem der „eigenen Identität" der Christen schaden (*ebd.*).

7. „Kraft ihrer göttlichen Sendung (muss) die Kirche", die das „allgemeine Hilfsmittel des Heils" ist, und in der allein sich „die ganze Fülle der Heilsmittel" findet (*Unitatis Redintegratio*, 3), „ihrem Wesen nach Jesus Christus der Welt verkünden" (*Richtlinien und Hinweise*, I). In der Tat glauben wir, dass wir gerade durch Ihn zum Vater gelangen (vgl. Joh 14,6) und dass „das ewige Leben darin besteht, dass sie dich kennen, dich, den einzigen

wahren Gott, und seinen Gesandten, Jesus Christus" (Joh 17,3).

Jesus bekräftigt (Joh 10,16), dass „es nur eine Herde, nur einen Hirten geben wird". Kirche und Judentum können also nicht als zwei parallele Heilswege dargestellt werden, und die Kirche muss Christus als Erlöser vor allen Menschen bezeugen, und dies im „konsequent durchgehaltenen Respekt gegenüber der religiösen Freiheit des anderen, wie sie das Zweite Vatikanische Konzil lehrt (in der Erklärung *Dignitatis Humanae*)" (*Richtlinien und Hinweise*, I).

8. Dass es dringend und wichtig ist, unsere Gläubigen genau, objektiv und in strengem Streben nach Richtigkeit über das Judentum zu unterrichten, ergibt sich auch aus der Gefahr eines Antisemitismus, der stets daran ist, unter verschiedenen Gesichtern wieder zu erscheinen. Es geht nicht nur darum, in unseren Gläubigen die Reste von Antisemitismus, die man noch hie und da findet, auszurotten, sondern viel eher darum, mit allen erzieherischen Mitteln in ihnen eine richtige Kenntnis des völlig einzigartigen „Bandes" (vgl. *Nostra Aetate*, 4) zu erwecken, das uns als Kirche an die Juden und das Judentum bindet. So würde man unsere Gläubigen lehren, sie zu schätzen und zu lieben – sie, die von Gott erwählt worden sind, das Kommen Christi vorzubereiten, und die alles bewahrt haben, was im Laufe dieser Vorbereitung fortlaufend offenbart und gegeben worden ist –, obwohl es für sie schwierig ist, in ihm ihren Messias zu erkennen.

II. BEZIEHUNGEN ZWISCHEN ALTEM[1] UND NEUEM TESTAMENT

1. Es geht darum, die Einheit der biblischen Offenbarung (Altes Testament und Neues Testament) und die Absicht Gottes darzustellen, bevor man von jedem einzelnen dieser historischen Ereignisse spricht, um zu unterstreichen, dass jedes davon seinen Sinn nur bekommt, wenn es innerhalb der gesamten Geschichte, von der Schöpfung bis zur Vollendung, betrachtet wird. Diese Geschichte geht das ganze Menschengeschlecht und besonders die Gläubigen an. Auf diese Weise tritt der endgültige Sinn der Erwählung Israels erst im Lichte der eschatologischen Vollerfüllung zutage (Röm 9-11), und so wird die Erwählung in Jesus Christus im Hinblick auf die Verkündigung und die Verheißung noch besser verstanden (vgl. Hebr 4,1-11).

2. Es handelt sich um einzelne Ereignisse, die eine einzelne Nation betreffen, die aber in der Schau Gottes, der seine Absicht enthüllt, dazu bestimmt sind, eine universale und exemplarische Bedeutung zu erhalten. Es geht außerdem darum, die Ereignisse des Alten Testamentes nicht als Ereignisse darzustellen, die nur die Juden betreffen; sie betreffen vielmehr auch uns persönlich. Abraham ist wirklich der Vater unseres Glaubens (vgl. Röm 4,11 f.); (Römischer Kanon: *patriarchae nostri Abrahae*). Es heißt auch (1 Kor 10,1): „Unsere Väter sind alle unter der Wolke gewesen, sie alle sind durchs Meer gezogen." Die Erzväter, die Propheten und anderen Persönlichkeiten des Alten Testaments wurden und werden immerdar in der liturgischen Tradition der Ostkirche wie auch der lateinischen Kirche als Heilige verehrt.

---

1 Im Text wird der Ausdruck „*Altes Testament*" weiterhin verwendet, weil er traditionell ist (vgl. schon 2 Kor 3,14), aber auch, weil „alt" weder „verjährt" noch „überholt" bedeutet. Auf jeden Fall ist es der *bleibende* Wert des Alten Testamentes als Quelle der christlichen Offenbarung, der hier unterstrichen werden soll (vgl. *Dei Verbum*, 3).

3. Aus der Einheit des göttlichen Planes ergibt sich das Problem der Beziehungen zwischen dem Alten und dem Neuen Testament. Schon zur Zeit der Apostel (vgl. 1 Kor 10,11; Hebr 10,1) und dann beständig in der Tradition hat die Kirche dieses Problem vor allem mit Hilfe der Typologie gelöst; damit wird die grundlegende Bedeutung unterstrichen, welche das Alte Testament in christlicher Sicht haben muss. Allerdings erweckt die Typologie bei vielen Unbehagen; das ist vielleicht ein Zeichen dafür, dass das Problem nicht gelöst ist.

4. Man wird also bei der Anwendung der Typologie, deren Lehre und Handhabung wir von der Liturgie und den Kirchenvätern übernommen haben, wachsam darauf achten, jeden Übergang vom Alten zum Neuen Testament zu vermeiden, der nur als Bruch angesehen werden kann. In der Spontaneität des Geistes, der sie beseelt, hat die Kirche die Einstellung Markions[2] energisch verurteilt und sich seinem Dualismus stets entgegengestellt.

5. Es ist auch wichtig zu unterstreichen, dass die typologische Interpretation darin besteht, das Alte Testament als Vorbereitung und in gewisser Hinsicht als Skizze und Voranzeige des Neuen zu lesen (vgl. z. B. Hebr 5,5-10 usw.). Christus ist nunmehr der Bezugspunkt und Schlüssel der Schriften: „Der Fels war Christus" (1 Kor 10,4).

6. Es ist also wahr und muss auch unterstrichen werden, dass die Kirche und die Christen das Alte Testament im Lichte des Ereignisses von Tod und Auferstehung Christi lesen, und dass es in dieser Hinsicht eine christliche Art, das Alte Testament zu lesen, gibt, die nicht notwendigerweise mit der jüdischen zusammen-

---

2 Ein Gnostiker des 2. Jahrhunderts, der das Alte Testament und einen Teil des Neuen als Werk eines bösen Gottes (eines Demiurgen) verwarf. Die Kirche hat auf diese Häresie kräftig reagiert (vgl. *Irenäus*).

fällt. Christliche Identität und jüdische Identität müssen deshalb in ihrer je eigenen Art der Bibellektüre sorgfältig unterschieden werden. Dies verringert jedoch in keiner Weise den Wert des Alten Testaments in der Kirche und hindert die Christen nicht daran, ihrerseits die Traditionen der jüdischen Lektüre differenziert und mit Gewinn aufzunehmen.

7. Die typologische Lektüre zeigt erst recht die unergründlichen Schätze des Alten Testaments, seinen unerschöpflichen Inhalt und das Geheimnis, dessen es voll ist. Diese Leseweise darf nicht vergessen lassen, dass das Alte Testament seinen Eigenwert als Offenbarung behält, die das Neue Testament oft nur wieder aufnimmt (vgl. Mk 12,29-31). Übrigens will das Neue Testament selber auch im Lichte des Alten gelesen werden. Auf dieses nimmt die ursprüngliche christliche Katechese ständig Bezug (vgl. z. B. 1 Kor 5,6-8; 10,1-11).

8. Die Typologie bedeutet ferner die Projektion auf die Vollendung des göttlichen Plans, wenn „Gott alles in allem ist" (1 Kor 15,28). Das gilt auch für die Kirche, die zwar in Christus schon verwirklicht ist, aber nichtsdestoweniger ihre endgültige Vervollkommnung als Leib Christi erwartet. Die Tatsache, dass der Leib Christi immer noch seiner vollkommenen Gestalt zustrebt (vgl. Eph 4,12 f.), nimmt dem Christsein nichts von seinem Wert. So verlieren auch die Berufung der Erzväter und der Auszug aus Ägypten ihre Bedeutung und ihren Eigenwert im Plan Gottes nicht dadurch, dass sie gleichzeitig auch Zwischenetappen sind (vgl. *Nostra Aetate*, 4).

9. Der Exodus beispielsweise steht für eine Erfahrung von Heil und Befreiung, die nicht in sich selbst beendet ist, sondern außer ihrem Eigenwert die Fähigkeit zu späterer Entfaltung in sich trägt. Heil und Befreiung sind in Christus bereits vollendet und

verwirklichen sich schrittweise durch die Sakramente in der Kirche. Auf diese Weise bereitet sich die Erfüllung des göttlichen Planes vor, die ihre endgültige Vollendung mit der Wiederkunft Jesu als Messias, worum wir täglich beten, findet. Das Reich Gottes, um dessen Herankunft wir ebenfalls täglich beten, wird endlich errichtet sein. Dann werden Heil und Befreiung die Erwählten und die gesamte Schöpfung in Christus verwandelt haben (vgl. Röm 8,19-23).

10. Wenn man die eschatologische Dimension des Christentums unterstreicht, wird man sich darüber hinaus dessen noch klarer bewusst, dass – wenn man die Zukunft betrachtet – das Gottesvolk des Alten und des Neuen Bundes analogen Zielen zustrebt: nämlich der Ankunft oder der Wiederkunft des Messias – auch wenn die Blick- und Ausgangspunkte verschieden sind. Man legt sich dann auch klarer Rechenschaft darüber ab, dass die Person des Messias, an der das Volk Gottes sich spaltet, auch der Punkt ist, in dem es zusammentrifft (vgl. *Sussidi per l'ecumenismo della Diocesi di Roma*, 1982, 140). So kann man sagen, dass Juden und Christen einander in einer vergleichbaren Hoffnung begegnen, die sich auf dieselbe Verheißung an Abraham gründet (vgl. Gen 12,1-3; Hebr 6,13-18).

11. Aufmerksam horchend auf denselben Gott, der gesprochen hat, hangend am selben Wort, haben wir ein gleiches Gedächtnis und eine gemeinsame Hoffnung auf Ihn, der der Herr der Geschichte ist, zu bezeugen. So müssten wir unsere Verantwortung dafür wahrnehmen, die Welt auf die Ankunft des Messias vorzubereiten, indem wir miteinander für soziale Gerechtigkeit und für Respektierung der Rechte der menschlichen Person und der Nationen zur gesellschaftlichen und internationalen Versöhnung wirken. Dazu drängt uns, Juden und Christen, das Gebot der Nächstenliebe, eine gemeinsame Hoffnung auf das Reich Gottes

und das große Erbe der Propheten. Wenn sie von der Katechese frühzeitig genug vermittelt wird, könnte eine solche Auffassung die jungen Christen konkret dazu erziehen, mit den Juden zusammenzuarbeiten und so über den bloßen Dialog hinauszugelangen (vgl. *Richtlinien*, IV).

### III. JÜDISCHE WURZELN DES CHRISTENTUMS

12. Jesus war Jude und ist es immer geblieben; seinen Dienst hat er freiwillig auf „die verlorenen Schafe des Hauses Israel" (Mt 15,24) beschränkt. Jesus war voll und ganz ein Mensch seiner Zeit und seines jüdisch-palästinischen Milieus des 1. Jahrhunderts, dessen Ängste und Hoffnungen er teilte. Damit wird die Wirklichkeit der Menschwerdung wie auch der eigentliche Sinn der Heilsgeschichte nur noch unterstrichen, wie er uns in der Bibel offenbart worden ist (vgl. Röm 1,3 f.; Gal 4,4 f.).

13. Das Verhältnis Jesu zum biblischen Gesetz und seinen mehr oder weniger traditionellen Interpretationen ist zweifelsohne komplex; er hat große Freiheit diesem gegenüber an den Tag gelegt (vgl. die „Antithesen" der Bergpredigt Mt 5,21-48 – wobei die exegetischen Schwierigkeiten zu berücksichtigen sind –, die Einstellung Jesu zu strenger Beobachtung der Sabbatgesetze Mk 3,1-6 usw.).

Es gibt jedoch keinen Zweifel daran, dass er sich dem Gesetz unterwerfen will (vgl. Gal 4,4), dass er beschnitten und im Tempel gezeigt worden ist, wie jeder andere Jude seiner Zeit auch (vgl. Lk 2,21.22-24), und dass er zur Beobachtung des Gesetzes erzogen worden ist. Er predigte den Respekt vor dem Gesetz (vgl. Mt 5,17-20) und forderte dazu auf, demselben zu gehorchen (vgl. Mt 8,4). Der Ablauf seines Lebens war unterteilt durch die Wallfahrten an den Festzeiten, und zwar seit seiner Kindheit (vgl. Lk

2,41-50; Joh 2,13; 7,10 usw.). Man hat oft die Bedeutung des jüdischen Festzyklus im Johannes-Evangelium beachtet (vgl. 2,13; 5,1; 7,2.10.37; 10,22; 12,1; 13,1; 18,28; 19,42 usw.).

14. Es muss auch bemerkt werden, dass Jesus oft in den Synagogen (vgl. Mt 4,23; 9,35; Lk 4,15-18; Joh 18,20 usw.) und im Tempel, den er häufig besuchte (vgl. Joh 18,20 usw.), gelehrt hat. Das taten auch seine Jünger, sogar nach der Auferstehung (vgl. z. B. Apg 2,46; 3,1; 21,26 usw.). Er hat die Verkündigung seiner Messianität in den Rahmen des Synagogen-Gottesdienstes einordnen wollen (vgl. Lk 4,16-21). Vor allem aber hat er die höchste Tat der Selbsthingabe im Rahmen der häuslichen Pessachliturgie oder zumindest des Pessachfestes vollbringen wollen (vgl. Mk 14,1.12 par.; Joh 18,28). Dies erlaubt, den Gedächtnischarakter der Eucharistie besser zu verstehen.

15. So ist der Sohn Gottes in einem Volk und einer menschlichen Familie Mensch geworden (vgl. Gal 4,4; Röm 9,5). Das verringert keineswegs die Tatsache, dass er für alle Menschen geboren worden (um seine Wiege stehen die jüdischen Hirten und die heidnischen Magier: Lk 2,8-20; Mt 2,1-12) und für alle gestorben ist (am Fuß des Kreuzes stehen ebenfalls die Juden, unter ihnen Maria und Johannes: Joh 19,25-27, und die Heiden, wie der Hauptmann: Mk 15,39 par.). Er hat so die zwei Völker in seinem Fleisch zu einem gemacht (vgl. Eph 2,14-17). Man kann also die Tatsache erklären, dass es in Palästina und anderwärts mit der „Kirche aus den Völkern" eine „Kirche aus der Beschneidung" gegeben hat, von der beispielsweise Eusebius spricht (*Historia Ecclesiastica* IV, 5).

16. Seine Beziehungen zu den Pharisäern waren nicht völlig und nicht immer polemischer Art. Es gibt zahlreiche Beispiele dafür:

- Es sind die Pharisäer, die Jesus vor der ihm drohenden Gefahr warnen (Lk 13,31);
- Pharisäer werden gelobt wie der „Schriftgelehrte" (Mk 12,34);
- Jesus isst mit Pharisäern (Lk 7,36; 14,1).

17. Jesus teilt mit der Mehrheit der damaligen palästinischen Juden pharisäische Glaubenslehren: Die leibliche Auferstehung; die Frömmigkeitsformen wie Wohltätigkeit, Gebet, Fasten (vgl. Mt 6,1-18) und die liturgische Gewohnheit, sich an Gott als Vater zu wenden; den Vorrang des Gebots der Gottes- und der Nächstenliebe (vgl. Mk 12,28-34). Dasselbe trifft auch für Paulus zu (vgl. Apg 23,8), der seine Zugehörigkeit zu den Pharisäern immer als Ehrentitel betrachtet hat (vgl. Apg 23,6; 26,5; Phil 3,5).

18. Auch Paulus (wie übrigens Jesus selber) hat Methoden der Schriftlesung, ihrer Interpretation und Weitergabe an die Schüler verwendet, die den Pharisäern ihrer Zeit gemeinsam waren. Das trifft auch zu für die Verwendung der Gleichnisse im Wirken Jesu, wie auch für Jesu und Paulus' Methode, eine Schlussfolgerung mit einem Schriftzitat zu untermauern.

19. Es muss auch festgehalten werden, dass die Pharisäer in den Passionsberichten nicht erwähnt werden. Gamaliel (vgl. Apg 5,34-39) macht sich in einer Sitzung des Synhedrions zum Anwalt der Apostel. Eine ausschließlich negative Darstellung der Pharisäer läuft Gefahr, unrichtig und ungerecht zu sein (vgl. *Richtlinien*, Fußnote 1, vgl. AAS, a. a. O., 76). Wenn es in den Evangelien und an anderen Stellen des Neuen Testaments allerhand abschätzige Hinweise auf die Pharisäer gibt, muss man sie vor dem Hintergrund einer komplexen und vielgestaltigen Bewegung sehen. Kritik an verschiedenen Typen von Pharisäern fehlen übrigens in den rabbinischen Quellen nicht (vgl. Babylo-

nischer Talmud, Traktat Sotah 22b usw.). Das „Pharisäertum" im negativen Sinn kann in jeder Religion seinen Schaden anrichten. Man kann auch die Tatsache unterstreichen, dass Jesus den Pharisäern gegenüber gerade deshalb streng ist, weil er ihnen näher steht als den anderen Gruppen im zeitgenössischen Judentum (s.o. Nr. 17).

20. All dies sollte Paulus' Feststellung (Röm 11,16 ff.) über die „Wurzel" und die „Zweige" besser verstehen helfen. Kirche und Christentum, neu wie sie sind, finden ihren Ursprung im jüdischen Milieu des 1. Jahrhunderts unserer Zeitrechnung und – noch tiefer – im „Geheimnis Gottes" (*Nostra Aetate*, 4), das in den Erzvätern, Mose und den Propheten (*ebd.*) bis zu ihrer Vollendung in Jesus, dem Christus, verwirklicht ist.

IV. DIE JUDEN IM NEUEN TESTAMENT

21. In den „*Richtlinien*" wurde bereits (Anmerkung 1) gesagt, dass „der Ausdruck ‚die Juden' im Johannesevangelium im Kontext bisweilen die ‚Führer der Juden' oder die ‚Feinde Jesu' bedeutet. Diese Ausdrücke sind eine bessere Übersetzung des Gedankens des Evangelisten, wobei der Anschein vermieden wird, als sei hier das jüdische Volk als solches gemeint."

Eine objektive Darstellung der Rolle des jüdischen Volkes im Neuen Testament muss folgende verschiedene Gegebenheiten berücksichtigen:

A. Die Evangelien sind das Ergebnis eines langen und komplizierten Redaktionsprozesses. Die dogmatische Konstitution „*Dei Verbum*" folgt der Instruktion „*Sancta Mater Ecclesia*" der päpstlichen Bibelkommission und unterscheidet darin drei Etappen: „Die biblischen Verfasser aber haben die vier Evangelien redigiert, indem sie einiges aus dem vielen auswählten, das mündlich oder auch schon schriftlich überliefert war, indem sie anderes zu Überblicken zusammenzogen oder im Hinblick auf die Lage in den Kirchen verdeutlichten, indem sie schließlich die Form der Verkündigung beibehielten, doch immer so, dass ihre Mitteilungen über Jesus wahr und ehrlich waren" (Nr. 19).

Es ist also nicht ausgeschlossen, dass gewisse feindselige oder wenig schmeichelhafte Erwähnungen der Juden im historischen Zusammenhang der Konflikte zwischen der entstehenden Kirche und der jüdischen Gemeinde stehen. Gewisse Polemiken spiegeln Bedingungen wider, unter denen die Beziehungen zwischen Juden und Christen sehr lange nach Jesus bestanden.

Die Feststellung bleibt von grundlegender Bedeutung, wenn man den Sinn gewisser Evangelientexte für die Christen von heute herausarbeiten will.

All dies muss man in Betracht ziehen, wenn man die Katechesen und Homilien für die letzten Wochen der Fastenzeit und die heilige Woche vorbereitet (vgl. schon Richtlinien II, und jetzt auch *Sussidi per l'ecumenismo della Diocesi di Roma*, 1982, 142 b).

B. Auf der anderen Seite ist es klar, dass es vom Anfang seiner Sendung an Konflikte zwischen Jesus und gewissen Gruppen von Juden seiner Zeit, darunter auch den Pharisäern, gegeben hat (vgl. Mk 2,1-11.24; 3,6 usw.).

C. Es besteht ferner die schmerzliche Tatsache, dass die Mehrheit des jüdischen Volkes und seine Behörden nicht an Jesus geglaubt haben. Diese Tatsache ist nicht nur historisch; sie hat vielmehr eine theologische Bedeutung, deren Sinn herauszuarbeiten Paulus bemüht ist (Röm 9-11).

D. Diese Tatsache, die sich mit der Entwicklung der christlichen Mission, namentlich unter den Heiden, immer mehr verschärfte, hat zum unvermeidlichen Bruch zwischen dem Judentum und der jungen Kirche geführt, die seither – schon auf der Ebene des Glaubens – in nicht aufzuhebender Trennung auseinanderstreben; die Redaktion der Texte des Neuen Testaments, besonders der Evangelien, spiegelt diese Lage wider. Es kann nicht davon die Rede sein, diesen Bruch zu verringern oder zu verwischen; das könnte der Identität der einen wie der anderen nur schaden. Dennoch hebt dieser Bruch sicher nicht das geistliche „Band" auf, wovon das Konzil spricht (*Nostra Aetate*, 4) und wovon wir hier einige Dimensionen ausarbeiten wollen.

E. Wenn die Christen sich hierüber Gedanken machen, und zwar im Lichte der Schrift und besonders der zitierten Kapitel des Römerbriefs, dürfen sie nie vergessen, dass der Glaube eine freie Gabe Gottes ist (vgl. Röm 9,12) und das Gewissen eines Mitmenschen sich dem Urteil entzieht. Paulus' Ermahnung, der „Wurzel" gegenüber nicht „in Hochmut zu verfallen" (Röm 11,18), tritt hier sehr anschaulich hervor.

F. Man kann die Juden, die Jesus gekannt und nicht an ihn geglaubt oder der Predigt der Apostel Widerstand geleistet haben, nicht mit den späteren und den heutigen Juden gleichsetzen. Während die Verantwortlichkeit jener ein Geheimnis Gottes bleibt (vgl. Röm 11,25), sind diese in einer völlig anderen Lage. Das Zweite Vatikanische Konzil lehrt (Erklärung *Dignitatis Humanae* über die Religionsfreiheit), dass „alle Menschen frei sein müssen von jedem Zwang ..., so dass in religiösen Dingen niemand gezwungen wird, gegen sein Gewissen zu handeln, noch daran gehindert wird, nach seinem Gewissen zu handeln" (Nr. 2). Dies ist eine der Grundlagen, worauf der vom Konzil geförderte jüdisch-christliche Dialog beruht.

22. Das heikle Problem der Verantwortlichkeit für Christi Tod muss in der Sichtweise von *Nostra Aetate*, Nr. 4 und der *Richtlinien und Hinweise* III. betrachtet werden. Was während der Passion begangen worden ist, kann man – so *Nostra Aetate*, Nr. 4 – „weder allen damals lebenden Juden ohne Unterschied noch den heutigen Juden zur Last legen, obgleich die jüdischen Obrigkeiten mit ihren Anhängern auf den Tod Christi gedrungen haben". Weiterhin: „Christus hat ... in Freiheit, um der Sünden aller Menschen willen, sein Leiden und seinen Tod aus unendlicher Liebe auf sich genommen." Der Katechismus des Konzils von Trient lehrt im Übrigen, dass die sündigen Christen mehr Schuld am Tode Christi haben als die paar Juden, die dabei waren; diese „wussten" in der Tat „nicht, was sie taten" (Lk 23,34), während wir unsererseits es nur zu gut wissen (Pars 1, caput V, Quaestio XI). Auf derselben Linie und aus demselben Grund „dürfen die Juden nicht als von Gott verworfen oder verflucht dargestellt werden, als wäre dies aus der Heiligen Schrift zu folgern" (*Nostra Aetate*, 4), auch wenn es wahr ist, dass „die Kirche das neue Volk Gottes ist" (*ebd.*).

## V. DIE LITURGIE

23. Juden und Christen finden in der Bibel die ganze Substanz ihrer Liturgie: für die Verkündigung des Wortes Gottes, die Antwort auf dieses Wort, das Lobgebet und die Fürbitte für die Lebenden und für die Toten, die Zuflucht zum göttlichen Erbarmen. Der Wortgottesdienst hat in seinem Aufbau seinen Ursprung im Judentum. Das Stundengebet und andere liturgische Texte und Formulare haben ihre Parallelen im Judentum genau so wie die Wendungen unserer verehrungswürdigen Gebete, darunter das Vaterunser. Die eucharistischen Gebete lehnen sich ebenfalls an Vorbilder der jüdischen Tradition an. Wie Johannes Paul II. (*Ansprache am 6. März 1982*) es sagte: „Der Glaube und das

religiöse Leben des jüdischen Volkes, wie sie noch jetzt bekannt und gelebt werden, können dazu beitragen, bestimmte Aspekte des Lebens der Kirche besser zu verstehen. Das ist der Fall in der Liturgie ..."

24. Dies zeigt sich besonders in den großen Festen des liturgischen Jahres, wie z. B. Ostern. Christen und Juden feiern das Pascha: das Pascha der Geschichte, in der Spannung auf die Zukunft hin, bei den Juden; und im Tod und in der Auferstehung Christi vollendetes Pascha bei den Christen, wenn auch immer in der Erwartung der endgültigen Erfüllung (s. o. Nr. 9). Auch das „Gedächtnis", mit spezifischem, in jedem einzelnen Fall verschiedenem Inhalt, kommt aus der jüdischen Tradition zu uns. Es gibt also auf beiden Seiten eine vergleichbare Dynamik. Für die Christen gibt sie der Eucharistiefeier ihre Sinnrichtung (vgl. die Antiphon *O sacrum convivium*): Sie ist eine Paschafeier und als solche eine Aktualisierung der Vergangenheit, aber gelebt in der Erwartung, „bis er kommt" (1 Kor 11,26).

VI. JUDENTUM UND CHRISTENTUM IN DER GESCHICHTE

25. Die Geschichte Israels ist mit dem Jahr 70 nicht zu Ende (vgl. *Richtlinien*, III). Sie wird sich fortsetzen, besonders in einer zahlreichen Diaspora, die es Israel erlaubt, das oft heldenhafte Zeugnis seiner Treue zum einzigen Gott in die ganze Welt zu tragen und „ihn im Angesicht aller Lebenden zu verherrlichen" (Tob 13,4) und dabei doch die Erinnerung an das Land der Väter im Herzen seiner Hoffnungen zu bewahren (Pessachseder). Die Christen sind dazu aufgefordert, diese religiöse Bindung zu verstehen, die in der biblischen Tradition tief verwurzelt ist. Sie sollten sich jedoch deswegen nicht eine besondere religiöse Interpretation dieser Beziehung zu eigen machen (vgl. *die Erklärung der Katholischen Bischofskonferenz der Vereinigten Staaten* vom 20. November 1975).

Was die Existenz und die politischen Entscheidungen des Staates Israel betrifft, so müssen sie in einer Sichtweise betrachtet werden, die nicht in sich selbst religiös ist, sondern sich auf die allgemeinen Grundsätze internationalen Rechts beruft.

Der Fortbestand Israels (wo doch so viele Völker des Altertums spurlos verschwunden sind) ist eine historische Tatsache und ein Zeichen im Plan Gottes, das Deutung erheischt. Auf jeden Fall muss man sich von der traditionellen Auffassung freimachen, wonach Israel ein bestraftes Volk ist, aufgespart als lebendes Argument für die christliche Apologetik. Es bleibt das auserwählte Volk, der gute Ölbaum, in den die Heiden als wilde Schösslinge eingepfropft sind (*Johannes Paul II., am 6. März 1982*, unter Anspielung auf Röm 11,17-24). Man wird in Erinnerung rufen, wie negativ die Bilanz der Beziehungen zwischen Juden und Christen während zwei Jahrtausenden gewesen ist. Man wird herausstellen, von wie großer ununterbrochener geistiger Schöpferkraft diese Fortdauer Israels begleitet ist – in der rabbinischen Epoche, im Mittelalter und in der Neuzeit –, ausgehend von einem Erbe, das wir lange Zeit gemeinsam hatten, und zwar so sehr gemeinsam, dass „der Glaube und das religiöse Leben des jüdischen Volkes, wie sie noch jetzt bekannt und gelebt werden… dazu beitragen (können), bestimmte Aspekte des Lebens der Kirche besser zu verstehen" (*Johannes Paul II., am 6. März 1982*). Auf der anderen Seite müsste die Katechese dazu beitragen, die Bedeutung zu verstehen, welche die Ausrottung der Juden während der Jahre 1939-1945 und deren Folgen für dieselben hat.

26. Erziehung und Katechese müssen sich mit dem Problem des Rassismus befassen, der in den verschiedenen Formen des Antisemitismus immer mitwirkt. Das Konzil hat dieses Problem folgendermaßen dargestellt: „Im Bewusstsein des Erbes, das sie mit den Juden gemeinsam hat, beklagt die Kirche, die alle Verfolgungen gegen irgendwelche Menschen verwirft, nicht aus

politischen Gründen, sondern auf Antrieb der religiösen Liebe des Evangeliums alle Hassausbrüche, Verfolgungen und Manifestationen des Antisemitismus, die sich zu irgendeiner Zeit und von irgend jemandem gegen die Juden gerichtet haben" (*Nostra Aetate*, 4). Die „*Richtlinien*" erläutern dies: „Die geistlichen Bande und die historischen Beziehungen, die die Kirche mit dem Judentum verknüpfen, verurteilen jede Form des Antisemitismus und der Diskriminierung als dem Geist des Christentums widerstreitend, wie sie ja auch bereits aufgrund der Würde der menschlichen Person an und für sich verurteilt sind" (*Einleitung*).

## VII. Schluss

27. Die religiöse Unterweisung, die Katechese und die Predigt müssen nicht nur zu Objektivität, Gerechtigkeit und Toleranz erziehen, sondern zum Verständnis und zum Dialog. Unsere beiden Traditionen sind miteinander so verwandt, dass sie voneinander Kenntnis nehmen müssen. Man muss gegenseitige Kenntnis auf allen Ebenen fördern. Insbesondere ist eine peinliche Unkenntnis der Geschichte und der Traditionen des Judentums festzustellen, deren negative und oft verzerrte Aspekte allein zum allgemeinen Rüstzeug vieler Christen zu gehören scheinen. Dem wollen diese Hinweise abhelfen. So wird es leichter sein, den Text des Konzils und die „*Richtlinien und Hinweise*" getreulich in die Praxis umzusetzen.

> Französischer Wortlaut in: *La Documentation Catholique* 67 (1985) 733-738; Übersetzung aus: Sekretariat der Deutschen Bischofskonferenz, Arbeitshilfen 44 (Bonn 1985). Hier zitiert nach: R. Rendtorff – H. H. Henrix (Hg.), *Die Kirchen und das Judentum I: Dokumente von 1945 bis 1985* (Paderborn-München 1988) 93-103.

# Wir erinnern: eine Reflexion über die Schoa

An meinen ehrwürdigen Mitbruder
Kardinal Edward Idris Cassidy

Bei zahlreichen Gelegenheiten während meines Pontifikats habe ich mit einem Empfinden tiefer Trauer an die Leiden des jüdischen Volkes während des Zweiten Weltkrieges erinnert: Das Verbrechen, das als die *Schoa* bekannt wurde, bleibt ein untilgbarer Schandfleck in der Geschichte des nun zu Ende gehenden Jahrhunderts.

Da wir uns auf den Beginn des dritten Jahrtausends der Christenheit vorbereiten, ist die Kirche sich bewusst, dass die Freude eines Jubeljahrs vor allem die Freude ist, die auf der Vergebung der Sünden und der Versöhnung mit Gott und mit dem Nächsten gründet. Deshalb ermutigt sie ihre Söhne und Töchter, ihre Herzen durch Reue über die Irrtümer und Treulosigkeiten der Vergangenheit zu läutern. Sie ruft sie dazu auf, in Demut vor den Herrn zu treten und sich selbst im Blick auf die Verantwortung zu prüfen, welche auch sie für die Übel unserer Zeit haben.

Es ist meine innige Hoffnung, dass das Dokument *Wir erinnern: eine Reflexion über die Schoa*, welches die Kommission für die religiösen Beziehungen mit den Juden unter Ihrer Leitung vorbereitet hat, wirklich helfen wird, die Wunden der Missverständnisse und Ungerechtigkeiten in der Vergangenheit zu heilen. Möge es dem Gedenken ermöglichen, seinen notwendigen Teil zum Aufbau einer Zukunft beizutragen, in der die unsagbare Schandtat der Schoa nie wieder möglich sein wird. Der Herr der Geschichte möge die Bemühungen der Katholiken und Juden und aller Frauen und Männer guten Willens leiten, auf dass sie gemeinsam für eine Welt arbeiten, in der das Leben und die Würde jedes menschlichen Wesens wirklich respektiert werden, denn alle sind nach dem Bild und Abbild Gottes geschaffen.

Aus dem Vatikan, 12. März 1998
Johannes Paul II.


## I. Die Tragödie der Schoa und die Pflicht der Erinnerung

Das zwanzigste Jahrhundert neigt sich schon bald dem Ende zu, und wir stehen vor dem Beginn eines neuen Jahrtausends der christlichen Zeitrechnung. Die 2000-Jahr-Feier der Geburt Jesu Christi ist ein Aufruf an alle Christen und lädt alle Männer und Frauen ein, im Lauf der Geschichte die Zeichen des Wirkens der göttlichen Vorsehung zu erkennen zu suchen wie auch die Art und Weise, in der das Bild des Schöpfers im Menschen verletzt und verunstaltet wurde.

Diese Reflexion betrifft einen der wesentlichen Bereiche, in denen die Katholiken sich die Ermahnungen ernsthaft zu Herzen nehmen mögen, welche Papst Johannes Paul II. in seinem Apostolischen Schreiben *Tertio Millennio Adveniente* an sie gerichtet hat: „Zu Recht nimmt sich daher die Kirche, während sich das zweite christliche Jahrtausend seinem Ende zuneigt, mit stärkerer Bewusstheit der Schuld ihrer Söhne und Töchter an, eingedenk aller jener Vorkommnisse im Laufe der Geschichte, wo diese sich vom Geist Christi und seines Evangeliums dadurch entfernt haben, dass sie der Welt statt eines an den Werten des Glaubens inspirierten Lebenszeugnisses den Anblick von Denk- und Handlungsweisen boten, die geradezu Formen eines Gegenzeugnisses und Skandals darstellten."[1]

---

1 Vgl. Papst Johannes Paul II., Apostolisches Schreiben *Tertio Millennio Adveniente*,

Unser Jahrhundert wurde Zeuge einer unaussprechlichen Tragödie, die niemals vergessen werden kann: Der Versuch des Naziregimes, das jüdische Volk zu vernichten, und die daraus folgende Ermordung von Millionen Juden. Frauen und Männer, Alte und Junge, Kinder und Säuglinge wurden einzig und allein aufgrund ihrer jüdischen Abstammung verfolgt und deportiert. Einige wurden sofort ermordet, während andere gedemütigt, misshandelt, gefoltert und ihrer Menschenwürde gänzlich beraubt und schließlich ebenfalls ermordet wurden. Nur wenige von denen, die in die Konzentrationslager kamen, überlebten; sie blieben für ihr Leben gezeichnet. Dies war die Schoa. Es ist eines der größten Dramen unseres Jahrhunderts, ein Ereignis, das uns noch heute betrifft.

Niemand kann gleichgültig bleiben angesichts dieses schrecklichen Völkermordes, den die Verantwortlichen der Nationen und selbst die jüdischen Gemeinden zur damaligen Zeit, als er mit aller Grausamkeit ins Werk gesetzt wurde, kaum für möglich hielten. Am wenigsten von allen kann die Kirche, wegen ihrer sehr engen geistlichen Verwandtschaft mit dem jüdischen Volk und wegen der nicht vergessenen Ungerechtigkeiten der Vergangenheit, gleichgültig bleiben. Die Beziehung der Kirche zum jüdischen Volk unterscheidet sich von ihrer Beziehung zu jeder anderen Religion.[2] Allerdings handelt es sich nicht nur um eine Frage des Rückgriffs auf Vergangenes. Vielmehr verlangt die gemeinsame Zukunft von Juden und Christen, dass wir uns erinnern, denn „es gibt keine Zukunft ohne Erinnerung".[3] Die Geschichte selbst ist *memoria futuri*.

---

10. November 1994, 33; *AAS* 87 (1995), 25.

2 Vgl. Papst Johannes Paul II., *Ansprache in der Synagoge von Rom,* 13. April 1986.

3 Papst Johannes Paul II., *Angelusgebet,* 11. Juni 1995: *Insegnamenti* 18/I, 1995, 1712.

Wir wenden uns mit dieser Reflexion an unsere Brüder und Schwestern der katholischen Kirche in aller Welt und rufen alle Christen auf, gemeinsam mit uns über die Katastrophe nachzudenken, die das jüdische Volk getroffen hat, und sich der moralischen Verpflichtung bewusst zu werden, dass Egoismus und Hass niemals mehr so anwachsen können, dass sie solches Leid und solchen Tod bringen.[4] Besonders bitten wir unsere jüdischen Freunde, „deren schreckliches Schicksal zum Symbol für jene Verirrungen wurde, zu denen der Mensch kommen kann, wenn er sich gegen Gott wendet"[5], uns mit offenem Herzen anzuhören.

## II. WORAN WIR UNS ERINNERN MÜSSEN

Das jüdische Volk hat in seinem einzigartigen Zeugnis für den Heiligen Israels und für die Tora zu verschiedenen Zeiten und an vielen Orten schwer gelitten. Doch die Schoa war zweifellos das schlimmste von allen Leiden. Die Unmenschlichkeit, mit der die Juden in diesem Jahrhundert verfolgt und hingeschlachtet wurden, lässt sich nicht in Worte fassen. Und all dies wurde ihnen aus dem einzigen Grund angetan, weil sie Juden waren.

Das ganze Ausmaß des Verbrechens wirft viele Fragen auf. Historiker, Soziologen, politische Philosophen, Psychologen und Theologen bemühen sich, einen tieferen Einblick in die Realität der Schoa und ihre Ursachen zu gewinnen. Es sind noch viele wissenschaftliche Arbeiten durchzuführen. Doch ein derartiges Ereignis kann mit den üblichen Kriterien der Geschichtsforschung allein nicht vollkommen erfasst werden. Es bedarf eines „moralischen und religiösen Erinnerns" und, insbesondere

---

4 Vgl. Papst Johannes Paul II., *Ansprache an die jüdische Gemeinde in Budapest*, 18. August 1991.

5 Papst Johannes Paul II., Enzyklika *Centesimus annus*, 1. Mai 1991, 17: *AAS* 83 (1991), 814-815.

unter den Christen, eines sehr ernsten Nachdenkens über die Ursachen, die dazu geführt haben.

Die Tatsache, dass die Schoa in Europa stattfand, das heißt in Ländern mit einer langen christlichen Kultur, wirft die Frage nach der Beziehung zwischen der Verfolgung durch die Nationalsozialisten und der Haltung der Christen gegenüber den Juden in allen Jahrhunderten auf.

III. DIE BEZIEHUNG ZWISCHEN JUDEN UND CHRISTEN

Die Geschichte der Beziehungen zwischen Juden und Christen ist leidvoll. Dies hat Papst Johannes Paul II. anerkannt und die Katholiken wiederholt dazu aufgerufen, eine Bestandsaufnahme ihrer Beziehung zum jüdischen Volk vorzunehmen.[6] In der Tat fällt die Bilanz dieser zweitausendjährigen Beziehung ziemlich negativ aus.[7]

In den Anfängen des Christentums, nach der Kreuzigung Jesu, kam es zu Auseinandersetzungen zwischen der Urkirche und den Führern der Juden und dem jüdischen Volk, die sich aus Gehorsam gegenüber dem Gesetz den Verkündigern des Evangeliums und den ersten Christen manchmal auch gewaltsam entgegenstellten. Im heidnischen Römischen Reich waren die Juden durch die ihnen vom Kaiser garantierten Privilegien rechtlich geschützt, und die staatlichen Autoritäten unterschieden anfangs nicht zwischen der jüdischen und christlichen Gemeinschaft. Doch schon bald waren die Christen der Verfolgung durch den Staat ausgesetzt. Als sich die Kaiser später zum Christentum bekehrten, garan-

---

6 Vgl. Papst Johannes Paul II., *Ansprache an die Delegierten der Bischofskonferenzen für die Beziehungen zum Judentum*, 6. März 1982.

7 Vgl. Kommission für die religiösen Beziehungen zu den Juden, *Hinweise für eine richtige Darstellung von Juden und Judentum in der Predigt und in der Katechese der katholischen Kirche*, 24. Juni 1985.

tierten sie den Juden zunächst weiterhin ihre Privilegien. Aber christliche Unruhestifter, welche heidnische Tempel überfielen, taten manchmal dasselbe gegenüber Synagogen – nicht ohne Einfluss gewisser Auslegungen des Neuen Testaments bezüglich des jüdischen Volkes insgesamt. „In der Tat waren in der christlichen Welt – und ich spreche nicht von der Kirche als solcher – irrige und ungerechte Interpretationen des Neuen Testaments bezüglich des jüdischen Volkes und seiner angeblichen Schuld allzu lange Zeit im Umlauf. Sie haben Gefühle der Feindschaft diesem Volk gegenüber verursacht."[8] Solche Interpretationen des Neuen Testaments wurden vom Zweiten Vatikanischen Konzil vollständig und endgültig zurückgewiesen.[9]

Trotz der christlichen Botschaft der Liebe zu allen Menschen, sogar zu den eigenen Feinden, herrschte durch die Jahrhunderte eine Einstellung vor, welche Minderheiten und alle, die irgendwie „anders" waren, benachteiligte. Die antijüdische Gesinnung in einigen christlichen Kreisen und die Kluft zwischen der Kirche und dem jüdischen Volk führten zu einer allgemeinen Diskriminierung, die manchmal in Vertreibungen oder Versuchen von Zwangsbekehrungen mündete. In einem weiten Teil der „christlichen" Welt war bis zum Ende des 18. Jahrhunderts die rechtliche Stellung derer, die nicht Christen waren, nicht immer voll gewährleistet. Dennoch hielten die in der christlichen Welt lebenden Juden an ihren religiösen Traditionen und ihrem Brauchtum fest. Daher begegnete man ihnen mit einem gewissen Argwohn und Misstrauen. In Krisenzeiten wie Hungersnöten, Krieg, Seuchen sowie sozialen Spannungen wurde die jüdische Minderheit manchmal zum Sündenbock und zum Opfer von Gewalt, Plünderungen und sogar Massakern.

---

8 Papst Johannes Paul II., *Ansprache an das Kolloquium über „Die Wurzeln des Antijudaismus im christlichen Bereich"*, 31. Oktober 1997.
9 Vgl. Zweites Vatikanisches Konzil, *Nostra aetate,* 4.

Ende des 18. und Anfang des 19. Jahrhunderts waren die Juden in den meisten Ländern im Allgemeinen den anderen Bürgern gleichgestellt, und einige hatten einflussreiche Positionen in der Gesellschaft inne. Aber im gleichen historischen Kontext, vor allem im 19. Jahrhundert, fasste ein falscher und übertriebener Nationalismus Fuß. In einem Klima tiefgreifender sozialer Veränderungen wurde Juden oft vorgeworfen, einen ihrer Zahl nach unverhältnismäßig großen Einfluss auszuüben. So breitete sich in unterschiedlichem Maße in vielen Teilen Europas langsam eine Judenfeindschaft aus, die im Wesentlichen eher soziologisch und politisch als religiös war.

Zur gleichen Zeit kamen Theorien auf, welche die Einheit der menschlichen Rasse leugneten und von einer ursprünglichen Verschiedenheit der Rassen ausgingen. Im 20. Jahrhundert nutzte der Nationalsozialismus in Deutschland diese Gedanken als pseudowissenschaftliche Grundlage für eine Unterscheidung zwischen den sogenannten nordisch-arischen und den angeblich niederen Rassen. Darüber hinaus wurde durch die Niederlage von 1918 und die hohen Forderungen der Sieger einer extremistischen Form des Nationalismus in Deutschland Vorschub geleistet. Dies hatte zur Folge, dass viele im Nationalsozialismus eine Lösung für die Probleme ihres Landes sahen und diese Bewegung politisch unterstützten.

Die Kirche in Deutschland reagierte, indem sie den Rassismus verurteilte. Die Verurteilung wurde zuerst deutlich in den Predigten einiger Vertreter des Klerus, in der öffentlichen Lehre der katholischen Bischöfe und in den Schriften katholischer Journalisten bzw. Laien. Schon im Februar und März 1931 veröffentlichten Kardinal Bertram von Breslau, Kardinal Faulhaber und die bayerischen Bischöfe sowie die Bischöfe der Kirchenprovinzen Köln und Freiburg Hirtenbriefe, in denen der Nationalsozialismus mit seiner götzenhaften Verherrlichung der Rasse und des

Staates verurteilt wurde.¹⁰ 1933, im Jahr der Machtergreifung durch die Nationalsozialisten, äußerte Kardinal Faulhaber in seinen berühmten Adventspredigten, die nicht nur von Katholiken, sondern auch von Protestanten und Juden gehört wurden, eine klar ausgedrückte Ablehnung der antisemitischen Propaganda der Nazis.¹¹ Im Gefolge der „Kristallnacht" sprach Bernhard Lichtenberg, Dompropst von Berlin, öffentliche Gebete für die Juden. Er starb später in Dachau und wurde inzwischen seliggesprochen.

Auch Papst Pius XI. verurteilte den nazistischen Rassismus in feierlicher Form in seiner Enzyklika *Mit brennender Sorge*.¹² Sie wurde am Passionssonntag 1937 in den Kirchen Deutschlands verlesen, was zu Angriffen und Sanktionen gegen Mitglieder des Klerus führte. Am 6. September 1938 unterstrich Pius XI. in seiner Ansprache an eine belgische Pilgergruppe: „Der Antisemitismus ist unannehmbar. Geistlich sind wir alle Semiten."¹³ Pius XII. warnte in seiner ersten Enzyklika *Summi Pontificatus*¹⁴ vom 20. Oktober 1939 vor Theorien, welche die Einheit des Menschengeschlechts leugneten, und vor der Vergöttlichung des Staates, die seiner Ansicht nach allesamt zu einer wahren „Stunde der Dunkelheit" führten.¹⁵

---

10 Vgl. B. Stasiewski (Hrsg.), *Akten deutscher Bischöfe über die Lage der Kirche 1933–1945*. Bd. I, 1933-1934, Mainz 1968, Anhang.

11 Vgl. L. Volk, *Der Bayerische Episkopat und der Nationalsozialismus 1930–1934*, Mainz 1966, 170-174.

12 Die Enzyklika ist vom 14. März 1937: *AAS* 29 (1937), 145-167.

13 *La Documentation Catholique*, 29 (1938), 1460.

14 *AAS* 31 (1939), 413-453.

15 *Ebd.*, 449.

## IV. Der Antisemitismus der Nazis und die Schoa

Wir können also den Unterschied nicht übersehen, den es zwischen dem *Antisemitismus* gibt, der sich auf Theorien stützt, die im Widerspruch zur beständigen Lehre der Kirche über die Einheit des Menschengeschlechts und über die gleiche Würde aller Rassen und Völker stehen, und den althergebrachten Gefühlen des Misstrauens und der Feindseligkeit, die wir *Antijudaismus* nennen und derer sich leider auch Christen schuldig gemacht haben.

Die nationalsozialistische Ideologie ging sogar noch weiter und verweigerte die Anerkennung jedweder transzendenten Realität als Quelle des Lebens und Kriterium des sittlich Guten. Als Folge davon maßte sich eine Gruppe von Menschen und der Staat, mit dem sie gleichgesetzt wurde, einen absoluten Status an und beschloss, die Existenz des jüdischen Volkes auszulöschen – jenes Volkes, das die Berufung erhalten hat, für den einen Gott und das Gesetz des Bundes Zeugnis abzulegen. Auf der Ebene theologischer Reflexion können wir die Tatsache nicht ignorieren, dass nicht wenige in der nationalsozialistischen Partei nicht nur eine Abneigung gegen die Vorstellung eines Hineinwirkens der göttlichen Vorsehung in menschliche Dinge zeigten, sondern den Beweis für einen gegen Gott selbst gerichteten Hass lieferten. Eine solche Haltung führte unweigerlich auch zu einer Ablehnung des Christentums und zu dem Wunsch, die Kirche vernichtet oder zumindest den Interessen des nationalsozialistischen Staates unterworfen zu sehen.

Es war diese extreme Ideologie, die zur Grundlage der getroffenen Maßnahmen wurde: zunächst die Vertreibung der Juden aus ihren Häusern und dann ihre Ausrottung. Die Schoa war das Werk eines typisch modernen neuheidnischen Regimes. Sein Antisemitismus hatte seine Wurzeln außerhalb des Christentums. Um seine Ziele zu erreichen, zögerte das Regime nicht, sich der Kirche entgegenzustellen und auch ihre Mitglieder zu verfolgen.

Aber man muss sich fragen, ob die Verfolgung der Juden durch die Nazis aufgrund der antijüdischen Vorurteile, die in den Köpfen und Herzen einiger Christen bestanden, nicht leichter gemacht wurde. Machten ihre Ressentiments gegen die Juden die Christen weniger sensibel oder gar gleichgültig gegenüber den Judenverfolgungen durch die Nationalsozialisten nach ihrer Machtergreifung?

Jede Antwort auf diese Frage muss berücksichtigen, dass wir es mit der Geschichte menschlicher Haltungen und Denkweisen zu tun haben, die von vielen verschiedenen Faktoren beeinflusst werden. Darüber hinaus wussten viele Menschen nicht das Geringste von der „Endlösung", die gegen ein ganzes Volk angewandt wurde; andere hatten Angst um sich selbst und die, die ihnen nahestanden; einige zogen Vorteile aus dieser Situation und wieder andere trieb der Neid. Jeder Fall müsste für sich beantwortet werden, aber hierfür muss man wissen, welche Beweggründe die Menschen in einer bestimmten Situation hatten.

Anfangs war die Führung des Dritten Reiches bestrebt, die Juden auszuweisen. Unglücklicherweise waren die Regierungen einiger westlicher Länder mit christlicher Tradition, darunter auch einige in Nord- und Südamerika, viel zu zögerlich, ihre Grenzen für die verfolgten Juden zu öffnen. Auch wenn sie nicht voraussehen konnten, wie weit die nationalsozialistischen Machthaber in ihren verbrecherischen Absichten gehen würden, wussten die Staatsoberhäupter dieser Länder um die Nöte und Gefahren, in denen sich die in den Gebieten des Dritten Reiches lebenden Juden befanden. Die Schließung der Grenzen für jüdische Emigranten unter diesen Umständen – sei es aufgrund gegen die Juden gerichteter Feindseligkeiten oder Verdächtigungen, politischer Feigheit oder Kurzsichtigkeit oder auch aus nationalem

Egoismus – stellt für die betreffenden staatlichen Autoritäten eine schwere Gewissenslast dar.

In den Gebieten, in denen die Nationalsozialisten Massendeportationen durchführten, hätten die brutalen Begleitumstände dieser Zwangsverschickungen wehrloser Menschen die schlimmsten Befürchtungen wecken müssen. Haben die Christen den Verfolgten und insbesondere den verfolgten Juden jede mögliche Hilfe zuteil werden lassen?

Viele taten es, andere aber nicht. Diejenigen, die entsprechend ihren Möglichkeiten und sogar unter Gefährdung ihres eigenen Lebens halfen, das Leben von Juden zu retten, dürfen nicht vergessen werden. Während des Krieges und danach brachten jüdische Gemeinden und Persönlichkeiten ihre Dankbarkeit für all das zum Ausdruck, was für sie getan worden war, auch dafür, was Papst Pius XII. persönlich und durch seine Vertreter unternommen hatte, um Hunderttausenden von Juden das Leben zu retten.[16] Viele katholische Bischöfe, Priester, Ordensleute und

---

16 Bei zahlreichen Gelegenheiten wurde von jüdischen Organisationen und Persönlichkeiten öffentlich die kluge Diplomatie von Papst Pius XII. gewürdigt. So sagte zum Beispiel am 7. September 1945 Dr. Joseph Nathan als Vertreter der italienischen Judenkommission: „Vor allem danken wir dem Pontifex Maximus und den Männern und Frauen in der Kirche, die in Ausführung der Direktiven des Heiligen Vaters die Verfolgten als ihre Brüder anerkannten und uns tatkräftig und selbstlos zu Hilfe eilten, ungeachtet der schrecklichen Gefahren, denen sie ausgesetzt waren." Am 21. September desselben Jahres empfing Pius XII. den Generalsekretär des Jüdischen Weltkongresses, Dr. A. Leo Kubowitzki, in einer Audienz, bei der dieser „dem Heiligen Vater im Namen der Vereinigung israelitischer Gemeinden für die Bemühungen der katholischen Kirche um die Juden in ganz Europa während des Krieges aufrichtigen Dank" aussprach. Am Donnerstag, dem 29. November 1945, traf sich der Papst mit rund 80 Repräsentanten jüdischer Flüchtlinge aus zahlreichen Konzentrationslagern in Deutschland. Sie bekundeten, es sei ihnen „eine große Ehre, dem Heiligen Vater persönlich für seine großzügige Hilfe für die Verfolgten während der Zeit des nationalsozialistischen Faschismus danken zu können". Zum Tode von Papst Pius XII. im Jahre 1958 sandte Golda Meir eine ausdrucksvolle Botschaft: „Wir teilen den Schmerz der ganzen Menschheit. Als unser Volk das schreckliche Martyrium erlitt, erhob der Papst seine Stimme für die Opfer. In dieser Zeit wurde unser Leben durch seine Worte bereichert, die große sittliche Wahrheiten klar und deutlich zum Ausdruck brachten und dabei das tägli-

Laien sind dafür vom Staat Israel geehrt worden.

Verglichen mit solchen mutigen Männern und Frauen waren jedoch – wie Papst Johannes Paul II. anerkannt hat – der geistige Widerstand und das konkrete Handeln anderer Christen nicht so, wie man es von Nachfolgern Christi hätte erwarten können. Unbekannt ist die Zahl der Christen in den von den nationalsozialistischen Machthabern oder deren Verbündeten besetzten oder regierten Ländern, die beim Verschwinden ihrer jüdischen Nachbarn entsetzt waren und doch nicht die Kraft zum sichtbaren Protest fanden. Für Christen muss diese schwere Gewissenslast ihrer Brüder und Schwestern während des Zweiten Weltkrieges ein Ruf zur Buße sein.[17]

Wir bedauern zutiefst die Fehler und das Versagen jener Söhne und Töchter der Kirche. Wir machen uns die Worte der Erklärung *Nostra Aetate* des Zweiten Vatikanischen Konzils zu eigen, in der es unmissverständlich heißt: „Im Bewusstsein des Erbes, das sie mit den Juden gemeinsam hat, beklagt die Kirche (…) nicht aus politischen Gründen, sondern auf Antrieb der religiösen Liebe des Evangeliums alle Hassausbrüche, Verfolgungen und Manifestationen des Antisemitismus, die sich zu irgendeiner Zeit und von irgend jemandem gegen die Juden gerichtet haben."[18]

Wir erinnern und bekräftigen die Worte von Papst Johannes Paul II., die er 1988 an die Jüdische Gemeinde in Straßburg gerichtet hat: „Ich wiederhole mit Ihnen auf das entschiedenste die Verurteilung jedes Antisemitismus und Rassismus, die mit den Grundsätzen des Christentums unvereinbar sind."[19] Daher ver-

---

che Kampfgetöse übertönten. Wir trauern um einen großen Diener des Friedens."

17 Vgl. Papst Johannes Paul II., *Ansprache an den neuen Botschafter der Bundesrepublik Deutschland beim Hl. Stuhl*, 8. November 1990; AAS 83 (1991), 587-588.

18 *Nostra aetate*, Nr. 4.

19 Papst Johannes Paul II., *Ansprache an die Jüdische Gemeinde in Straßburg*, 9. Oktober 1988.

urteilt die katholische Kirche jegliche Verfolgung eines Volkes oder einer Gruppe von Menschen, wo immer und wann immer sie geschieht. Sie verurteilt auf das entschiedenste alle Formen des Völkermords sowie die rassistischen Ideologien, die dazu führen. Wenn wir auf dieses Jahrhundert zurückblicken, so erfüllt uns die Gewalt, von der ganze Völkergruppen und Nationen betroffen waren, mit tiefer Trauer. Wir erinnern insbesondere an das Massaker unter den Armeniern, an die zahllosen Opfer in der Ukraine in den 30er Jahren, an den Völkermord, der an den Sinti und Roma begangen wurde und ebenfalls auf rassistische Ideen zurückging, sowie an ähnliche Tragödien in Amerika, Afrika und auf dem Balkan. Weder vergessen wir die Millionen Opfer der totalitären Ideologie in der Sowjetunion, in China, Kambodscha und anderswo. Noch können wir das uns wohlbekannte Drama im Mittleren Osten vergessen. Sogar während wir diese Reflexion anstellen, „sind immer noch allzu viele Menschen Opfer ihrer Mitmenschen".[20]

## V. BLICK AUF EINE GEMEINSAME ZUKUNFT

Wenn wir auf die Zukunft der Beziehungen zwischen Juden und Christen blicken, so appellieren wir an erster Stelle an unsere katholischen Brüder und Schwestern, sich der hebräischen Wurzeln ihres Glaubens wieder bewusst zu werden. Wir bitten sie, im Gedächtnis zu behalten, dass Jesus ein Nachkomme Davids war, dass die Jungfrau Maria und die Apostel zum jüdischen Volk gehörten, dass die Kirche Lebenskraft aus der Wurzel jenes edlen Ölbaums schöpft, in den die wilden Ölbaumzweige eingepfropft wurden (vgl. *Röm* 11,17–24), und dass die Juden unse-

---

20 Papst Johannes Paul II., *Ansprache an das Diplomatische Korps*, 15. Januar 1994; *AAS* 86 (1994), 816.

re geliebten Brüder sind und dass sie in einem gewissen Sinne wirklich „unsere älteren Brüder" sind.[21]

Am Ende dieses Jahrtausends möchte die katholische Kirche ihr tiefes Bedauern über das Versagen ihrer Söhne und Töchter aller Generationen zum Ausdruck bringen. Dies ist ein Akt der Reue *(teschuwa),* da wir als Glieder der Kirche sowohl an den Sünden als auch an den Verdiensten all ihrer Kinder teilhaben. Die Kirche nähert sich mit tiefem Respekt und großem Mitgefühl der Erfahrung der Vernichtung, der *Schoa,* die das jüdische Volk im Zweiten Weltkrieg durchlitten hat. Dies ist ein Ausdruck nicht bloßer Worte, sondern tatsächlich einer bindenden Verpflichtung. „Wir würden Gefahr laufen, aufs neue Opfer grausamster Tode sterben zu lassen, wenn wir nicht leidenschaftlich nach der Gerechtigkeit verlangen und wenn wir uns nicht dafür einsetzen würden, jeder nach seinen eigenen Fähigkeiten, dass nicht das Böse die Vorherrschaft gewinne über das Gute, wie es Millionen von Söhnen und Töchtern des jüdischen Volkes gegenüber geschehen ist. (...) Die Menschheit darf nicht zulassen, dass das alles wieder geschieht."[22]

Wir beten, dass unsere Trauer um die Tragödie, die das jüdische Volk in unserem Jahrhundert erlitten hat, zu einer neuen Beziehung zum jüdischen Volk führen wird. Wir wünschen, dass sich das Wissen um vergangene Sünden in einen festen Entschluss umwandelt, eine neue Zukunft zu bauen, in der es keinen Antijudaismus unter Christen oder kein antichristliches Ressentiment unter Juden mehr geben wird, sondern vielmehr eine gegenseitige Achtung, wie sie jenen zukommt, die den einen Schöpfer und Herrn anbeten und einen gemeinsamen Vater im Glauben haben, Abraham.

---

21 Papst Johannes Paul II., *Ansprache in der Synagoge von Rom,* 13. April 1986; *AAS* 78 (1986), 1120.
22 Papst Johannes Paul II., *Ansprache zum Gedächtnis der Schoa,* 7. April 1994.

Schließlich laden wir alle Männer und Frauen guten Willens dazu ein, intensiv über die Tragweite der *Schoa* nachzudenken. Die Opfer aus ihren Gräbern und die Überlebenden durch ihr lebendiges Zeugnis dessen, was sie erlitten haben, wurden zu einem lauten Schrei, der die Aufmerksamkeit der ganzen Menschheit weckt. Sich an diese schreckliche Erfahrung zu erinnern heißt, sich der ihr innewohnenden heilsamen Mahnung voll bewusst zu werden: Wir dürfen nicht zulassen, dass der schlechte Samen des Antijudaismus und Antisemitismus jemals wieder in eines Menschen Herzen Wurzeln schlägt.

Englischer Wortlaut in: The Pontifical Council For Promoting Christian Unity: Information Service No. 97 (1998/I–II) 18-22; bearbeitete Übersetzung aus: L'Osservatore Romano, deutsche Ausgabe, 3. April 1998, 7-9. Hier zitiert nach: H. H. Henrix – W. Kraus (Hg.), *Die Kirchen und das Judentum II: Dokumente von 1986 bis 2000* (Paderborn-Gütersloh 2001) 110-119.

# ABKÜRZUNGSVERZEICHNIS

1. Bücher des Alten und Neuen Testaments

Abkürzungen in der heute üblichen Weise (Loccumer Richtlinien)

2. Hauptwerke der rabbinischen Literatur

| | |
|---|---|
| b | Babylonischer Talmud |
| j | Jerusalemer Talmud |
| m | Mischna |
| M | Midrasch |
| t | Tosefta |

3. Mischna-, Tosefta-, Talmudtraktate

| | | | |
|---|---|---|---|
| Ab | Abot | Mak | Makkot |
| AZ | Aboda Zara | Meg | Megilla |
| Ber | Berakot | MK | Moëd Katan |
| BM | Baba Mezia | Ned | Nedarim |
| Er | Erubin | RhSch | Rosch ha-Schana |
| Hag | Hagiga | San | Sanhedrin |
| Jad | Jadajim | Schab | Schabbat |
| Jom | Joma | Sot | Sota |
| Kid | Kidduschin | Suk | Sukka |

## 4. Midraschim[1], Traktate

| | |
|---|---|
| ARN | Abot de-Rabbi Natan (Version A und B) |
| DEZ | Derek Eretz Zuta |
| MekJ | Mekilta de-Rabbi Jischmael |
| MekS | Mekilta de-Rabbi Simeon ben Johai |
| MHG | Midrasch ha-Gadol (z. B. MHG Dtn) |
| PesK | Pesikta de-Rab Kahana |
| PesR | Pesikta Rabbati |
| R | Midrasch Rabba (z. B. GenR) |
| SER | Seder Elijahu Rabba |
| SifDtn | Sifre Deuteronomium |
| SifNum | Sifre Numeri |
| TanB | Tanhuma (Buber) |
| Z | Midrasch Zuta (z. B. KlglZ) |

## 5. Editionen

| | |
|---|---|
| ARN | Schechter |
| b | Romm, Vilna |
| DEZ | in b (Romm, Vilna) |
| j | Krotoschin |
| m | Albeck |
| MekJ | Horovitz-Rabin |
| MekS | Epstein-Melamed |
| MHG | Fisch (Dtn) |
| MPs | Buber |
| MSpr | Buber |

---

1 Einige Texte sind nach dem Wochenabschnitt bei der Toralesung (*Sidra* oder *Parascha*) zitiert. Die Liste der Wochenlesungen findet sich z. B. im Anhang von G. Stemberger, *Einleitung in Talmud und Midrasch* oder in: *Encyclopaedia Judaica* unter dem Stichwort „Torah: The Reading of the Torah Today".

| | |
|---|---|
| PesK | Mandelbaum |
| PesR | Friedmann |
| R | Wilna (z. B. GenR) |
| SER | Friedmann |
| SifDtn | Finkelstein |
| SifNum | Horovitz |
| Sifra | Weiß |
| t | Zuckermandel |
| TanB | Buber |
| Z | Buber |

# Personen- und Sachregister
# (in Auswahl)

Altes Testament
- eigener und bleibender Wert   24, 33[40], 35
- historisch-kritische Auslegung   35[43], 39
- im Dialog mit der eigenen Erfahrung   14, 61, 152
- in einem jedem einzelnen angemessenen Verständnis   40-41, 168-169
- in einem jedem Volk angemessenen Verständnis   41-42
- jüdische Auslegung   35-36, 36-37, 132
- niemals „alt"   35-36, 105, 144; siehe auch Jesus als Schriftausleger
- rabbinische Auslegung   60-63, 144-145; s. auch Haggada, Halacha, rabbinische Literatur
- typologische Auslegung   12, 33-35, 37-38, 40, 79
- vom jüdischen Volk empfangen   12, 13-14
- zur Zeit des Neuen Testaments   14, 39, 42-43

Angelus Silesius   160

Anthropomorphismus   148

Antijudaismus   78-80, 81, 111
- im Neuen Testament   69-72, 77; s. auch Juden im Neuen Testament; Pharisäer, negative Urteile

Antisemitismus   8, 13, 17, 22, 97, 101
- in der griechisch-römischen Welt   77
- nationalsozialistischer   81-84, 113-114, 130-131

Antithesen der Bergpredigt   48-49

Auferstehung der Toten   58-59

Baraita (Plural: Beraitot)   57[93]

Bea, Kardinal   10, 13, 18, 21, 78, 83[154]

Benedikt XVI.   XI, 2[2], 16[12], 123-136

Bund
- neuer, erneuerter   32[39], 70
- niemals gekündigter, Juden als Volk des Bundes   12, 31, 38, 78[146], 129, 131

Christentum
- Anteil an der Erwählung Israels   32[39]
- in jüdischer Sicht   18-20
- jüdische Wurzeln   42-68, 80, 98

Dialog, christlich-jüdischer   23, 98
- als Begegnung in Meditation und Schweigen   24, 138, 145
- auf der Ebene spiritueller Erfahrung   137-138, 141
- Dokumente   8-9[1]
- ist jedem ermöglicht   179[1]
- theologischer Dialog   12, 84-89
- und die theologischen und anderen Disziplinen   1[1], 85[157]

„Einheit der Offenbarung"
(Altes und Neues Testament)   32-33, 39

Entweder-Oder-Denken   79

endzeitliche Erwartung   12, 14-16, 20, 96-97, 180-181

Erwählung der Juden, auserwähltes Volk   20, 21[22], 31, 86-87

Gebet, gemeinsames   24, 96; s. auch Gottesdienst

Gebote
- Inbegriff aller Gebote   133-135
- Zehn Gebote   132-133
- 613 Gebote   134[55]

Gleichnis von den beiden Söhnen   15, 98, 179-181

Goldene Regel   134[55]

Gott
- betet   147
- bedarf der Erlösung   158-159
- befolgt eine Tagesordnung   148
- braucht die Menschen   160-165
- Eigenschaften   147, 163, 170-171, 174
- jenseits aller Bilder und Gleichnisse   176
- lässt sich von Mose von einem Schwur befreien   165
- leidet mit den Menschen   153-159
- leidet mit den Sündern   153
- liebt die Menschen   146-152, 171
- Namen   146, 167-168, 170
- offenbart sich in vielen Gesichtern   166-175
- Partner von Vater und Mutter   61[104]
- richtet sich nach den Menschen   163-165
- „sucht die Schuld der Väter an den Kindern heim"   149-152
- Vater   59-60, 146
- wird von Mose belehrt und ändert seinen Beschluss   151

Gottesdienst, gemeinsamer   24[26], 94-96

Haggada   142-145, 148, 152

Halacha   142-143

„Heidenchristen"   69-70, 77

heiliger Geist   172-173

„heute"   54-56

Himmelsstimme   145[5], 163, 173-174

Holocaust/Schoa   81-84, 97, 108-115, 108[24] (Begriff), 117-118, 126-127, 130-131; s. auch Schuld/Mitschuld der Christen

Hyperbel (sprachliche Übertreibung)   63

Israel, Land und Staat   27, 74-76, 96-97, 102-103, 125-126
- Existenzrecht des Staates   74-75

Jesus
- als Jude  45-47
- als Meister seiner Jünger  44, 63-65
- als Prediger  54-56
- als Schriftausleger  14, 44, 60-63
- beim Laubhüttenfest  52-53
- und der Sabbat  49-51
- und die Pharisäer  44-45, 46, 49-51, 66-68; s. auch Pharisäer
- und Hillel  53, 134[55]
- wäscht seinen Jüngern die Füße  65

Jerusalem  93, 105, 107

Johannes XXIII.  IX, 9-10

Johannes Chrysostomus  79

Johannes Paul II.  *passim*
- Ansprache in *Yad wa-Schem*  117-119
- Gebet für die Juden  122
- Würdigung von jüdischer Seite  120-121

Juden
- Gebet für die Juden  9, 16[12], 122
- Geschichte seit 70 n. Chr.  76-84
- im Neuen Testament  24, 69-72
- Stellung vor Gott n. Chr.  12-13, 78[146], 98; s. auch Bund

Judenchristen  69-72
- Bruch mit der Synagoge  69-72; s. auch „Ketzersegen"

Judenmission  16, 27, 79, 85

Judentum als Heilsweg  16[12], 30-32

„Ketzersegen"  70-71 Kirche, „außerhalb kein Heil"  31

Liebe
- Gottes- und Nächstenliebe  133-135

- Nächstenliebe und Feindesliebe   49, 134[55]
- Nächstenliebe gegenüber verfolgten Juden   80, 98-99, 118-119, 126-127, 131

Liturgie   24, 33[40], 72-73

Messias   56[91], 89[166], 96, 174

Mose
- auf seinem Stuhl sitzen die Schriftgelehrten und Pharisäer   66
- befreit Gott vom Schwur, die Götzendiener zu vernichten   165
- bewirkt, dass Gott seine Drohworte aufhebt   151
- Kontrast zu Jesus? s. Neusners „Kontrast zwischen Mose und Jesus"
- vier Propheten heben vier seiner Lehren auf   150-151

Neudecker, R.   3[4]

Neues Testament
- Beziehung zum Alten Testament, s. Altes Testament zur Zeit des Neuen Testaments; „Einheit der Offenbarung"
- jüdisches Milieu   39-40, 42-43; s. auch Christentum, jüdische Wurzeln
- Antijudaismus, s. Antijudaismus im Neuen Testament

Neusner, J., *Ein Rabbi spricht mit Jesus*   47
- Neusners „Kontrast zwischen Mose und Jesus"   46-47; s. auch Antithesen

Ökologie   132

Ökumene, christliche   26
- Weltökumene   7-8, 11-12, 16, 20, 21[22], 180-181; s. auch endzeitliche Erwartung

Palästinenser   74-75[134], 101, 126

Paul VI.   11, 18, 21, 80[149]

Paulus
- Bild vom Ölbaum 2[2]
- s. auch endzeitliche Erwartung

*perfidus, perfidia judaica* 9,

Pharisäer 56-58, 70-72; s. auch Jesus und die Pharisäer
- negative Urteile im Neuen Testament und in der rabbinischen Literatur 24, 45, 46, 67-68
- sieben Typen 68
- „sitzen auf dem Stuhl des Mose" 66

Pius X. 102[11]

Pius XI. 80

Pius XII. XI, 127, 131, 226, 229-230

Prolog des Johannes-Evangeliums 61[103]

rabbinische Literatur 37, 58, 142-143
- Datierung 37[49]

Schekina (göttliche Gegenwart) 155, 156, 158, 159, 171-172, 176

Schriftgelehrter 58, 60-63

Schuld/Mitschuld der Christen am Antisemitismus und Holocaust 82-84, 107, 111-114, 149[12]

Schuldbekenntnis der Kirche und Bitte um Vergebung 17-18, 115-116, 119, 129

Schuld am Tod Jesu 12-13, 17, 72, 98

spirituelle Erfahrung, Mystik 137-138, 142-145, 154
- „normale Mystik" 176

(Strack –) Billerbeck 43[68]

Synagoge, als Zeugnis des Glaubens zum Lobpreis Gottes 100

*teschuwa* (Umkehr, Reue und Erneuerung)   114-115, 121

Theologie
- in jüdischer Sicht   85-86
- narrative (haggadische)   144-145

Tora   142 (Begriff)
- mündliche   37[50], 87, 142
- schriftliche   142

Torastudium und Arbeit   64

„Tradition der Väter"   57, 67

„Verdienst der Väter"   12, 14, 175[32]

Zeugnis
- für Christus   16, 23
- gemeinsames Zeugnis, Zusammenarbeit   26, 99, 109, 127, 133, 135, 136

Finito di stampare nel mese di aprile 2010
presso Servizi Grafici Editoriali Srl - Roma